Imhoteps Grab

1. Auflage Juli 2007

Lektorat: Dr. Renate Oettinger, Thomas Mehner
Umschlaggestaltung: Angewandte Grafik / Peter Hofstätter
Satz und Layout: Agentur Pegasus, Zella-Mehlis
Druck und Bindung: GGP Media GmbH, Pößneck

ISBN 978-3-938516-46-1

Gerne senden wir Ihnen unser Verlagsverzeichnis
Kopp Verlag
Pfeiferstraße 52
D-72108 Rottenburg
Email: info@kopp-verlag.de
Tel.: (0 74 72) 98 06-0
Fax: (0 74 72) 98 06-11

Unser Buchprogramm finden Sie auch im Internet unter:
www.kopp-verlag.de

ERDOGAN ERCIVAN

IMHOTEPS GRAB

DER SCHLÜSSEL ZUR SIRIUS-STRATEGIE

JOCHEN KOPP VERLAG

Inhaltsverzeichnis

Vorwort 7

Kapitel 1 – Der Pyramidenschlüssel 10

Kapitel 2 – Einsturz des Himmels 35

Kapitel 3 – Vor dem Pyramidenzeitalter 63

Kapitel 4 – Die Rückkehr des Anpu 87

Kapitel 5 – Das Geheimnis der Geeinigten 108

Kapitel 6 – Der Eid des Imhotep 131

Kapitel 7 – Das verschollene Grab 150

Kapitel 8 – Geheimkammern und Verbote 179

Kapitel 9 – Nicht für die Öffentlichkeit bestimmt . . 202

Kapitel 10 – Das Sirius-Geheimnis der Ägypter . . . 225

Kapitel 11 – Bauanweisungen des Osiris 254

Anhang: Dynastien der Pharaonen 272

Danksagung 288

Bildnachweis 290

Literaturverzeichnis 291

Register 295

Dieses Buch widme ich all jenen Ägyptologen, denen es während ihrer beruflichen Laufbahn nicht ein einziges Mal gelingen wird, hinter den dunklen Schleier ihres Forschungszweiges zu blicken.

Erdogan Ercivan

»Wenn die Menschen wie die Wölfe leicht beeinflußbar sind, dann ist die Hypnose nur eine Eskalation der Suggestion durch positive Rückmeldung.«
Nick Humphrey

Vorwort

Seit Beginn des Grabbaues gab es nicht nur geniale Baumeister, die für die antiken Totenkomplexe der alten Ägypter eine geheimnisvolle Innenarchitektur ausklügelten, sondern auch Räuber und Diebe, die jene Blockaden und Sperranlagen der Bauwerke zielgenau überwinden konnten, um sie mit derselben Klugheit zu plündern. Offenbar waren auch die Totenpriester selbst an diesem Frevel beteiligt – sie kannten nicht nur die alten Baupläne und ihre Geheimnisse, sondern gaben diese auch gegen eine kleine Gewinnbeteiligung wieder preis. Einer der berühmtesten Männer der ägyptischen Vergangenheit, dessen Grab vermutlich aufgrund der Grabräuberaktivitäten ganz besonders gut versteckt wurde und der ganz offensichtlich über die unehrenhafte Vorgehensweise seiner Priesterkollegen bestens Bescheid wußte, hieß Imhotep. Er war ein Hohepriester von Heliopolis (»Iwnw«) sowie engster Ratgeber des Königs Djoser (2644–2623 v. Chr.) und gelangte sogar noch Jahrtausende nach seinem Tod zu göttlichen Ehren.

Ob diese geheimnisvolle Gestalt tatsächlich lebte oder nur eine Figur der altägyptischen Sagenwelt war, ist unter den Ägyptologen lange Zeit umstritten gewesen, bis dem Briten Cecil Mallaby Firth (1878–1931) nur kurze Zeit nach der Entdeckung des bemerkenswerten Tutanchamun-Grabes am 2. April 1926 der sensationelle Fund einer Hieroglypheninschrift gelang, die die damalige Fachwelt erneut in helle Aufregung versetzte. An einem bis zu diesem Zeitpunkt unbeachteten Sockel der Königsstatue von Djoser identifizierte er folgende Inschrift:

»Wesir des Königs von Unterägypten,
erster nach dem König von Oberägypten,
großer Haushofmeister,
Inhaber der erblichen Adelswürde,
Hohepriester von Heliopolis,
Baumeister, Bildhauer und Oberster Vasenhersteller.«

Das war der erste Beweis, daß Imhotep wahrhaftig gelebt haben mußte und somit tatsächlich eine historisch verbindliche Gestalt war. Doch wo war er begraben worden? Wieso hatte man sein Grab immer noch nicht gefunden, obwohl die Archäologen seit Jahrzehnten systematische Ausgrabungen durchführten?

Seit der Entdeckung von Firth suchten unzählige Archäologen noch im November 2005 nach »Imhoteps Grab«, in dem sie einen Schatz an altem Wissen und frühen wissenschaftlichen Erkenntnissen zu finden hofften. Schließlich konnte der weise Imhotep nicht nur brachliegendes vertrocknetes Land in ertragreiche Äcker verwandeln, sondern auch unfruchtbare Frauen wieder fruchtbar werden lassen, so daß sie danach viele Kinder gebären konnten. Vornehmlich wird er als Baumeister gerühmt, der als erster die Arbeit mit behauenen Steinen einführte und das Geheimnis der Pyramide kannte. Die frühen Erkenntnisse des weisen Imhotep waren so gediegen, daß er bereits vor drei Jahrtausenden die Bakteriologie entdeckte und somit gezielt »unsichtbare« Krankheitserreger bekämpfen konnte. Darüber hinaus baute er ganz offensichtlich Observatorien, mit denen er insbesondere den unvergänglichen Stern Sirius beobachtete. Was aber war für den weisen Imhotep so besonders an diesem Stern?

Eine verbindliche Antwort könnte uns nur die Entdeckung von »Imhoteps Grab« vermitteln. Doch wie der Direktor der Ägyptischen Altertümerverwaltung und Leiter der ständigen

Ausgrabungen Zahi Hawass meint, verlief die jahrzehntelange Suche nach dem Grab des weisen Imhotep bislang ohne Erfolg. Angeblich haben die Ägyptologen trotz intensiver Bemühungen das Grab des Imhotep bis heute nicht gefunden.

Verlief die Suche tatsächlich ohne Erfolg, oder hat man »Imhoteps Grab« längst entdeckt? Will man der Öffentlichkeit möglicherweise Funde nicht zugänglich machen, die unser Weltbild ins Wanken bringen könnten? Halten die Ägyptologen alles deshalb unter Verschluß, weil »Imhoteps Grab« Gegenstände enthielt, die nichtirdischen Ursprungs sind?

Als Zahi Hawass im April 2006 das neue »Imhotep-Museum« in Sakkara eröffnete, war er nicht nur aufgeregt, sondern wich den direkten Fragen von Journalisten über die aktuellen Ausgrabungen bei der Suche nach »Imhoteps Grab« aus, als ob er erneut etwas verheimlichen wollte. Imhotep war nämlich gemäß den Überlieferungen nicht wirklich der Sohn des Khanofer und der Chereduanch, sondern ein direkter Sohn des ältesten ägyptischen Gottes Ptah, der ebenfalls ganz eng mit dem Stern Sirius verbunden ist. Die alten Ägypter folgten im Alltag und mit ihrem gesamten Lebenszyklus einer vorgegebenen Strategie, die immer vom Sirius beeinflußt wurde. Zwar sagt die schriftliche Überlieferung nicht viel vom Wirken des Priesters aus und muß deshalb mühsam rekonstruiert werden, doch offenbar war gerade Imhotep die irdische Schlüsselfigur zum Sirius, die uns erst einen Zugang in dieses geheimnisvolle Leben der altägyptischen Welt ermöglichte. Wo also ist sein Grab, und was haben die Archäologen tatsächlich gefunden? Was hat es mit der »Sirius-Strategie« in Wahrheit auf sich? Und: Werden Sie nach der Lektüre dieses Buches geschockt sein oder sich darüber freuen, daß Ihnen mit seiner Hilfe die Augen geöffnet wurden?

Kapitel 1

Der Pyramidenschlüssel

Es existieren kaum Bauwerke, die die Menschen überall auf der Welt so fasziniert haben wie die Pyramiden in Ägypten. Die reine geometrische Form mag daran ebenso Anteil haben wie die Tatsache, daß sie zu einer Zeit erbaut wurden, als die ägyptische Kultur angeblich nur primitive Hilfsmittel kannte. Die moderne Wissenschaft vertritt die Ansicht, daß es eine Idee des weisen Imhotep war, solche Bauwerke überhaupt zu errichten. Im Grunde könnte man so gesehen jede Pyramide als »Imhoteps Grab« bezeichnen. Dennoch ist nach wie vor ungeklärt, wie die alten Ägypter allein mit der reinen menschlichen Muskelkraft die gewaltigen tonnenschweren Steinblöcke transportiert und aufeinandergeschichtet haben. Der große Ägyptologe Carl Richard Lepsius (1810–1884) vertrat noch im 19. Jahrhundert die Ansicht, daß die Pharaonen gleich zu Beginn ihrer Regierungszeit den Grundstein für ihr Grabmal legten und das Bauwerk dann, vergleichbar den Jahresringen der Bäume, ständig vergrößerten.

Abb. 1: Pyramide des Cheops

Doch diese Theorie ist inzwischen – ebenso wie manche andere in bezug auf diese Monumente – überholt. Die Pyramiden sind Bauwerke, deren Ausführung schon vor der Grundsteinlegung genau berechnet war, woran auch mögliche Planänderungen während der Bauzeit nichts änderten. Einen interessanten neuen Erklärungsversuch hat der Ägyptologe Erhart Graefe vom Institut für Ägyptologie und Koptologie an der Universität Münster veröffentlicht. Dabei kann er sich, wie viele vor ihm, nur auf theoretische Überlegungen stützen, da nach seiner Ansicht Bohrungen in der Außenhaut zu ungenau oder großflächige Abtragungen zu zerstörerisch für die Bauwerke wären. Unklar ist auch, ob die alten Ägypter bereits Flaschenzüge kannten und ob die Steinblöcke von einigen Arbeitern teilweise von Hand in die höheren Schichten getragen oder die Steinblöcke vielleicht von den Bautrupps nur auf dem angefeuchteten Schlamm schleifend geschoben wurden. Sicher ist in jedem Fall, daß im Pyramidenbezirk kaum Wasser vorhanden ist, das zum einen die Arbeiter zum Trinken benötigt hätten und das zum anderen zwingend notwendig gewesen wäre, um die Rampen für die Schlitten zu bewässern. Damit scheidet nach Graefes Ansicht die gängigste Theorie, wonach die Rohbauten der Pyramiden mit Rampen errichtet wurden, von vornherein aus. Ob die Rampen dabei gerade, in einem 90-Grad-Winkel oder schlangenförmig um den Pyramidenkern herumgelegt wurden: All die bekannten, seit Jahren diskutierten Lösungen hätten nach Ansicht des Ägyptologen zu viel Material verschlungen. Des weiteren hätten diese Methoden auch die durch die Menschen zu leistende Arbeitskraft überfordert und wären, wie bereits erwähnt, aufgrund des knappen Wassers nicht zu realisieren gewesen. Erhart Graefe meint daher:

»Bisher wurden die Rampentheorien nur deshalb diskutiert, weil man davon ausgegangen ist, daß die großen Pyramiden, wie die des Cheops, einen anderen Aufbau besitzen als die ersten, wie die des Djoser, deren stufige Kernstruktur freigelegt und deutlich zu erkennen ist.«

Mit »bisher« meint der Ägyptologe im gleichen Zug, daß die bislang bekanntesten Sinnbilder der ägyptischen Kultur nicht in

Stufenform, sondern horizontal über die Fläche gemauert worden seien. Warum hätten die Bauherren aber dann bei den späteren, größeren Pyramiden den Bauplan ändern sollen, wenn sich doch durch diesen altbewährten Bauplan das Transportproblem selbst gelöst hätte, fragte sich daraufhin der deutsche Ägyptologe.

Abb. 2: Mauerwerk der Großen Pyramide

Denn in die rund zehn Meter hohen und fünf Meter breiten Stufen, wie sie bei den ersten und somit ältesten Pyramiden noch sichtbar sind, hätten kleinere Treppen gemauert werden können, über die das Gestein ohne Probleme gehebelt werden konnte. Graefe beruft sich dabei auf die Experimente des Amerikaners Peter Hodges, der bereits 1989 nachgewiesen hat, daß mit dieser Methode ein Transport von Steinen ohne großen Aufwand möglich ist. Graefe dazu:

»Um die Stufen zu verdecken und eine glatte Oberfläche zu erhalten, wurde anschließend eine Zwischenschicht aufgetragen, die von vielen meiner Kollegen heute für die Struktur des Pyramidenkernes gehalten wird.«

Der Ägyptologe vermutet daher, daß während des Baus immer wieder kleinere Ebenen errichtet wurden, mit denen die Bauleute des Cheops variieren konnten. Erhart Graefe vertritt zudem die Ansicht, daß sich mit seiner Theorie fast alle Unmöglichkeiten erklären lassen: Bei einer Rampe, die im 90-Grad-Winkel auf die Pyramide zuliefe, wäre nach seinen Berechnungen zu viel Material benötigt worden, um eine von Menschen zu bewältigende Steigung zu erreichen. Des weiteren erklärt er, daß in diesem Fall die antiken Spuren des nicht benötigten Materials noch heute zu erkennen sein müßten. Deshalb »verbaut« Graefe in seinem Gedankenexperiment keine zusätzlichen Steine oder Lehmziegel. Für eine Rampe, die sich in jeweils rechtwinkligen Kurven um die Pyramiden gewunden hätte, benötigte man zwar weniger Material, doch wäre es bei einer Länge des Schlittengespanns von mindestens zehn Metern unmöglich gewesen, um die Ecken zu kommen. Und schließlich mußte nicht von vornherein hundertprozentig präzise gearbeitet werden, da Ungenauigkeiten durch die Zwischenschicht ausgeglichen werden konnten.

Ob der Ägyptologe Erhart Graefe tatsächlich das Rätsel um den Bau der Pyramiden gelöst hat, wird wohl noch lange Zeit ein ebensolches bleiben: Zu groß sind die Vorbehalte der ägyptischen Altertümerverwaltung, den notwendigen tiefen Abbau des heutigen sichtbaren Pyramidenmauerwerks zuzulassen, zumal der Untergrund von Giseh ein wohlgehütetes Geheimnis bildet, das nicht zwangsläufig der Öffentlichkeit zugänglich gemacht werden soll. Doch wie gelangen wir bei dem Pyramidengeheimnis auf die richtige Spur?

Abb. 3: Bereits vor Jahrhunderten wußte man über das Geheimnis unter Giseh Bescheid.

Als der herausragende französische Ägyptologe Jean Philippe Lauer (1902–2001), der seit 1948 viele Jahre die Ausgrabungen und den Wiederaufbau in Sakkara leitete, sein Buch *Le Probleme des Pyramides* publizierte, räumte er darin ein, daß die Proportionen der Großen Pyramide sehr exakt **π** (Pi) und **Φ** (Phi) beinhalteten. Seltsamerweise bestand er aber immer darauf, daß die geometrischen Beziehungen in dem Bauwerk nur »zufällig« entstanden sein sollten, ohne allerdings dabei die Frage aufzuwerfen, wie es denn eigentlich zu dieser Zufälligkeit gekommen sein konnte. Anders war das Motiv noch bei den ersten französischen Pionieren vor etwas mehr als 200 Jahren: Als Napoleon Bonaparte (1769–1821) mit seiner Gefolgschaft nach Ägypten kam, hoffte er dort den »Schlüssel« zur alten Freimaurertradition zu finden, auch wenn seine Gelehrten, wie der Ägyptologe Lauer, in dieser Hinsicht bereits eine recht modern wirkende Ansicht besaßen. Deshalb zerfielen Napoleons Forscher von Anfang an in zwei verschiedene Lager, als es um die Pyramiden ging: Die einen betrachteten die Bauwerke ausschließlich als Grabmäler und somit lediglich als titanenhafte Monumente, die in der perfekten Form der Pyramide die Vollkommenheit des Königs symbolisieren sollten, während die anderen davon überzeugt waren, daß eine erstaunliche vorbiblische Gesellschaft existiert habe, die für derart präzise und mit Sorgfalt errichtete Bauwerke verantwortlich war. Der französische Astronom Edmé François Jomard (1777–1862) war einer der Gelehrten, die sich dem zweiten Lager zugehörig fühlten. Anhand der Berichte antiker Autoren und aufgrund seiner eigenen Untersuchungen vertrat Jomard die Ansicht, daß die Große Pyramide in gewissem Sinne ein Modell der Erde sei und deren Maße enthalte, die in einer bestimmten Beziehung zu den tatsächlichen Dimensionen unseres Planeten stünden. Diese Feststellung war für den Franzosen keine Phantasterei, sondern er tat alles, um sie zu verifizieren.

Abb. 4: Giseh vor 200 Jahren

Allerdings machten der Schutt und die Unebenheiten im Pyramidenumfeld, die durch den Verlust der Verkleidungssteine entstanden waren, eine exakte Vermessung beinahe unmöglich. Jomard war aber ein junger mutiger Forscher, der schon früh über die langen auf- und absteigenden Korridore die Theorie ausformulierte, daß sie ursprünglich astronomischen Zwecken dienten und die wahren Erbauer der Großen Pyramide über fortgeschrittene Kenntnisse in Geometrie, Geographie und Geodäsie verfügt haben mußten. Er hatte zuvor mit 150 Ottomanen begonnen, die Nordost- und Nordwest-Ecke der Großen Pyramide von Schutt und Sand zu befreien, und dabei 3,05 x 3,66 Meter große rechteckige Vertiefungen entdeckt, die er als erste Stellen für die Ausrichtung der Pyramide bestimmte, wo die Ecksteine plaziert waren. Eine Seitenlinie für die Basis bestimmte er mit 230,902 Metern Länge, wonach er begann, die Pyramide zu erklimmen, um auch ihre Höhe bestimmen zu können. Der amerikanische Wissenschaftsjournalist Peter Tompkins schreibt in seinem Buch *Cheops – Die Geheimnisse der Großen Pyramide*:

»Um die Höhe der Pyramide zu ermitteln, maß Jomard beim Abstieg Stufe um Stufe und kam dabei auf einen Wert von 144 Metern. Nach einfachen trigonometrischen Berechnungen ergab das für die Seiten der Pyramide einen Neigungswinkel von 51° 19' 14" und eine Höhe von 184,722 Metern.«

Aus seinen Meßdaten errechnete Jomard schließlich, daß ein geographischer Breitengrad in der Höhe des ägyptischen Giseh am Pyramidenstandort 110 827,68 Meter mißt. Nachdem er diesen Breitengrad durch 480 geteilt hatte, ergab das einen Wert von 230,891 Metern – diese Zahl stimmte mit einem Zehntel Abweichung mit der Basiskantenlänge der Großen Pyramide überein. Offenbar gab es also einen Zusammenhang. Im Laufe der Zeit stellte Jomard anhand seiner Berechnungen noch weitere Korrelationen fest. Doch die Elemente, die er für die Untermauerung seiner Ideen herangezogen hatte, überzeugten seine Kollegen nicht im geringsten. Sie waren nicht von der Vorstellung abzubringen, daß die Zivilisation erst mit den Griechen begonnen und sich dann bis in ihre Zeit fortgesetzt habe. Weil

Abb. 5: Bohrstellen im Eingangsbereich der Großen Pyramide

Jomard es unterlassen hatte, seine umfangreichen Studien der Öffentlichkeit zu präsentieren, gerieten sie für lange Jahre in Vergessenheit. Erst der Brite John Taylor (1790–1876), der Redakteur des *London Observer* und gleichzeitig Amateurastronom war, suchte nach einer logischen Erklärung für die Pyramiden. Nach mathematischen Berechnungen zu den mit 51° 51' behauenen Böschungswinkeln der Mantelsteine an dem Monumentalbauwerk war ihm in erster Linie aufgefallen, daß sie sich von denen aller anderen Pyramiden unterscheiden. Nachdem Taylor zahlreiche Modelle der Pyramide angefertigt hatte, gelangte er als erster zu dem Schluß, daß die Höhe des Bauwerks im gleichen Verhältnis wie der Radius eines Kreises zu dessen Umfang steht. Bei weiteren Untersuchungen und dem Versuch zu ergründen, warum diese Art von Verhältnismäßigkeit vorhanden war, griff Taylor schließlich auf die Arbeiten von Jomard und dessen Ansichten zurück, wonach die antiken Baumeister der Großen Pyramide mindestens die Maße der Erde gekannt haben müssen:

»Für nur zufällige Übereinstimmungen sind es zu viele Relationen, die in der Großen Pyramide gefunden werden können.«

Wer aber war für dieses Wissen verantwortlich? War das eine Hinterlassenschaft des weisen Imhotep?

Mit Hilfe einiger zeitgenössischer Astronomen ermittelte Taylor über Jomards Untersuchungen hinaus eine mathematische Verhältnismäßigkeit zwischen der Großen Pyramide und der Hemisphäre. Zudem präsentierte Taylor eine im Alten Ägypten bekannte Maßeinheit, die »heilige Elle«, und einen Bewies dafür, daß die Pyramidenbauer den Erdumfang kannten. Im gleichen Zuge erschien es dem Briten aber unmöglich, daß das in den Pyramiden enthaltene Wissen von einer »Horde heidnischer Tyrannen« hergeleitet worden wäre, sodaß er als fundamentalistischer Christ annahm, die Bibel wäre wörtlich zu nehmen, wenn es darum ging, das »göttliche Wissen« in dem Bauwerk und seine Herkunft zu erklären:

»Der Schöpfer ließ einigen Menschen ein Quantum an intellektueller Macht zuteil werden, durch das sie weit über das Niveau der nachfolgenden Bewohner der Erde herausragten.«

Zeit seines Lebens hatte Taylor Angst zu sterben, bevor er einen Anhänger finden würde, der die Ausformulierungen seiner Theorie überprüfen, ergänzen und dann fortsetzen würde. Mindestens einem Wissenschaftler waren die von Taylor entdeckten mathematischen Eigenschaften der Großen Pyramide ebenfalls aufgefallen: Der schottische Astronom Charles Piazzi Smyth (1819–1900) fand die Theorien von Taylor nicht nur richtig, sondern auch weiter ausbaubar. Genau wie Jomard vor ihm, war er von der Behauptung fasziniert, daß die langen steilen Korridore in dem Bauwerk astronomischen Beobachtungen gedient haben konnten. Bei den in dieser Richtung geführten Untersuchungen und aufgrund von anderen Berechnungen gelangte Smyth zu der Überzeugung, daß gewisse Informationen auf eine exakte frühe Kenntnis der Pyramidenerbauer über den Erdumfang rückschließen ließen.

Der Pyramidenforscher Duncan MacNaughton (1910–1998) war der Meinung, daß die Pyramidengänge zur Beobachtung des Sirius angelegt worden waren. Nach Ansicht dieses Forschers konnte am Ende der langen dunklen Gänge Sirius sogar bei Tag beobachtet werden, wenn seine Bahn zwischen 26° 18' und 28° 18' im Süden verlief: Er kündigte so die Nilüberschwemmung und den Beginn des neuen Jahres an.

Der niederländische Forscher Bartel Leendert van der Waerden

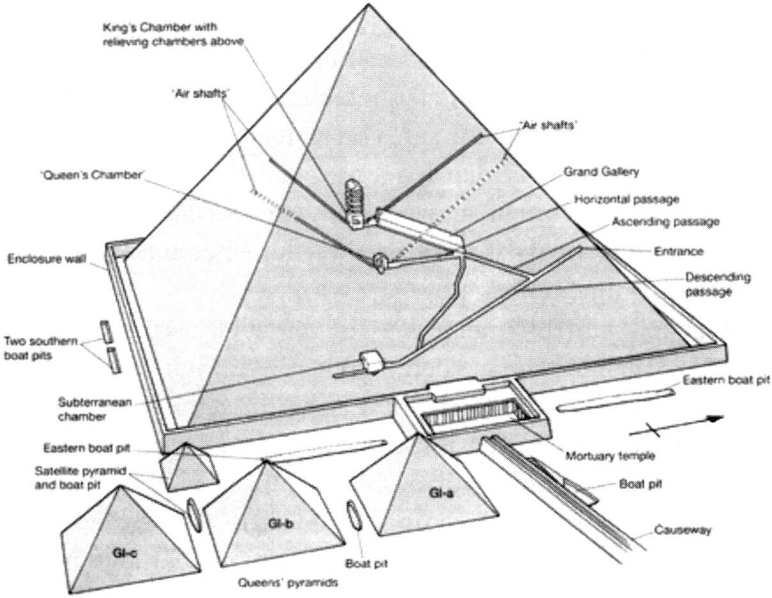

Abb. 6: Querschnitt durch die Große Pyramide

(1903–1996), der sich mit den Anfängen der Astronomie beschäftigte, behauptete sogar, daß vor der Einführung des »Wandeljahres« mit 365 Tagen in Ägypten eine andere Jahreseinteilung galt, die zwar ebenfalls mit der Nilüberschwemmung begann, aber nur drei Jahreszeiten umfaßte. Tatsächlich zeigen Sonnen- und Schattenbeobachtungen bei der Großen Pyramide, daß die alten Ägypter noch weitere Fixpunkte im Jahresverlauf kannten, deren Aussagen noch immer nicht geklärt sind. Unabhängig von Smyth und anderen Forschern stellte schon der französische Forscher Jean Baptiste Biot (1774–1862), der die altägyptische Astronomie bereits untersuchte, bevor Jean-François Champollion (1790–1832) die Hieroglyphen entzifferte, fest, daß die Große Pyramide wie eine Sonnenuhr funktionierte.

Ob das nun absichtlich oder unabsichtlich geschieht, daß das Bauwerk nach Norden einen Schatten wirft und nach Süden das Sonnenlicht reflektiert, damit jedes Jahr mit großer Genauigkeit die Solstitien (längster und kürzester Tag des Jahres) und die Äquinoktien (Tag- und Nachtgleiche) markiert werden, sei einmal dahingestellt; jedenfalls fand der Kalenderreformer Moses B. Cotsworth (1860–1943) aus Yorkshire schon damals heraus, daß es einen nach Norden ausgerichteten Pflasterweg gab, auf dem man die Schattenbildungen der Pyramiden wie bei einer Uhr ablesen konnte. Und zwar nicht nur bei Sonnenaufgang, sondern auch beim Sonnenuntergang. Cotsworth erklärte:

»Nur so konnten die alten Priester durch physische Beobachtung des Schattens entlang der Steinfliesen die präzise Länge des Jahres bis auf 0,24219 Tage genau bestimmen.«

Es ist eines der vielen Rätsel Ägyptens und der Pyramiden, das von den modernen Ägyptologen unbeachtet bleibt. Diese Steine sind derart sorgfältig angefertigt, daß sie wie Puzzleteile perfekt ineinander passen, was gegen die Auffassung spricht, daß sie zufällig so angelegt worden sind. Ein weiterer bemerkenswerter Pflasterwegabschnitt auf dem Giseh-Plateau befindet sich auf der Ostseite der Pyramide des Chephren, wo die einzelnen Stein-

Abb. 7: Verhältnis der Mantelsteine zu den Bodenplaten

blöcke im Durchschnitt 6,40 Meter lang und über 30 Zentimeter dick sind. Auch die Steinblöcke auf der Ostseite an der Pyramide des Mykerinos sind mindestens genauso spektakulär und wiegen zudem jeweils 50 Tonnen.

In Giseh sind diese Steinblöcke riesig, während sie bei späteren Pyramiden oder Tempeln wesentlich kleiner dimensioniert sind. All diese Steine sind allerdings aufwendig und mühevoll verlegt worden, folgen aber nach Ansicht der Ägyptologen keinem architektonischen Zweck.

Wer sich die Steinblöcke aber einmal näher anschaut, wird kaum glauben können, daß diese ungeheuren Mühen einer bloßen Laune der Steinmetze zuzuschreiben sind: Sie folgen einem uns heute unbekannten System, wobei sogar die Beschaffenheit der Steine den Richtungsverlauf mitbestimmen. Doch wie lassen sich diese Ungereimtheiten richtig zuordnen?

Robert Gordon Menzies (1894–1978) war ein weiterer Schotte, der sich mit der altägyptischen Zivilisation im allgemeinen und den Pyramiden im besonderen auseinandersetzte und – was seine Theorien betraf – noch viel weiter ging als Jomard, Taylor oder Smyth, indem er nämlich behauptete, das System der Korridore im Pyramideninneren sei ein maßstabgerechtes Modell, um die Zukunft der Menschheit zu lesen – eine Auffassung, mit der er in der interessierten Öffentlichkeit enorm viel Erfolg hatte. Allerdings blieb ihm dieser Erfolg bei den Akademikern versagt, denn diese sorgten ab diesem Zeitpunkt dafür, daß die weitere wissenschaftliche Erforschung der Pyramidenmaße blockiert wurde. Während der Kontroverse zwischen den akademischen Vertretern und den Pyramidenmaßinterpreten nannten die Ägyptologen jede Theorie, der zufolge die Große Pyramide eine andere Funktion als die eines Grabes hatte, »Pyramidiologie« und deren Vertreter »Pyramidioten«. Alle Behauptungen, daß die Präzision der Steinmassen in der Großen Pyramide einer hochentwickelten Wissenschaft zuzuschreiben sei, wurden seitdem verworfen und im Keim erstickt, selbst wenn sorgfältig wissenschaftlich durchgeführte Studien einen derartigen Schluß durchaus nahelegten.

Der Landvermesser und spätere berühmte Archäologe Matthew Flinders Petrie (1853–1942) unternahm schließlich als Vertreter der »Großloge von London« ebenfalls eine Reise nach Ägypten, um als Schiedsrichter den »Pyramidiologenstreit« zu bewerten und zu entscheiden. Petrie, der sich zu einem hervorragenden Ägyptologen entwickelte, hatte für »göttliche Eingriffe« oder »steinerne Prophezeiungen« nicht viel übrig, sodaß er die fast vollständig von Schutt befreite Pyramide völlig neu vermaß und anschließend sein Untersuchungsergebnis zum Unwohl der Pyramidiologen kommentierte:

»Ich bin über die häßliche kleine Tatsache sehr betrübt, die der wunderschönen Theorie des Pyramidenzolls und seinen Prophezeiungen den Todesstoß versetzen mußte.«

Petrie hielt die zuvor erzielten Meßergebnisse und die daraus gezogenen Schlußfolgerungen weitgehend für Unsinn und für nicht nachvollziehbar. Allerdings bestätigte auch Petrie, daß die transzendente Zahl Pi mit sehr beträchtlicher Präzision in der Pyramide ausgedrückt wurde. Überdies wunderte er sich über das meisterhafte Können der Erbauer, die ihre tonnenschweren Verkleidungssteine bei einer Länge von knapp zwei Metern (75 Zoll) mit nur 0,25 Millimetern (0,01 Zoll) Abweichung verlegen konnten:

»Allein schon diese Steine präzise und fast fugenlos auszurichten wäre eine sorgenvolle Arbeit, doch wenn es dann noch darum geht, sie mit Mörtel zu verfugen, dann scheint diese Arbeit nahezu unmöglich zu sein. Man muß das mit der des besten Optikers auf einer Fläche vergleichen, die sich nicht nach Quadratmillimetern, sondern nach Morgan bemißt.«

Petries zeitgenössische Akademikerkollegen stürzten sich zwar sofort auf die Wiederlegungen des Pyramidenzolls, weigerten sich jedoch, die von dem Landvermesser bestätigten und somit bewiesenen geometrischen und proportionalen Beziehungen nä-

Abb. 8: Haupteingang

her zu untersuchen.

Das Ganze war eine hartnäkkige Haltung der Ägyptologen, die bis heute anhält. Die Pyramidiologen waren in ihren Bemühungen jedoch nicht weniger hartnäkkig, wie man anhand der Publikation vieler neuzeitlicher Pyramidenbücher erkennen kann. Aber wie kommen wir in dieser Angelegenheit weiter, und wie lassen sich vor allem wieder Einklang und eine gewisse Übereinstimmung mit der Akademikerschaft erzielen?

Nach den Anfängen von Jomard haben viele Astronomen den Versuch unternommen, die Große Pyramide auf mögliche astronomische Funktionen zu untersuchen. Einer der berühmtesten Wissenschaftler auf diesem Gebiet war der Brite Richard A. Proctor (1837–1888) von der *Royal Astronomical Society*. Ich hatte das Glück, in einem Antiquariat in Berlin für nur 40,– Euro sein Buch *The Great Pyramid* als Original von 1883 zu erwerben. Der Zustand ist zwar nicht tadellos, aber das Buch ist selten und wird in aller Regel mit bis zu 500,– britischen Pfund gehandelt.

Proctor hatte aus dem »Timaios-Kommentar« des griechischen Philosophen Proklos (410–485) den Hinweis entnommen, daß die Große Pyramide in der Tat vor ihrer Fertigstellung als Observatorium gedient habe. In seinem Buch demonstriert der britische Astronom, welche verschiedenen Funktionen in der Großen Pyramide installiert worden sind. Unter anderem bietet Proctor an, daß die Große Galerie anfangs als Beobachtungskammer gedacht war, bevor sie nach später erfolgtem Baufort-

Abb. 9: Große Galerie

schritt überdacht wurde. Er führt sogar exakt auf, wie die antiken Astronomen der Ägypter sich in der Großen Galerie positionierten und wie sie ihre Aufzeichnungen von den Sternenwegen auf ihrer Wanderung auf Plattformen beobachteten, ohne abzurutschen.

Von dem berühmten Astronomen John Herschel (1792–1871) hatte Proctor den Hinweis vernommen, daß die alten Ägypter den Erdmeridian nach Alpha Draconis im Sternbild des Drachen, der in den Jahren 2160 v. Chr. und 3140 v. Chr. um 3° 43' vom Himmelsnordpol entfernt war, kannten und daraus die exakte astronomische Ausrichtung der Großen Pyramide formulierten. Seltsamerweise hatte Herschel einige Zeit zuvor den Astronomen Piazzi Smyth noch mit seinen angeblich »unsinnigen Theorien« abgewiesen. Vielleicht lag das an der italienischen Herkunft des Schotten – man weiß es nicht! Was man aber weiß, ist, daß auch eine von dem deutschen Ägyptologen Johannes Dümichen (1833–1894) übersetzte altägyptische Zeremonie aus einem Bautext Proctor bestätigte:

»Indem ich zum Himmel emporschaue, schaue ich zur Bahn der aufgehenden Sterne, und wenn ich dann den ›ák‹ der Konstellation der ›Lende des Stiers‹ erkenne, ermittle ich die Ecken des Bauwerks.«

Mit »Lende des Stiers« bezeichneten die alten Ägypter den Großen Bären, der ein dem Gott Seth zugeordneter Stern war. Nach Ansicht von Dümichen charakterisiert das Wort »ák« indessen die »Kulmination des Sterns« während der Phase seines Meridiandurchgangs und kann daher nur erklärt, aber nicht übersetzt werden. Auch moderne Astronomen vertreten die Ansicht, daß von der Großen Galerie aus 80 Prozent des Nachthimmels beobachtet werden konnten. Die Frage, nach welcher Methode die Ägypter ihre Pyramiden ausrichteten, bildete auch den Gegenstand einer eingehenden Untersuchung des tschechischen Ägyptologen Zbynek •ába (1917–1971), der in seiner Abhandlung für die Akademie der Wissenschaften zu dem Arbeitsergebnis gelangte, daß die Pyramiden nicht als Monumente des Größenwahns vereinzelter Herrscher betrachtet werden sollten, sondern als »Denkmäler der Kultur, Wissenschaft und Technik«. So verwundert es nicht, daß auch der in der Türkei geborene griechische Astronom Michael Eugene Antoniadi (1870–1944) Proctor ebenfalls beipflichtete:

»Schließlich sind die Bestattungsarrangements in allen anderen ägyptischen Mastabas, Grabpyramiden oder Felsengräbern aus dem Kontext der ägyptischen Glaubensvorstellungen gleichermaßen offensichtlich wie auch erklärbar.«

Tatsächlich existieren in der Großen Pyramide und ihren zwei Nachbarn wie auch in den Pyramiden von Dahschur zahlreiche Anomalien, die die Ägyptologen entweder ignorieren oder immer wieder als Planänderungen in den Bauphasen abtun. Dabei wird oft verdrängt, daß es sich dabei in Wirklichkeit um Bauwerke handelt, die in ihrer Ausführung ein antikes Wunder an Präzision darstellen und zugleich Zeugnis für Unschlüssigkeiten ablegen sollen, deren Planung ebenfalls jahrelange Arbeit erfordert hätte und ganz offensichtlich keinem der Experten zu denken gibt.

Wie bekannt ist, finden sich auch in fragmentarischen Texten einiger klassischer Autoren Anspielungen auf die Große Pyramide als Modell der Erde. Erst diese greifbaren Informationen veranlaßten den Franzosen Jomard zu seiner Suche nach einer wissenschaftlichen Erklärungsgrundlage für die Pyramide. Der amerikanische Professor für Geschichte am *Patterson College* in New Jersey, Livio Catullo Stecchini (1913–1979), entdeckte, daß sich alle Anspielungen auf die Große Pyramide als Modell der Erde

Abb. 10: Sternenrelief in Dendera

bis zum griechischen Philosophen Agatharchides von Knidos (208–132 v. Chr.) zurückverfolgen lassen. Agatharchides zufolge betrug die Seitenlänge der Großen Pyramide an der Basis den achten Teil einer Bogenminute des Breitengrades der Erde am Äquator, während die Höhe den zehnten Teil des Äquatorgrades umfaßte (1 ÄG = 111 320 Meter). Stecchini formulierte seine Erkenntnisse in bezug zu dem Griechen und der Großen Pyramide wie folgt:

»Die Grundidee der Großen Pyramide war die, daß sie die nördliche Hemisphäre, die auf ebene Flächen projiziert ist, wiedergibt, wie man es beim Zeichnen von Landkarten macht. Dies war das Prinzip, nach dem der Zikkurat von Babylon, der biblische Turm von Babel, erbaut wurde und nach dem die früheren Pyramiden errichtet wurden. Die Große Pyramide war eine Projektion auf vier Dreiecksflächen. Die Spitze repräsentierte den Pol, und der Umfang der Basis stand für den Äquator. Das ist der Grund, warum der Umfang im Verhältnis von zwei Pi zur Höhe steht. Die Große Pyramide steht für die nördliche Hemisphäre im Maßstab 1:43 200; dieser Maßstab wurde gewählt, weil 86 400 Sekunden 24 Stunden ergeben.«

Weiterhin meinte der Professor, daß die Minutendiskrepanzen (mehrere Zentimeter auf die Länge der Basis von 230 Meter) nicht einem Baufehler zuzuschreiben seien, sondern vielmehr ein geniales Mittel zum Einbau von »Diskrepanzen« der Erde selbst und der Abflachung der Erdkugel an den Polen darstellen würden. Auch der »Goldene Schnitt« **Φ** (Phi) wurde in die Pyramide eingearbeitet, denn er stellt das Verhältnis dar, das »der Schlüssel zur Struktur des Kosmos« ist.

Nach gründlicher Analyse erweist sich schließlich, daß die Ausrichtung der Großen Pyramide eine genaue Kenntnis der Präzessionsrate der Äquinoktien birgt. Somit war die Große Pyramide quasi der »Schlüssel« der »himmlischen Ereignisse«. Ist das tatsächlich denkbar?

Die Schlußfolgerungen Stecchinis haben gegenüber allen anderen Theorien, die zur Funktion der Großen Pyramide aufgestellt wurden, einen entscheidenden Vorteil: Die Daten, aus denen das Skalenmodell der nördlichen Hemisphäre und andere Rückschlüsse abgeleitet wurden, sind nachvollziehbar und jederzeit zu überprüfen. Stecchini kann daher den Beweis führen, daß in Ägypten bereits zu Beginn der aufgezeichneten Geschichte die genauen Dimensionen der Erde bekannt waren und daß die antiken Maßsysteme auf diesem Wissen beruhten. Wenn aber die Ägypter sich mit dem Bau der Großen Pyramide als exaktes maßstabsgerechtes Modell der nördlichen Hemisphäre solch enorme Mühe gemacht haben sollen, müssen wir auch die anderen Pyramiden von Giseh, Sakkara oder Dahschur berücksichtigen, die nicht weniger eindrucksvoll sind. Wenn die Große Pyramide die Erde darstellt, welchen Zweck haben dann die anderen Pyramiden zu erfüllen?

Um diese Frage zu beantworten, empfiehlt es sich, neben Bautextübersetzungen von Dümichen erneut die sogenannte Klassische Literatur aus dem antiken Griechenland heranzuziehen: Im

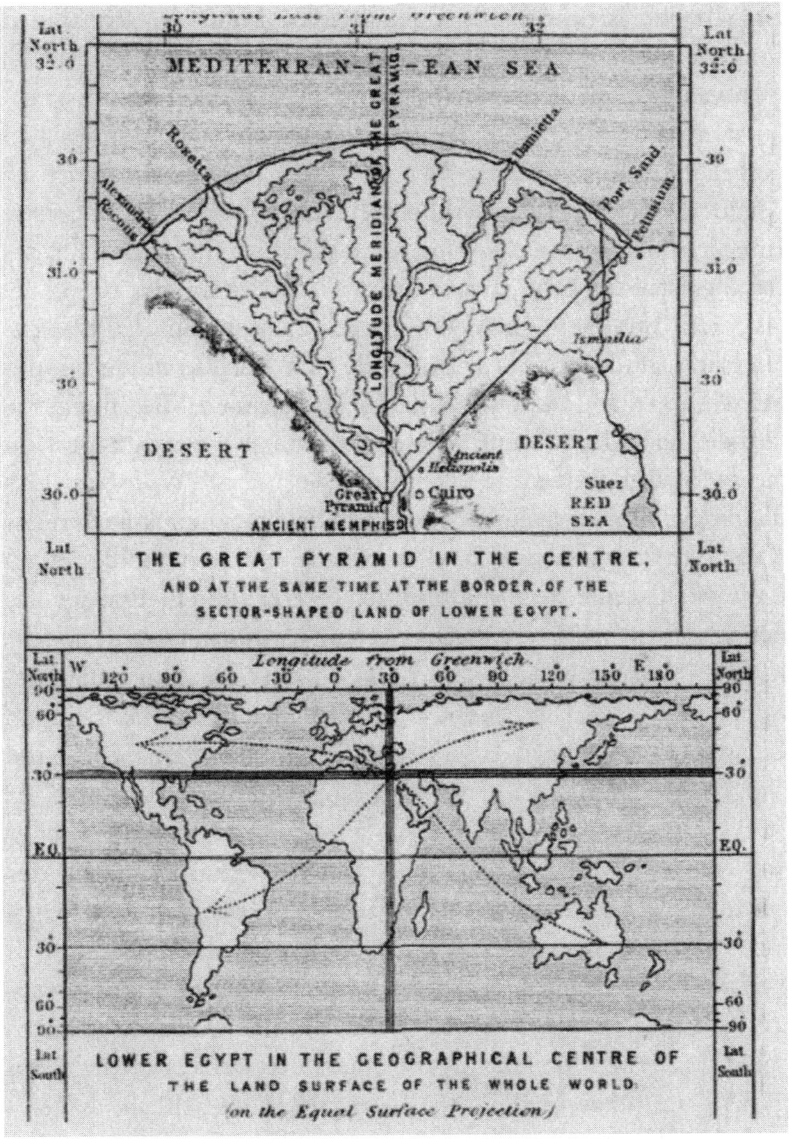

Abb. 11: Verhältnis der Pyramiden zur Erde

Buch *Hermetica* ist ein Dialog zwischen dem Gott Hermes Trismegistos und seinem Schüler Asklepios festgehalten, der bezüglich der astronomischen Schlüsselfunktion der Pyramiden folgende Bemerkung enthält:

»Weißt du nicht, Asklepios, daß Ägypten das Bild des Himmels und das Widerspiel der ganzen Ordnung der himmlischen Angelegenheiten ist?«

Interessanterweise ist Asklepios kein geringerer als der weise Imhotep, der von der ägyptischen Gottheit Thot alias Hermes Trismegistos über die astronomische Ausrichtung der Bauwerke Ägyptens belehrt wird. Auch über das im Zentrum der 15 Hektar Fläche umfassenden Grabanlage stehende Pyramidenmonument in Sakkara wurde von den Pilgern einige Male berichtet, daß die Bauanlage so empfunden wurde, »als ob der Himmel in ihrem Inneren wäre«. Die Pilger formulierten ihre Wünsche, nach denen das Gute und Reine vom Himmel kommen solle, das der Seele des Pharao dargeboten werde, die im Jenseits unter den Gerechten weilte. Ein wertvolles Detail liefert ein Priester aus der Regierungszeit von Ramses II. (1292–1225 v. Chr.) namens Nachuyu, der an einem religiösen Fest in Sakkara teilnahm und folgende Worte hinterließ:

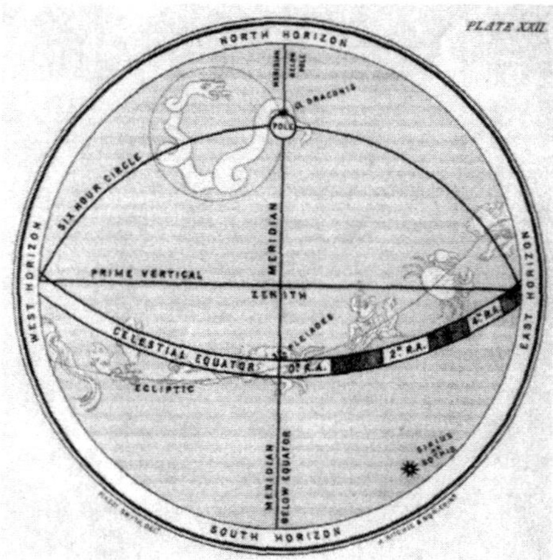

Abb. 12: Hemisphäre in Beziehung zum Sirius um 2170 v. Chr. und zur Großen Pyramide

»Der Schreiber Nachuyu ist zur Pyramide des Djoser gekommen. Dem Einweiher der Steine.«

Der Brite Adrian Gilbert und der Belgier Robert Bauval entdeckten 1994 tatsächlich, daß sieben der berühmtesten Pyramiden Ägyptens die Sternenkonstellationen des Orion und der benachbarten Hyaden auf der Erde als ihre Abbilder darstellen. Den beiden Forschern ist es bei der Ausformulierung ihrer Theorie gelungen, den festgefahrenen Gelehrtenmeinungen zu trotzen und in ihrem Buch *Das Geheimnis des Orion* eine ausführliche Sternenreligion zu präsentieren, die im Alten Ägypten weiter verbreitet war, als bis dahin angenommen wurde. Dabei untersuchten sie die altägyptischen Totentexte und welche Verflechtungen zwischen der Religion und der Astronomie bestehen. Folgt man den Ergebnissen von Gilbert und Bauval, dann entsprechen die Knickpyramide und die Rote Pyramide in Dahschur dem Sternenhaufen Epsilon-Tauri und Aldebaran, während die Pyramiden von Abu Roasch und Zawjet el-Aryan ihre himmlische Entsprechung in den Sternen von Kappa-Orionis und Bellatrix finden. Darüber hinaus belegen die Forscher mit Raffinesse, daß der Bauplan des Pyramidenkomplexes in Giseh dem Oriongürtel entspricht. Die Große Pyramide und die Pyramide des Chephren spiegeln sich in Zita-Orionis (Alnitak) und Epsilon-Orionis (Alnilam) im Oriongürtel wider, während die leicht versetzte Pyramide des Mykerinos dem ebenfalls leicht versetzten Stern Delta-Orion (Mitaka) entspricht, der ebenfalls im Oriongürtel liegt. Zudem haben Gilbert und Bauval mit Hilfe ihres Computerprogramms *Skyglobe 3.5* berechnet, daß der heliakische Aufgang des Orion und die Ausrichtung der Korridore in der Kammer der Königin zum Stern Zita-Orionis einige Wochen vor der Sommersonnenwende um 2450 v. Chr. erfolgte.

Mit der von ihnen durchgeführten Analyse meinen die Forscher herausgefunden zu haben, daß die Große Pyramide vor etwa 4500 Jahren von König Cheops errichtet wurde und in enger Verbindung zu einer später unterdrückten Sternenreligion stand. Damit paßten sie sich bezüglich der Bauzeit der Großen Pyramide den Vorstellungen der allgemein von den Ägyptologen anerkannten Zeitangabe an. Dennoch wunderten sich die Forscher über ein Kuriosum, das Bauval wie folgt kommentiert:

»Erst um das Jahr 10 500 v. Chr. entsprach von Heliopolis aus gesehen das Muster der drei Sterne des Oriongürtels exakt der Anlage der drei Pyramiden von Giseh.«

Um die Ausrichtung der im Pyramidenkörper befindlichen Korridore in bezug auf den Präzessionszyklus der Erde zu berechnen, stellten Gilbert und Bauval zuvor ihre revolutionäre Theorie auf, daß die Pyramiden von Giseh in direkter Verbindung zum Sternbild des Orion stehen. Der Effekt der Präzession erreicht nach den Arbeitsergebnissen der Forscher seine höchste Deklination bei –0 Grad, 80 Minuten und 00 Sekunden um das Jahr 2550 unserer Zeit. Die niedrigste Deklination von –48 Grad, 00 Minuten und 00 Sekunden wurde dahingegen erst im Jahre 10 450 v. Chr. erreicht, worin das Planungs- beziehungsweise Gründungsjahr der Großen Pyramide zu suchen wäre. Was hatte das aber zu bedeuten?

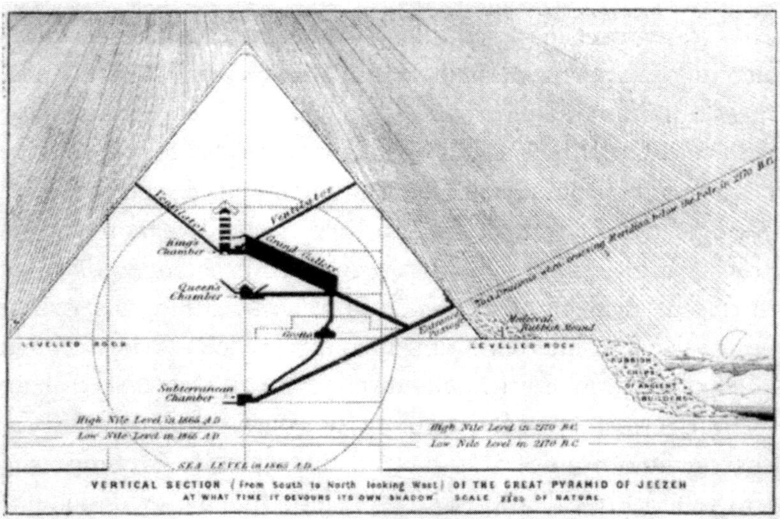

Abb. 13: Schachtausrichtung nach Smyth

Ganz offensichtlich wurden die Pyramiden von Giseh vor 12 500 Jahren geplant und standen vermutlich mit einem besonderen Ereignis im Zusammenhang, das Gilbert und Bauval wie folgt erläutern:

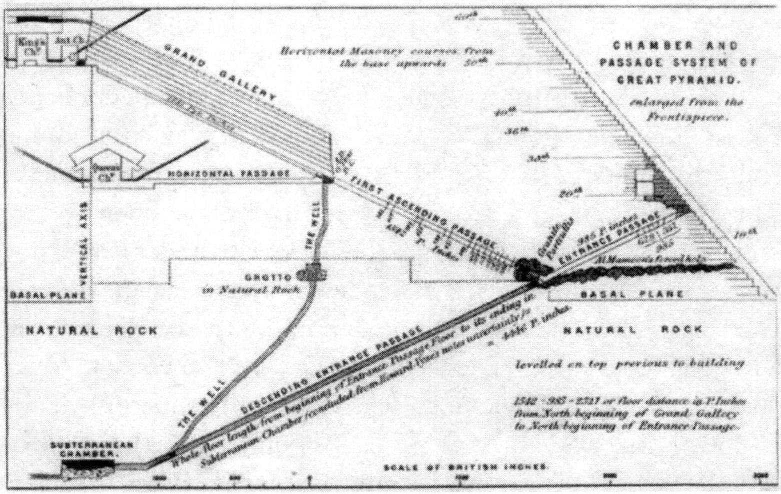

Abb. 14: Nach Smyth war die Große Pyramide eine riesige Uhr

»Als die Ägypter die Pyramiden errichteten, dachten sie an ein besonderes Ereignis, das sich auf die Erste Zeit [tep Zepi] bezog, worin immer diese bestanden haben mag; wir wissen heute, daß es etwas mit dem Stern – und zwar mit dem Sternbild Orion und Sirius – zu tun hatte, den kosmischen Regionen der Seelen.«

Allerdings konnte der südafrikanische Professor Anthony Fairall von der Cape-Town-Universität im November 1999 mit astronomischen Untersuchungen nachweisen, daß die Berechnungen der Forscher Gilbert und Bauval fehlerhaft sind. Sollten die Pyramiden in Giseh wirklich im Jahre 10 500 v. Chr. geplant oder ausgerichtet worden sein, so würde sich um diese Zeit zwar Epsilon-Orionis in der Großen Pyramide und Delta-Orionis in der Pyramide des Chephren spiegeln, doch Zita-Orionis befände sich dann viel zu weit im Norden, so daß die Pyramide des Mykerinos im direkten Zusammenhang mit Orion ohne jede Berücksichtigung bliebe.

Fairall meint, daß eine exakte Spiegelung der Pyramiden in Giseh mit dem Oriongürtel bei 45 Grad, 00 Minuten und 00 Sekunden sich nur im Jahre 11 600 v. Chr. verbindlich bestimmen

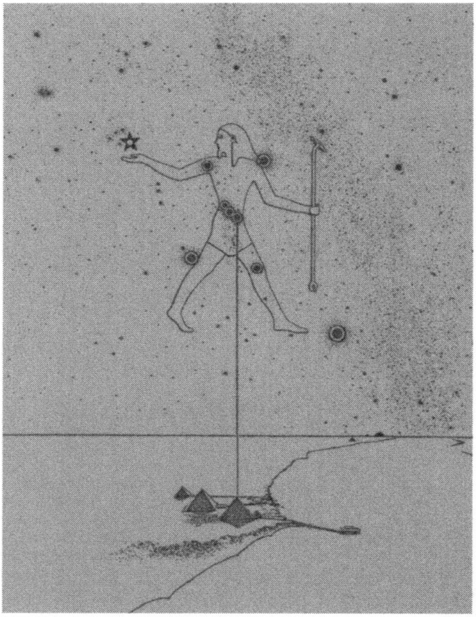

Abb. 15: Himmelsspiegelung nach Gilbert und Bauval

ließe. Doch gab es für das prädynastische Ägypten überhaupt ein Ereignis, das wichtig genug war, um während dieser frühesten Epoche verewigt zu werden?

Interessanterweise folgten die Ägypter ab dieser Zeit der sogenannten »Sirius-Strategie«: Am 19. Juli des Jahres 11 541 v. Chr. begann nämlich die erste Sirius-Periode, die bis in das Jahr 139 n. Chr. belegt ist. Das war die Zeit, als »Hor-Dati« erschien, was »zur Duat gehöriger Horus« bedeutet. Nach Ansicht einiger Ägyptologen war das eine »Zwitterumschreibung« des »horizontischen Horus«, den man mit dem Morgenstern Sirius gleichstellte. Insgesamt neun Zeitalter des Sirius hat es während der Hochblüte Ägyptens gegeben, die für das Jahr 139 n. Chr., 1321 v. Chr., 2781 v. Chr., 4241 v. Chr., 5701 v. Chr., 7161 v. Chr., 8621 v. Chr., 10 081 v. Chr. und 11 541 v. Chr. nachweisbar sind und jeweils mindestens ein wichtiges nachvollziehbares Ereignis enthalten. Hat es also doch fremde Kulturbringer gegeben, die einst eine bereits hochentwickelte Wissenschaft besaßen, die sie in das Land am Nil als »fertiges Gedankengut« mitbrachten?

Ganz offensichtlich! Deshalb liegen das astronomisch ermittelte Datum von Fairall und das Datum der ältesten Sirius-Periode des »horizontischen Horus« insgesamt bis zu 1150 Jahre vor der Zeitangabe von Gilbert und Bauval. Vielleicht hängt das mit

Abb. 16: Vom Hunger gezeichnete Menschen Altägyptens

folgendem Umstand zusammen: In den Anfängen Ägyptens gab es auch eine periodische Wiederkehr von Zeiten des Hungers, die sich bis in das dynastische Ägypten erstreckten. Eine Vielzahl von Stelen zeigt dürre, abgemagerte Menschen, die ums Überleben kämpfen mußten.

Erstaunlicherweise ist in der ägyptischen Mythologie das Jahr 11 607 v. Chr. genau die Zeitangabe, als die Menschen gegen ihre Götter rebellierten und im urzeitlichen Ägypten bürgerkriegsähnliche Zustände vorherrschten. Bei den Auseinandersetzungen wurde die anfängliche große Anzahl der Menschen von den Göttern durch Feuer, Dürreperioden und Überflutungen dezimiert, doch die Allmächtigen besannen sich und stellten ihre kriegerischen Handlungen gegen die Menschen wieder ein. Offenbar entstanden zu dieser Zeit Legenden über eine globale Sintflut und andere unverstandene Begebenheiten, die in der weltlichen Literatur überdauert haben. Doch will kein Wissenschaftler mit Reputation derartige Überlieferungen wirklich in Erwägung ziehen, um sie ernsthaft zu untersuchen. Nimmt man doch unter den Gelehrten allgemein die Haltung ein, daß die Zivilisation nicht früher als um 5000 v. Chr. entstanden sein kann. Dieses Buch hat dieser Voreingenommenheit der etablierten Wissenschaft noch einiges entgegenzusetzen. *Imhoteps Grab* bietet dabei mehr als nur eine Unterstützung: Es ist der Schlüssel, der uns die Tore in unsere Vergangenheit öffnet, um nicht nur das Zeitalter vor den

Pyramiden zu begreifen, sondern auch die Zeit besser zu verstehen, als der Himmel einstürzte.

Was hat es damit auf sich, und was verbirgt sich dahinter?

Kapitel 2

Einsturz des Himmels

Die Zivilisation der Pharaonen bestand über Jahrtausende hinweg und hinterließ nicht nur gewaltige Bauanlagen und elegante Kunstwerke, sondern zeigte ihrer Nachwelt zudem, wie sie schon in der Antike mit mehreren Schrift-, Maß- und Zählsystemen arbeitete, die unsere moderne Forschung noch heute ins Staunen versetzen. Allein für die Bezeichnung »Brot« verwendeten die alten Ägypter 15 verschiedene Wörter, weshalb von den Philologen noch immer kryptische Anwendungen der Hieroglyphen entdeckt werden, die man in dieser Form nicht erwartet hatte. Ihre komplexe sowie geheimnisvolle Religion fasziniert heute noch die Gelehrten auf der ganzen Welt und zieht selbst Laien schnell in ihren Bann. Doch was wissen wir wirklich über die ferne Welt der Alten Ägypter?

Nach wie vor ist die Ägyptenforschung ein großes Puzzle, das erst mühevoll zusammengesetzt werden muß: Das liegt unter anderem auch daran, weil die alten Ägypter ein System hatten, die Glück und Unglück bringenden Einflüsse des Tages zu bestimmen, so wie es in modernen Horoskopen der Fall ist. Dies hatte jedoch nichts mit den zwölf Zeichen des Tierkreises zu tun, sondern mit der mythologischen Natur des Tages und den Ereignissen, die an diesem Tag stattgefunden hatten und bereits im großen »Lebenshaus« aufgezeichnet waren. Auch die modernen Wissenschaften mit ihren unterschiedlichsten Forschungszweigen, die im Grunde genommen direkt mit dem Alten Ägypten überhaupt nicht in Verbindung stehen, greifen hin und wieder auf das Land der Pharaonen zurück. Beispielsweise entdeckte die amerikanische Weltraumbehörde NASA im Jahre 2004 einen Asteroiden mit einem Durchmesser zwischen 320 und 400 Metern, den sie den Namen »Apophis« (2004 MN4) gab.

Dabei handelt es sich um die griechische Bezeichnung des Schlangengottes »Apep«, den sich die Priesterastronomen der alten Ägypter an einem ganz bestimmten Ort des Sternenhimmels wohnend dachten: im Asteroidengürtel!

Wie konnten die Ägypter diesen aber überhaupt erkennen, wenn sie doch nach landläufiger Meinung gar keine Teleskope besaßen?

Der Astronom und Orientalist Jurij Petrosjan von der Universität Leningrad (heute St. Petersburg) entdeckte auf einem Felsen in Armenien eine 6000 Jahre alte Abbildung unseres Mondes, der mit Kratern übersät dargestellt worden ist, und dazu noch mehrere Sternzeichen. Der Wissenschaftler ist überzeugt, daß sich die Krater des Mondes ausschließlich mit einem Teleskop erkennen lassen. Tatsächlich wurden bislang mehrere hundert konkave und konvexe Linsen aus Bergkristall gefunden, die offenbar früher an Sehhilfen angebracht waren. Die Ägypter nannten diese Sehhilfen, mit denen man die »vier Himmelsrichtungen« beobachten konnte, »Sechem«. Diese stellten sie auch auf Tempelreliefs dar, auf denen vier Vögel die Richtung für die mit »Augen« versehene Sehhilfe angeben, damit der richtige Stern anvisiert wurde. Dennoch interpretieren viele Ägyptologen das »Sechem« noch immer lediglich als ein »machtvolles« Königszepter. In diesem Zusammenhang wurde Imhotep als Hohepriester von Heliopolis »Ur mau« genannt, was »der, den Großen sieht« bedeutet und die Beobachtung der Sternenwelt meinte. Auch wenn die Ägyptologen in dem Wort »Sehen« die »Wiedererschaffung der Welt« verstehen, sollte man

Abb. 17: Das »Sechem« war eine Seehilfe für den Kosmos

die Bezeichnung meines Erachtens durchaus wörtlich nehmen. Denn den Astronomen von Heliopolis stand seit Generationen das »Sechem« zur Verfügung, mit dem sie den Makrokosmos genauso betrachten konnten wie den Mikrokosmos.

Eine ähnliche Seehilfe wie das »Sechem« fanden Archäologen auf einer zerbrochenen Keramikvase aus Griechenland, die eine Frau zeigt, wie sie durch ein modern anmutendes und ausziehbares Rohrgestänge blickt. Völlig ohne Berücksichtigung lassen die Ägyptologen allerdings nicht nur diesen Fund bei ihren Schlußfolgerungen, sondern auch den Begriff »Großer Sechem«, der ein Beiname des Gottes Osiris ist, den sich die alten Ägypter im »Himmlichen Gau wohnend« dachten – womit von den antiken Astronomen eine Anspielung zum Orion gemacht wurde. Der Orion galt in der Antike einerseits als Kreuzungspunkt für die vier Himmelsrichtungen und andererseits als »Heimat der Götter«. Selbst wenn die Äußerungen mythologisches Beiwerk enthalten, sind sie doch in Bezug zum Sternenhimmel richtungsweisend. Zu Orion zu gelangen war nämlich der Wunsch eines jeden Verstorbenen. Und wie verhält es sich mit dem Asteoridengürtel?

Abb. 18: Griechische Seehilfe

In der sich aus dem Altägyptischen hergeleiteten Sprache der Kopten bedeutet »Apoph« etwas Großes und wörtlich »Riese«. Die ägyptischen Astronomen meinten mit »Riese« offenbar den riesigen Bereich des Asteroidenumfeldes, der sich über eine Strekke von etwa 1,4 Milliarden Kilometer ausweitet. Die Astronomen Johann Daniel Titius (1729–1796) und Johann Elert Bode (1747–1826) stellten diese Berechnungen zu ihrer »Titius-Bodeschen-Regel« zusammen, als sie im 18. Jahrhundert unser Sonnensystem vermaßen, dessen Proportionen für die Pharao-

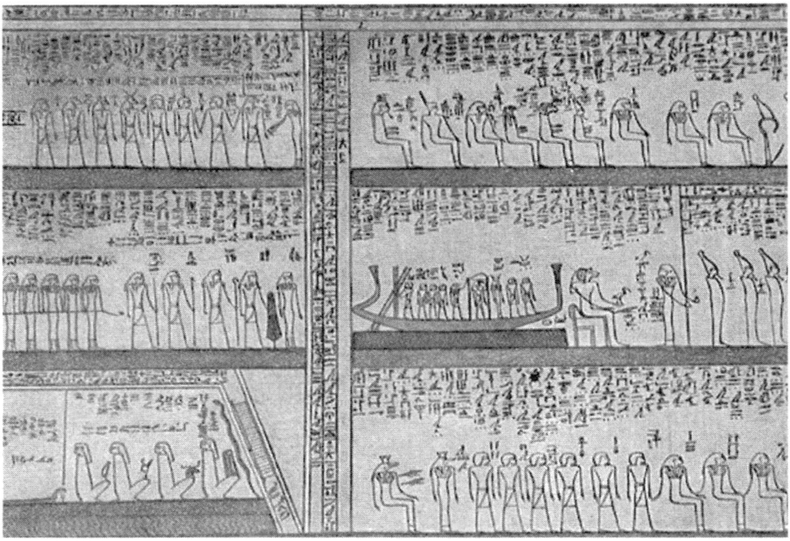

Abb. 19: Amduat-*Detail*

nen ganz offensichtlich nichts neues darstellte. Eine Abbildung aus der Bibliothek des Tempels von Edfu zeigt den weisen Imhotep, wie er Horus das Buch *Ruhm des Ra – Niederwerfung des Apep* vorliest. Dabei handelt es sich um eine Sammlung altheliopolitanischer Rituale, die sich auch in der Totenliteratur wiederfinden und die in die Anfänge der ägyptischen Zivilisation zurückreichen. Natürlich wird auch diese Schrift mit dem bei magischen Texten üblichen Geheimnis umgeben:

»Es ist eine geheime Schrift des Tempels des Ra, die dein Auge erblicken darf, die Geheimschrift für das Niederwerfen des Apep.«

Die Schlange »Apophis« der alten Ägypter, die den Asteroidengürtel symbolisierte, wird auch als »Nehaher« bezeichnet, was etwa so viel wie »Raugesicht« bedeutet. Am vortrefflichsten sind die Bezeichnungen für ihre »zerhackten Windungen« oder wenn sie als »zerstückelte Schlange« dargestellt wird, die stets einen abgeschlossen Kreis am Himmel bildet. Für die alten Ägypter schien von dieser Schlange (alias dem uns bekannten Asteroidengürtel) eine Gefahr auszugehen.

Daß sie damit nicht falsch lagen, beweisen auch unsere heutigen Beobachtungen und Erkenntnisse des Sonnensystems. Derzeitige Schätzungen der NASA gehen beispielsweise davon aus, daß der Komet »Apophis« die Erde mit einer Wahrscheinlichkeit von 1:5500 im Jahre 2036 treffen könnte. Eine Kollision hängt aber davon ab, ob der Asteroid im Jahre 2029 genau innerhalb eines 600 Meter weiten Korridors an der Erde vorbeifliegt. Dennoch erklärte Mary Cleave, die Co-Administratorin der NASA, im November 2006 folgendes:

»Wir werden die Bewegungen von ›Apophis‹ in den nächsten Jahren natürlich genau verfolgen: Sollten die Radarmessungen im Jahre 2013 eine Gefahr für die Erde feststellen, könnte man eine Sonde schicken, die den Asteroiden 2019 erreicht. Eine weitere Raumsonde könnte zwischen 2024 und 2028 die Flugbahn von ›Apophis‹ ablenken und so eine Gefahr für die Erde abwenden. Wir sind aber zu dem Schluß gekommen, daß eine Weltraummission, die nur auf der Möglichkeit einer Kollision basiert, derzeit nicht notwendig ist.«

Es ist schon seltsam, daß gerade ein altägyptischer Gott, der innerhalb der antiken Literatur als größter Feind des Ra eingestuft wurde, als Pate für einen Himmelssatelliten einstehen muß, der durchaus das Ende der Menschheit bedeuten könnte. Heute gibt es aber auch ein astronomisches Instrument und einen französischen Atomreaktor, die man »Osiris« nennt. Das ist der Name des ägyptischen Gottes des Totenreiches, der das Göttliche in sterblicher Form symbolisierte und ein Mysterium des Alten Ägypten darstellt. Aus astronomischen Abhandlungen, die auf Grabwände und Decken gemalt wurden, ist neben der Identifizierung des Asteoridengürtels zudem bekannt, daß die Ägypter auch sonst akribische Beobachtungen am Sternenhimmel durchführten, die detailliert aufgelistet wurden. Tatsächlich handelt es sich bei den Aufzeichnungen um Himmelskarten, Sternenkonstellationen und zahlreiche astronomische Tafeln mit dargestellten Sternen, welche die Astronomen der Ägypter immer wieder verwendeten. Ihre Wissenschaft war jedoch immer mit einem religiösen Charakter behaftet, wenn sie von den »Gottesdienern« praktiziert wurde.

Abb. 20: Ägyptische Darstellung mit astronomischen Tabellen

Auf den großen Terrassen der Tempelanlagen beobachteten sie jeden Tag den nördlichen und südlichen Nachthimmel, um eine systematische zeitliche Einteilung der Nacht in Stunden aufzustellen. Diese Arbeit brachte die altägyptischen Astronomen schließlich auch dazu, Sternbilder wie den Großen Bären, den Schwan und verschiedene andere wie Orion oder Sirius zu bestimmen. Dabei wurden die Beobachtungen in zwei Gruppen eingeteilt: Es gab die »ichemu-sek« und die »ichemu-weredj«. Bei den erstgenannten handelte es sich um die »Unvergänglichen« (Zirkumpolarsterne) und bei den letztgenannten um die »Unermüdlichen«, womit die Planeten in unserem Sonnensystem gemeint waren. Aus diesen Aufzeichnungen wissen wir aber auch, daß den Ägyptern im Neuen Reich (1555–1070 v. Chr.) fünf Planeten (Merkur, Venus, Mars, Jupiter, Saturn) des Sonnensystems bekannt waren, was aus wissenschaftlicher Sicht genauso fortschrittlich war wie der 3000 Jahre später zu verzeichnende Stand der Dinge im Alten Europa während der Epoche der Renaissance. Interessanterweise nannten schon die alten Ägypter den Mars »Roter Horus«, was auf eine sehr genaue Beobachtung der antiken Astronomen und die Verwendung des »Sechem« schließen läßt, obwohl sie nach Ansicht der Ägyptologen über keinerlei optische Sehhilfen verfügt haben sollen. Könnte es sein, daß im Neuen Reich noch Kenntnisse über ein, möglicherweise schon vorher existierendes, fortschrittliches Wissen vorherrschten, das lediglich wieder in Vergessenheit geraten ist?

Auch wenn die altägyptischen Astronomen ähnlich wie ihre modernen »Kollegen« der NASA verschiedene kosmische Erscheinungen wie Eklipsen, Kometen und Meteoriten beobachtet haben, so sollen sie – zumindest nach Ansicht der Ägyptologen – dennoch nicht in der Lage gewesen sein, diese jemals »physikalisch« zu erklären. Es wurde also nur beobachtet um des Beobachtens willen.

Doch Untersuchungen des polnischen Mineralogen Maciej Pawlikowski von der Technischen Universität Krakau (*Akademia Gómiczo-Hutnicza*), die im Dezember 2006 im Gebiet der Pyramiden von Giseh durchgeführt wurden, förderten neue, bislang unbekannte Strukturen aus Metall zutage, die in all den Jahren noch keinem Wissenschaftler aufgefallen waren. Es handelte sich um die Überreste eines einstmaligen »Himmelsphänomens«, das sich im Land der Pharaonen ereignete. Darauf aufmerksam wurde das polnische Forschungsteam aber erst, nachdem man Satellitenaufnahmen ausgewertet hatte. Was hatten die Wissenschaftler gefunden?

Im nördlichen Bereich der Großen Pyramide lokalisierte Pawlikowski Kraterspuren, die von Meteoriten verursacht worden sein müssen, die einst in Giseh niedergingen:

»Wir fanden sehr feste metallische Fragmente im nördlichen Bereich der Großen Pyramide. Diese resultieren offensichtlich

Abb. 21: Pyramidenspitze

aus einem Meteoriteneinschlag, an dem mehrere Teilstücke beteiligt waren, die nach dem Einschlag zudem noch zersplittert sind.«

Anhand von Proben des Felsens und der Pyramidenaußenwände, die von Ägyptologen entnommen wurden, wollen die polnischen Wissenschaftler nun genau bestimmen, wann und in welcher Epoche das »himmlische Ereignis« stattgefunden hat. Für die Laboruntersuchungen soll vordergründig die inzwischen ausgebildete Patina auf den Gesteinsproben eine verläßliche Zeitangabe ergeben. Dabei gilt es zu berücksichtigen, daß offenbar schon der Pharao Ramses III. (1191–1159 v. Chr.) in seinen Chroniken über diesen im Norden von Giseh niedergegangenen Kometen berichtete, der vor 3150 Jahren einen »Höllenbrand« verursachte, wobei ganz Libyen und große Teile Ägyptens in eine schreckliche Sandwüste verwandelt wurden. Kein Ägyptologe wußte bis jetzt, was der Pharao mit seinen Aufzeichnungen eigentlich ausdrücken wollte. Nunmehr kann man aber sicher sein, daß Ramses III. über genau jenes Ereignis berichtete, das die polnischen Mineralogen in ihren Auswirkungen im Dezember 2006 entdeckt haben. Dabei wollten die Wissenschaftler der Technischen Universität Krakau in erster Linie mögliche Scharrzeichnungen untersuchen, die sie östlich von Kairo entdeckt hatten. Bei ihnen handelt es sich um zwei mehrere Kilometer lange gebogene Linien, die an bestimmten Punkten aufeinander treffen.

Nach den Auswertungen der Satellitenbilder wollen Maciej Pawlikowski und sein Forschungsteam darin nun einen von Menschen angefertigten Skarabäus erkennen, mittels dessen man nach der Katastrophe dem Sonnengott huldigte. Die Scharrbilder sollen unmittelbar mit dem Niedergang des Kometen entstanden

Abb. 22: Nach Ansicht der Ägyptologen wurden die Pyramidenspitzen Meteoriten nachempfunden

sein. Wie die Scharrbilder aus dem südamerikanischen Nazca (Peru), die sich kilometerweit in die Pampa erstrecken, soll der Skarabäus ebenfalls nur vom Himmel aus zu sehen sein. Wieder einmal wird das Ganze religiös interpretiert. Doch wußten die altägyptischen Astronomen tatsächlich nicht darüber Bescheid, weshalb Kometen und Meteoriten vom Himmel fielen?

Einen Hinweis auf religiöse Meteoritenkulte finden wir bei den Griechen, wo sich in der antiken Stadt Delphi einst der Nabel der Welt befunden hat. Der »Omphalos-Stein« war nach Ansicht einiger Historiker anfänglich ein unbearbeiteter Meteorit, den die Priester »Zeus-Baetylos« nannten. Der ursprüngliche »Zeus-Baetylos« hatte gemäß einigen Aufzeichnungen der Priesterschaft die ovale Form eines Eies, wie auch der später mit dem Gradnetz der Erde versehene »Omphalos-Stein«, den die Ägypter kannten und »hen« nannten. Über einen ähnlichen Stein wie den in Delphi berichtet auch der römisch-griechische Geograph und Schriftsteller Pausanias (115–180), der ihm in der Stadt Gythion gezeigt und als von Zeus stammend erklärt wurde. Auch der Römer Cajus Plinius Secundus (23–79) erzählt von einem Stein, der von der Sonne herabgefallen sei und in der Stadt Potideae verehrt wurde. Der französische Ägyptologe Christian Jacq schreibt in seinem Buch *Das verborgene Wissen der Magier* dazu:

»Die magischen Götter werden als ›pantheistisch‹ verstanden, das heißt als eine Kraft, deren ›Macht sich in einer sichtbaren Erscheinung in seine Bestandteile zerlegt‹.«

Waren in den genannten Beispielen aber immer nur Meteoriten gemeint?

Es existieren zwei verschiedene Arten von Meteoriten, die einmal aus Stein bestehen und ein anderes Mal aus Eisen. Die eisernen sind meistens schwarz und häufig größer als die steinernen, weil sie seltener zersplittern, wenn sie auf der Erde aufprallen. Darüber hinaus behalten Eisenmeteoriten beim Eintritt in die Erdatmosphäre ihre Flugrichtung bei und trudeln nicht. Deshalb bezeichnet man sie auch als »Orientierte Meteoriten«, die meistens kegelförmig sind. Diese Form wird durch Reibungshitze erzeugt, die so hoch ansteigt, daß der vordere Teil des Meteoriten schmilzt. Weil es in der Tat manchmal passiert, daß die Form von Meteoriten dem eines Eies entsprechen kann, meinen die Ägyptologen, daß sich erst daraus die Mythologie der Ägypter entwickelt habe. Die Ägypter hätten in dieser speziellen Meteoritenform »das Ei des großen Schnatterers« beziehungsweise des »Phönix« (»benu«) gesehen …

Der griechische Historiker Herodot (485–430 v. Chr.) berichtet in seinem Buch *Historien II., 73* über diesen berühmten Vogel aus der altägyptischen Mythologie. Der »Phönix« sei ein Vogel, den er bis dahin nur auf Abbildungen gesehen habe und der wie ein Adler mit einem rot-goldenen Federkleid dargestellt werde, so Herodot. Die »geeinigten« Priester von Heliopolis hätten ihm erzählt, daß der »Phönix« alle 500 Jahre von Arabien nach Ägypten geflogen komme und dann jedes Mal ein »Erneuerer« sei, der dann den alten »Phönix« ersetze. Damit meinte die den Griechen aufklärende Priesterschaft, daß »der Vater des Phönix verstorben« und der neue »Phönix« im großen Tempel nur gekommen sei, um den Leichnam seines Vaters abzulegen, der »in Form eines Eies« eingewickelt wurde. Mit anderen Worten: Es erschien etwas in einem eiförmigen »Ding«, das innerhalb der Literatur immer mißverstanden wurde. Erst spätere Autoren veränderten diese »Legende von der Erneuerung« dahingehend, daß der »Phönix« in Flammen umgekommen und aus seiner eigenen Asche

Abb. 23: Ra-Atum flog im Benben (das Bild des Obelisken wurde aus Gründen der Anschaulichkeit gedreht)

wiederauferstanden ist. Was hatte es mit dem seltsamen Vogel jedoch auf sich?

Weil der »Phönix« zyklisch wiederkehrende Eigenschaften besaß, galt er auch als »Herr der Jubiläen«. Ganz offensichtlich existierte dieser altägyptische Kult auch in Mesoamerika, wo er ganz eng mit der Wiederkehr der Gottheit Quetzalcôatl oder Kuculcán verknüpft wurde und als »Geflügelte Schlange« durchaus mit dem ägyptischen Gott Sokar gleichgestellt werden kann. Wie die mesoamerikanische Form thronte auch Sokar über einer Schlange mit Flügeln. Der Archäologe Cottie Arthur Burland (1905–1965) schreibt über die »Geflügelte Schlange« Mesoamerikas:

»Ikonographisch korrekt bedeutet der Göttername ›der, der aus der Schlange auftaucht‹, so wie der Morgenstern sich vom Horizont erhebt.«

Tatsächlich stellten sich die Priester Mesoamerikas die »Geflügelte Schlange« wandernd auf dem »Weltenbaum« (»Milchstraße«) vor, womit sie einen ganz bestimmten Stern bei 40° 50' Westlänge sowie 20° Südbreite ansprachen. Diesen Stern nannten sie »Oc« und stellten ihn mit einer Hundehieroglyphe dar, womit auch sie der »Sirius-Strategie« folgten und definitiv den »Hundsstern« meinten. Entspricht dieser Hund möglicherweise dem Gott Anubis der alten Ägypter?

Zumindest die Sumerer aus dem Zweistromland (Mesopotamien) hatten eine Göttin mit dem Namen Bau, die sie ebenfalls mit dem Hundsstern in Verbindung brachten. Wie der Sumerologe Thorkild Hvitved Jacobson in seiner Broschüre *Toward the Image of Tammuz and other Essays* für die Havard-Universität ausführt, war Bau die Tochter des Hauptgottes Anu. Interessanterweise wurde das Griechische »Anubis« bei den Ägyptern »Anpu« genannt, wobei »Anpu« offenbar mit dem sumerischen Gott Anu gleichzusetzen ist. Der amerikanische Orientalist Alexander Heidel (1907–1955) liefert in seinem Buch *The Babylonian Genesis* den wichtigen Hinweis, daß in der mesopotamischen Theologie das Götteroberhaupt Anu als Schakal versinnbildlicht wurde, während sein Sohn Enlil mit einem Esel in Zusammenhang stand, was dem Tier des ägyptischen Gottes Seth entspricht. Zumindest Bau gehörte als Tochter des Anu einer Gruppe von 50 Göttern an, wie ein Ereignis aus der *Dekanlehre* widerzuspiegeln scheint. Bei den Ägyptern war der Hauptdekan immer Sirius, dem

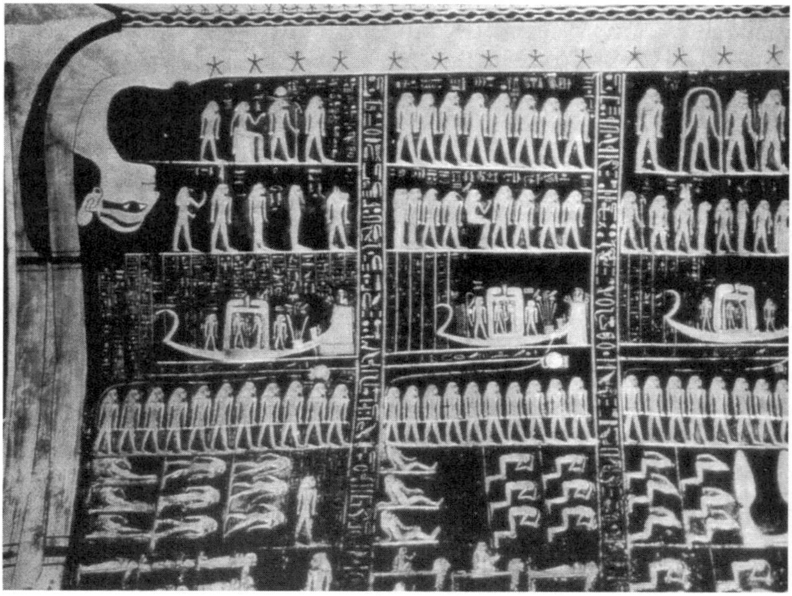

Abb. 24: Hin und wieder stürzte der Himmel ein

der Orion voranging. Die Ägyptologen vermuten, daß erst wegen dieses Umstandes der Orion bei den alten Ägyptern zu einer größeren Bedeutung gelangte. Könnte sich während dieser Konstellation möglicherweise etwas besonderes am Himmel ereignet haben?

Nach einer altägyptischen Legende soll »Metall vom Himmel gefallen« sein: Es war aber nicht irgendein Metall, sondern »Gold«, was vom Himmel wie Regen herabrieselte. Diese glänzenden Regentropfen fanden sich auch in 2000 Metern Höhe – auf der Gebirgswüste östlich von Theben zwischen Nil und Rotem Meer. Als glitzernde »Nuggets« erweckten sie schließlich das Interesse der dort lebenden Bevölkerung. Doch die meisten Goldkörner waren zu klein, um sie einfach auflesen zu können, sodaß die Ägypter Holztröge erfanden, die sie mit dem goldhaltigen Sand und mit Wasser füllten. Auf diese Weise entstanden die ersten Goldwaschpfannen um 4000 v. Chr., wie wir sie später vom kalifornischen, brasilianischen und australischen Goldrausch her kennen. Als dieses Gold schließlich verbraucht war und die Ägypter in die »Unterwelt« eintraten, um mit Bergbau noch mehr Goldquellen zu erschließen, stürzte der Himmel abermals ein. Dieses Mal war es aber kein Gold, was vom Himmel fiel, sondern Eisen. War das eine Strafe der Götter?

Abb. 25: Es regnete Gold …

Die Ägypter dachten nicht nur, daß der Sirius aus »schwerem Metall« bestehe, sondern vermuteten auch, daß dieses Metall hin und wieder auf die Erde niederfallen konnte. Das altägyptische Wort für Eisen lautet »bja«, und nach Ansicht des britischen Ägyptologen Gerald Avery Wainwright (1879–1964) bestehen Meteoriten nach altägyptischer Auffassung aus »bja«. Auch die Pyramidentexte berichten von den »eisernen Knochen der Sternenkönige« (§ 530a–530b, §1454b–1455a, § 2051) und meinen ganz offensichtlich Meteoriteneisen, das von der »schwangeren Sopted« kam. »Sopted« ist die ägyptische Form des griechischen »Sothis«.

Ein anderer Ägyptologe aus Britannien, Ernest Alfred Wallis Budge (1857–1934), vermutete zum Beispiel in dem mythologischen »Benben-Stein« der Ägypter eine Reliquie, die ähnlich dem schwarzen Stein der Kaaba in Mekka war, den einst Abraham vom Himmel empfing und der durchaus ein Meteorit sein könnte. Auch nach Ansicht des Ägyptologen Jean-Philipe Lauer handelte es sich beim »Benben« um einen »baetylos« oder »bja«, der immer wieder vom Himmel fallen konnte. Warum sollten die alten Ägypter aber dann unterschiedliche Bezeichnungen für denselben Gegenstand verwenden? Handelt es sich hierbei um dieselbe ägyptische Verfahrensweise wie im Falle des Brotes, das immerhin 15 Namen hatte?

Trotz der spärlichen Aufzeichnungen ist es dennoch offensichtlich, daß die Priester der alten Ägypter die Unterschiede ganz genau kannten, wenn sie von dem »Benben« oder einem Meteoriten sprachen. Aus historischen Schilderungen kennen wir immer dieselbe Beschreibung, in der erzählt wird, daß ein Feuerball oder eine feurige Masse am Himmel erschien und von einem helleuchtenden Schweif sowie einem Donnergeräusch begleitet wurde. Die Priester machten einen sehr genauen Unterschied zwischen Himmelserscheinungen als Naturphänomen und solchen, die sie den Göttern zuordneten, die zudem mit ihrem Kalender in Zusammenhang standen.

Der ägyptische Jahreskalender besaß zum Beispiel zwar – wie unserer heute verwendeter – 365 Tage, dennoch weicht er von unserem etwas ab. Die Ägypter teilten das Jahr in drei Perioden zu je vier Monaten mit je dreißig Tagen ein, denen noch fünf Schalttage hinzugefügt wurden. Trotzdem war das ägyptische Jahr um sechs Stunden kürzer als unser heutiges, wodurch es alle vier Jahre vom astronomischen Jahr um einen ganzen Tag abwich. Obwohl die Ägypter diesen Fehler kannten, schufen sie keine Abhilfe, so wie die Römer oder wir heute mit der Einführung des Schaltjahres. Die ständige Verschiebung des Jahresanfangs bewirkte aber, daß das Sonnenjahr erst nach 1460 Jahren mit dem astronomischen Jahr wieder zusammenfallen konnte. Diese Periode von 1460 Jahren bezeichneten die Ägypter als »Sopted-Periode«.

Der Sirius ist der hellste Stern des südlichen Nachthimmels im Sternbild des Großen Hundes, dessen Aufgang nach unserem Kalender am 19. Juli erfolgt. Der britische Ägyptologe Robert Thomas Rundle Clark (1909–1970) bringt diese Periode von 1460 Jahren mit dem »Phönix« beziehungsweise »benu« in Verbindung, der zu den Mächten gehörte, die man in Heliopolis verehrte. Der »benu« wurde außerdem unmittelbar mit dem »Isched-Baum« in Zusammenhang gebracht, der von vielen Ägyptologen zu unrecht als »Perseabaum« übersetzt worden ist. Tatsächlich war dieser Baum ein paradiesischer, der unmittelbar mit den Göttern in Verbindung stand und deshalb auch als »heiliger Isched im Obeliskenhaus« und »Stütze des Himmels« Berühmtheit erlangte. Auch in dem von Imhotep gebauten Tempel von Edfu wird dieses Ewigkeit ausstrahlende Relikt, das neben seiner biologischen Erscheinungsform auch technisch interpretiert werden könnte, in der »Großen Edfu-Liste« erwähnt.

Abb. 26: Imitierten die alten Ägypter mit ihren Obelisken die Raketen der Götter?

In einer mythologischen Erzählung, die den Sieg über die Feinde des Sonnengottes im Osten des Himmels schildert, wird Ra als Vater genannt, »neben dem der Isched-Baum sich spaltete in Heliopolis«. Daher lautete ein Nebentitel von Ra »der den Isched-Baum teilte«. Nach Ansicht der Ägyptologen soll das die »Öffnung des Horizonttores« umschreiben. Hans Bonnet (1887–1972) beschreibt den »Isched-Baum« in seinem *Reallexikon der ägyptischen Reliogionsgeschichte* wie folgt:

»Als Isched wird der Lebensbaum bezeichnet, auf dessen Blättern vor Atum Name und Jahre des Königs durch Thot und Sechat aufgezeichnet werden.«

Das Königtum nachahmend behauptet in späten Totentexten schließlich jeder »osirianische Verstorbene«, daß ihn die Annalen »unter dem Isched-Baum in Heliopolis von Thot selbst schriftlich festgesetzt haben«, als nach einer Zeitspanne ein Stern am Horizont aufging. Vermutlich ist hier erneut die periodische Wiederkehr des Sirius nach seiner saisonbedingten Abwesenheit gemeint.

Abb. 27: Buch von der Himmelskuh

Die älteste Textstelle, in der man ihre Hieroglyphe gefunden hat, ist der Spruch § 631 aus der fünften Dynastie (2348–2205 v. Chr.). Der einer etwas jüngeren Zeit angehörende Spruch § 883 verheißt dem toten Pharao, daß er mit Osiris »vom Jahr gekrönt« werde. Dieses Jahr war nach Ansicht von Otto Heinrich Muck (1892–1956) ein Fixsternjahr mit 365,2563 Tagen, das nach katastrophalen Überschwemmungen des Nils während der Regierungszeit des Cheops (2463–2438 v. Chr.) die alten Ägypter dazu zwang, zum tropischen Sonnenjahr mit 365,2422 Tagen überzugehen. Muck vertritt in seinem Buch *Cheops und die große Pyramide* die Theorie, daß der »historische Cheops« die Einführung eines geänderten Kalenders veranlaßte. Tatsächlich wurde der Sonne ab der vierten Dynastie (2505–2348 v. Chr.) mehr Beachtung geschenkt, so daß alle nach Cheops folgenden Könige den Zusatz »Ra« zu ihrem Namen hinzufügten. Die Neuerung bestand darin, daß alle vier Jahre (alle 1460 Tage) zum Ausgleich ein Schalttag eingeführt wurde, um den Zeitunterschied zwischen Stern- und Sonnenjahr zu kompensieren. Nach Ansicht von O. H. Muck dachten sich die alten Ägypter diesen Kalender nicht selbst aus, sondern ein »hellhäutiger Europäer brachte ihn in der prädynastischen Zeit nach Ägypten«.

Abb. 28: Die einzige Plastik, die Cheops zeigt

Der französische Archäologe René Aor Schwaller de Lubicz (1891–1962) vertrat in seinem Buch *Le Temple de L'Homme* sogar die Ansicht, daß die Ägypter weder ein x-beliebiges Fixsternjahr noch das tropische Sonnenjahr, sondern das »Sothis-Jahr« (»Sirius-Jahr«) eingeführt hatten. Die Zeitspanne zwischen diesen Aufgängen beträgt genau 365,2501 Tage. Somit ist das »Sothis-Jahr« nur zwölf Minuten länger als unser heute benutztes Sonnenjahr mit 365,2422 Tagen. Die Kalender hatten somit immer etwas mit periodischen Widerholungen zu tun. Auch Bonnet meint zum Flammentod des »benu«:

»Die Erzählung vom Flammentode des Phönix, aus dem er verjüngt hervorgeht, mag auf Legenden zurückgreifen, die vom Erscheinen des Phönix in den Gluten des am Urbeginn aufstrahlenden Sonnengottes berichteten. Ebenso wird der Glaube an seine periodische Wiederkehr nach zumeist 500 Jahren in der ägyptischen Überlieferung einen Rückhalt haben. Galt doch der Phönix als ›Herr der Jubiläen‹ derart langer Zeiträume.«

Nach R. T. Rundle Clark beinhaltete eine »Große Periode« wiederum neun »Sopted-Perioden« von je 1460 Jahren, was insgesamt 13 140 Jahren entspricht. Es ist in etwa die Hälfte der Zeitdauer eines vollständigen Präzessionszyklus von rund 26 000 Jahren und bezeichnet die Zeitangabe, die ein Dekan benötigt, um bei einer scheinbaren Bewegung der Ekliptik ein Sonnenbahnstück von 30 Grad rückläufig zu verschieben. So wandert die Erde ungefähr alle zwei Jahrtausende in ein neues Zeichen. Was hat das jedoch zu bedeuten?

Betrachten wir diesen Mechanismus des Präzessionszyklus im Zusammenhang mit einem hypothetischen Stern, stellen wir fest, daß sich der südliche Meridian in etwa 13 000 Jahren etwa zwölf Grad über dem Horizont befindet. Jedes Jahr bewegt er sich scheinbar ein kleines Stück höher, was jährlich zwölf Bogensekunden entspricht. So hat der unbekannte Stern nach 13 000 Jahren seine maximale Höhe erreicht und wandert in derselben Geschwindigkeit weiter, um nach weiteren 13 000 Jahren seine minimale Höhe zu erreichen, was dann exakt jener Stelle entspricht, von der aus er vor 26 000 Jahren seinen Aufstieg begonnen hatte.

Die alten Ägypter teilten den Zodiakus nicht nur in zwölf gleiche Teile, sondern erkannten auch, daß die Sonne etwa 2160 (±150) Jahre benötigte, um jedes Zwölftel des Zyklus zu durchlaufen. Das Produkt einer Multiplikation von 2160 und 12 sind 25 920 Jahre – die Dauer eines Präzessionszyklusses. Diese enorme Zeitspanne, eingeteilt in Perioden, Epochen oder Zeitalter von 2160 Jahren Dauer und diese wiederum zerlegt in 360 Grad oder Anteile von 72 Jahren (72 x 360 = 25 920), war die fundamentale Basis des Glaubens an eine ewige Wiederkehr des ersten Goldenen Zeitalters. Nach Ansicht vieler Ägyptologen war für diese zeitliche Wiederkehr der »benu« das Symbol, das als Reliquie mit dem geheimnisvollen »Benben« in Zusammenhang gebracht wurde. Das darum existierende Geheimnis wurde in Heliopolis im sogenannten »Benben-Haus« gehütet. Zwar wurde der »Benben« stilisiert auf den Pyramidenspitzen nachgebildet, doch um was es sich dabei ursprünglich tatsächlich handelte, wird auch heute noch nur vermutet. Der Ägyptologe R. T. Rundle Clark schreibt darüber:

»Es ist der Schutzgeist aller Einteilungen der Zeit, und sein Tempel in Heliopolis wurde zum Mittelpunkt der kalendarischen Regelung.«

Es existiert ein Papyrus, den der italienische Ägyptologe Alberto Tulli in den 1930er Jahren entdeckte, der zum Inhalt hat, daß König Thutmosis III. (1478–1434 v. Chr.) und der gesamte königliche Hof im Jahr 1456 v. Chr. eine Begegnung mit »Feuerkugeln« hatten. Das seltsame daran war, daß diese »Feuerkugeln« erst nach einigen Tagen wieder in südliche Himmelsrichtung verschwanden, das Ereignis also mehrere Tage andauerte. Somit kann bei dieser »Begegnung« ein Meteoritenphänomen völlig ausgeschlossen werden. Doch was war es dann?

Vermutlich waren es »fremde Wesen«, die von den Ägyptologen »Dämonen« genannt werden und von denen es die verschiedensten Varianten gab. Hans Bonnet schreibt hierzu:

»Unter den Dämonen gibt es eine Klasse von Wesen, die durch ein fratzenhaftes Gesicht und zwerghaften Wuchs gekennzeichnet werden. Man pflegt sie unter den Namen Beš zusammenzufassen. Manche Forscher ziehen freilich vor, allgemeiner von zwerghaften Göttern oder Zwerggreisen zu reden. In der Tat ist die Benennung Beš nicht eindeutig.«

Waren es womöglich Außerirdische? Ganz offensichtlich!

Übrigens haben die alten Ägypter uns noch weitere technisch interpretierbare »Dinge« hinterlassen, die noch immer ein ungelöstes Rätsel innerhalb der Ägyptenforschung darstellen. Einer dieser Gegenstände befand sich ebenfalls in Heliopolis, dem altägyptischen »Iwnw« (»Stützen des Himmels«), bevor er um das Jahr 2000 v. Chr. verschwand. Der weise Priester Ipuwer berichtet von einem »verborgenen Inhalt von großem Wert«, der eine Zeitlang auch in einer Pyramide aufbewahrt wurde:

»Das, was die Pyramide in sich barg, ist leer geworden.«

Es muß ein »heiliger Gegenstand« gewesen sein, der als »Reliquie der Götter« seit Jahrtausenden aufbewahrt wurde. Vielleicht handelt es um jene »heilige Säule«, die noch vor der Pyramidenzeit seit Ewigkeiten dort gestanden haben soll und schon immer beim Volk und bei der Priesterschaft Verehrung fand. Anders als die jüngeren Obelisken war die »heilige Säule von Heliopolis« nicht spitz, sondern rundlich ausgeformt. Womit haben wir es hierbei in Wahrheit zu tun?

Archäologen haben eine Abbildung dieser heiligen Säule, graviert auf einem Felsvorsprung, gefunden, die in diesem Fall offenbar mit Rädern ausgestattet war und dadurch, trotz ihrer Größe und ihres hohen Gewichts, leicht transportiert werden konnte.

Abb. 29: Die älteste Form eines Djedpfeilers

Die Felsgravur zeigt zwei stilisierte Gestalten, die für diesen merkwürdigen Gegenstand zuständig waren. Einige Forscher wollten in diesem »Ding« sogar eine antike Laserkanone erkennen. In welche Richtung der Djedpfeiler technisch auch interpretierbar sein mag, wollen wir an dieser Stelle gar nicht festlegen. Wohl aber, daß dieser Gegenstand mit großer Wahrscheinlichkeit einen Djedpfeiler darstellt, der nicht nur ein Symbol für »Ewigkeit« darstellt, sondern offensichtlich bereits am Anfang schon auf Rädern transportiert werden mußte, wie Abbildung 29 eindrücklich zeigt. Doch woran haben sich die alten Ägypter tatsächlich orientiert, als sie ihren ersten Obelisken aufstellten?

Das Wort »Obelisk« stammt aus dem alten griechischen Wort »Obeliskos«, was ganz einfach »Fleischspießchen« bedeutet. Die Ableitung erfolgte vom Oberbegriff »Obelós«, den man mit »Bratspieß«, »Spieß« oder »Spitzsäule« übersetzen kann. Die Bezeichnung, welche die arabischen Eroberer für Obelisken verwendeten, war »Misallat Faraun«, was die »Große Nadel des hohen Hauses« bedeutet. Doch die altägyptische Bezeichnung »thn« (»techen«) hat mit den vorhergenannten Wörtern nur entfernt etwas zu tun. Der Begriff ist in den Pyramidentexten mit dem Bild eines stoßenden Stieres geschrieben und stellt einen enormen »Kraftakt« dar. Würde ein Obelisk tatsächlich fliegen, so könnte man seine »große Kraft« nur mit einer *Apollo*-Rakete vergleichen.

Abb. 30: Djedpfeiler beim Hebsedfest

Das amerikanische Raumfahrtunternehmen *McDonnell Douglas Aerospace* erprobte 1998 in New Mexiko mit der »DC-X« tatsächlich eine senkrechtstartende und ebenso landende Rakete in Obeliskenform. Das Experiment mit der »DC-X« sorgte zumindest bei vielen Leuten dafür, daß der Gedanke, Obelisken zum Fliegen zu bringen, überhaupt nicht so »wirr« klang, wie es im ersten Moment schien, so daß sich bei Populärwissenschaftlern Raum für Spekulationen eröffnete. Denn die alten Ägypter bezeichne-

Abb. 31: DC-X

ten einen Obelisken nicht zufällig als »thn« (»techen«), was »glänzend sein« oder »funkelnd Leuchtender« bedeutet, sondern sie taten das, weil sie sich vermutlich an die »Strahlen« erinnerten, die von Raketen ausgehen. Philologisch betrachtet könnte das Wort »thn« sich wiederum von »thnj« (»techenj«) ableiten, was das »Auge verletzen« oder den »Himmel verwunden« bedeutet, was Raketen in sinnbildlicher Form ebenfalls tun, wenn sie die irdische Atmosphäre »durchstoßen«.

Der Straßburger Philiologe Wilhelm Spiegelberg (1870–1930), der lange Jahre an der Universität von München lehrte, übersetzte bereits 1917 aus einem der Pyramidentexte das folgende Zitat, das an die Göttin Isis gerichtet ist und die Herleitung von »thn« aus »thnj« bestätigt:

»Zwei große Obelisken stehen fest draußen vor ihnen und schneiden die Wolken des Himmels.«

Die Formulierung »die Wolken des Himmels schneiden« kann durchaus als ein Hinweis auf ein Fluggerät verstanden werden, das unseren Raketen beziehungsweise dem »DC-X« entsprechen könnte. Es gibt aber noch einen weiteren Hinweis aus Philologenkreisen, wonach das Wort »thn« nicht, wie geschildert, sich aus dem Wort »thnj« abgeleitet hat, sondern aus »hnj« (»chenj«). Dieses Wort bedeutet wiederum »niederschweben«, wobei »te« als die vor dem Wortstamm gesetzte Silbe zu erklären wäre, wie zum Beispiel bei dem Wort (ver)fliegen. War der Obelisk somit ein Symbol für die Kenntnis von Flugraketen in der Vorzeit?

Obelisken gehören zu den bekanntesten Symbolen des Alten Ägypten, die man heute in vielen Städten auf der ganzen Welt findet. Sie wurden aus dem meterhohen Schutt und Schlamm der altägyptischen Vergangenheit freigelegt und je nach künstlerischem Vorzug und Preisabsprache der Grabungslobby entsprechend verteilt. Allein in der italienischen Metropole Rom stehen 13 dieser aus Stein gehauenen Riesenpfeiler, die alle in den Himmel zeigen. Im Gegensatz zu Rom besitzen die Ägypter lediglich noch fünf ausgegrabene Obelisken. Dabei handelt es sich um gewaltige Kalksteinmonolithen, die mit Granit ummantelt wurden. Im Neuen Reich fertigten sie die Baumeister der Pharaonen sogar gänzlich aus Granit, so daß sie bis zu 1100 Tonnen wogen und bis zu 42 Meter in den Himmel ragten. Maximal 130 Steinmetze waren mit den Auswuchtungsarbeiten beschäftigt und dreimal so viele Menschen mit dem Transport sowie der Aufrichtung der Obelisken. Doch zu welchem Zweck?

Die Ägyptologen vertreten die Ansicht, daß die Ägypter mit den in den Himmel gerichteten Obelisken, die zum Teil sogar ganz mit Blattgold überzogen worden sein sollen, »die Sonnenstrahlen des Ra erwiderten«, der die personifizierte Sonnengottheit war. Tatsächlich existiert im Osiris-(Uronachti-)Tempel in Kusch ein Relief, das zwei Gestalten neben einer raketenähnlichen Säule stehend zeigt. In Abbildung 32 ist zur besseren Nachvollziehbarkeit der Konturen eine Szenenskizze der Farbbildteil-Abbildung F6-1 zu sehen, die an das Cover eines Perry-Rhodan-Romans erinnert: Deutlich ist zu sehen, wie zwei Personen neben einer Rakete stehen. Immerhin kannten zumindest die Chinesen vor 3000 Jahren bereits das Schießpulver, das sie auch für ihre Flugraketen verwendeten, denen sie die verschiedensten Formen gaben. Kann man das nicht auch als Beweis für die Kenntnis von Raketen im Alten Ägypten werten?

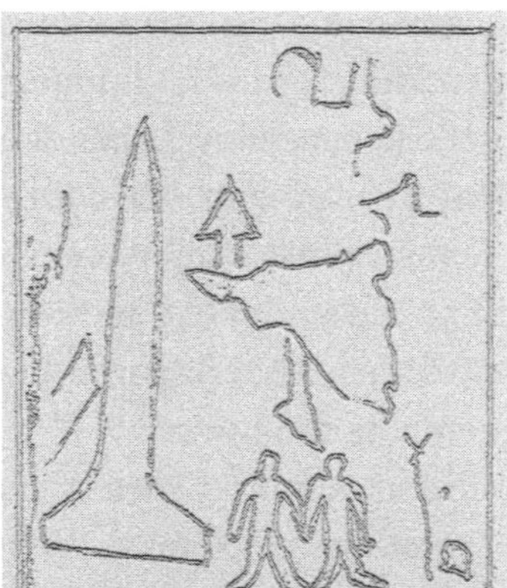

Abb. 32: Rakete von Kusch

Vor einigen Jahren erschien ein Buch mit dem Titel *Das Sirius Rätsel*, das aus der Feder des amerikanischen Orientalisten Robert Kyle Grenville Temple stammte. Es handelt von einem afrikanischen Buschstamm, der alle 60 Jahre eine als »Sigui« bezeichnete Zeremonie im Rahmen eines großen Volksfestes durchführte. Das Volk der Dogon feierte ein Ritual zu Ehren der Nommo, jenen Göttern, die einst vom Himmel kamen. Während des Rituals setzten die Hogon (Priester) meterlange hölzerne Masken (»Sirigi«) auf, die von der Formgebung her an Obelisken erinnern, und vollzogen einen komplizierten Tanz. Es handelte sich dabei um ein Welterneuerungsritual, das auf den »Himmelsbewegungen« des Sirius beruhte. Die Welt der Dogon mußte alle sieben Jahre erneuert werden, was auf äußerst merkwürdige Art und Weise geschah: Nach der siebenten Ernte opferte das Volk jeweils seinen obersten Stammesführer für die Welterneuerung. Diese Tradition hatte allerdings keinen langen Bestand, denn nur die ersten sieben Häuptlinge konnten geopfert werden. Der achte König wurde zwar ebenfalls den Göttern geopfert, aber er überlebte das Ritual und erschien nach sechs Monaten vor dem neunten König und berichtete über seine »Erneuerung«: Er behauptete, daß er inzwischen mit einem »Tazu« (»fliegender Korb«) auf dem Stern »Po tolo« (Sirius) gewesen sei und jetzt dessen Geheimnis kenne. Die Nommo hätten ihn entführt und ihn mit einer neuen Weisheit ausgestattet. Für die Zukunft gelte eine neue Legislaturperiode bei den Häuptlingen oder religiösen Stammesführern: Sie müssen nun 60 Jahre regieren, bevor sie von einem Nachfolger abgelöst werden können. Wie ernst sollte man diese Legende nehmen?

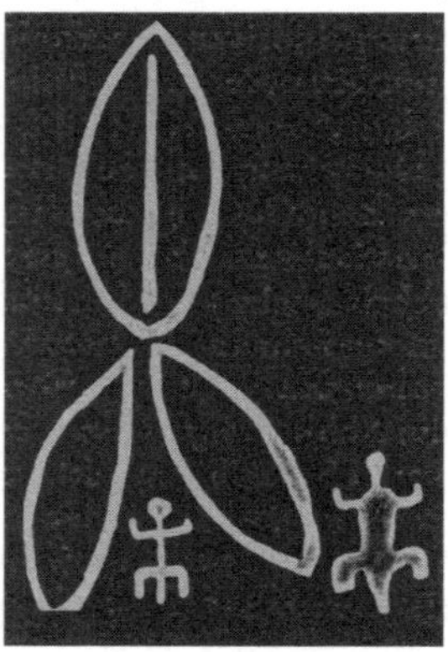

Abb. 33: Ankunft der Nommo

Tatsächlich berichten die Dogon von mehreren Begegnungen mit ihren Göttern, woraus sich schließlich erst ihre Mythologie herausbildete. Dabei erzählen sie ziemlich detailliert, daß der »Tazu« ein pyramidenähnlicher Flugkörper war, der bei jeder seiner Landungen soviel Lärm verursachte, »als würden die Steine der großen Berge aufeinanderkrachen«. Das Äußere, also die Form des Flugkörpers, war von einem »göttlichen Feuer« umhüllt, und immer wenn der »Tazu« die Erde berührte, erlosch das Feuer. Außer diesem gab es aber noch Flugapparate der Nommo, die in der Form von Obelisken dargestellt und »Sirigi« genannt wurden. Die noch heute vorhandenen Masken mit ihren abstrakten Bemalungen sind gleichzeitig Zeugnisse für die Funktionsfähigkeit der »Sirigi-Raketen«, die die Zeit überdauert haben. Was hier nämlich auf den ersten Blick wie sinnloses Gekritzel wirkt, ist in Wirklichkeit eine in drei Katogorien unterteilte Symbolschrift, die insgesamt aus 11 616 Zeichen besteht und die jeder Hogon auswendig kennen mußte. Wenn also ein Hogon die Symbole auf den obeliskförmigen Archen liest, verweist er auf den Bericht von den »Irrfahrten vom Weltei« oder auf die Landung des »bleichen Fuchses« auf der Erde, der Ogo hieß. Seine Arche wird als ein »hohes Haus« beschrieben, in dem er alle »Keimlinge« auf die Erde brachte, so daß sich erst danach das biologische Leben auf unserem Planeten entfalten konnte.

Daß dieser »Ogo« lautlich an das mesoamerikanischen »Oc« erinnert, womit man den »Hundsstern« bezeichnete, ist gewiß kein Zufall. Denn auch sein Nebenname, der »der bleiche Fuchs« lautet, bezeichnet eine Nebenform des Hundes. Deshalb ist es vermutlich ebenfalls kein Zufall, daß für den Verstorbenen für seine Reise durch die Unterwelt ein »Roter Hund« als Weggefährte geschlachtet wurde. Denn auch der Fuchs ist rot. Was könnte dafür ausschlaggebend gewesen sein?

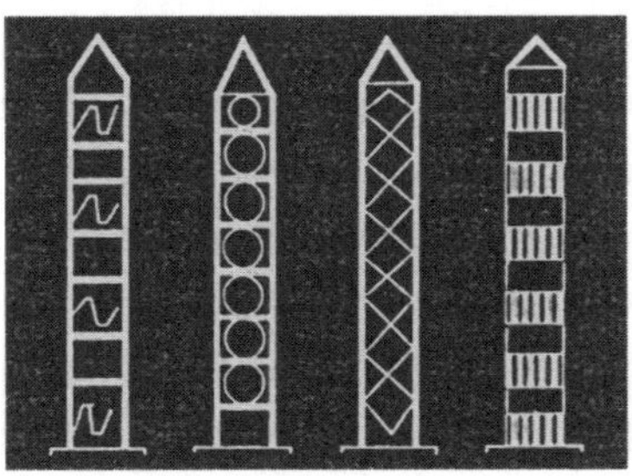

Abb. 34: »Sirigi«-Archen

Vermutlich war die zeremonielle Opferung des Roten Hundes eine Versinnbildlichung des Sirius, der bis 600 v. Chr. bei den Griechen, Babyloniern und Ägyptern ebenfalls als »Roter Stern« bezeichnet wurde. Irgendwie muß der heute weiß strahlende Sirius im Laufe der Zeit seine Farbe geändert haben, was auf eine eingetretene Veränderung im Spektrum hinweist. Der ungarische Astronom und Historiker István Guman bestätigt die Berichte von einem roten Sirius und betont:

»Die philologischen Untersuchungen scheinen eine Fehldeutung auszuschließen. Auch die Annahme, daß im Altertum die Beobachtungen nicht so zuverlässig waren, ist zu verwerfen.«

Abb. 35: Nommo/Nar

Im Gründungsmythos des pharaonischen Königtums wird Osiris von seinem Bruder ermordet, und seinem Sohn Horus fällt die Aufgabe zu, den Vater zu rächen. Es existieren mehrere Varianten dieses Kampfes, von denen einer über den Städten Edfu, Aya, Memphis und Heliopolis stattfindet, der zugunsten von Horus ausgeht. Bei diesem Kampf verwenden die Gottheiten »feurige Falken«, die ihre Farbe von »blau« zu »rot« oder »rot« zu »blau« verändern konnten und »Nar« genannt wurden. Diese raketenähnlichen »Flugapparate« sind auf der Narmer-Stele dreimal abgebildet und mindestens seit 7000 Jahren von den Ägyptern in ähnlicher Form auch während der archaischen Zeit dargestellt worden. Die Ähnlichkeit dieser »Dinger« zu den Nommo-Darstellungen ist mehr als verblüffend. Ist das Ganze ein Beweis für die ägyptische Herkunft der Dogon-Kultur?

Bei den alten Ägyptern ist es Atum beziehungsweise Ra-Atum, der »Einherr«, der als Urgott unseren Planeten erreichte, als »Himmel und Erde noch nicht geschieden, Würmer und Schlangen noch nicht entstanden, überhaupt kein Lebewesen vorhanden war«. Er kam im »ben-ben«, einer pyramidenförmigen Arche, die

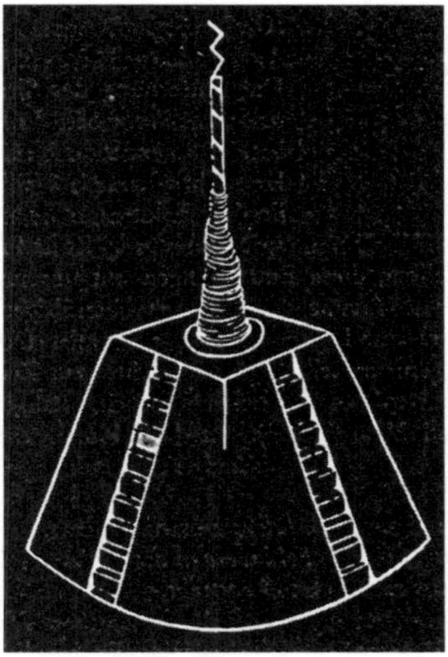

Abb. 36: Tazu-Arche

nicht nur wie der »Tazu« der Dogon aussah, sondern auch den »Urhügel« schlechthin symbolisierte, woraus das Leben nach altägyptischer Auffassung erst entstanden ist. Deshalb nennen die alten Texte Atum auch »mœ-tm«, was »Erzeuger« bedeutet. Später wurde dieser heilige Gegenstand durch den »ben-ben« (»Strahlenstrahlender«) abgelöst, in dem der Gott Atum vom Himmel kam und, nachdem er die Götter aus sich selbst schuf, auch die Zivilisation der Menschheit begründete. Auch vom »Benben« konnten die Ägyptologen 1936 noch ein steinernes Modell finden, das aus dem Jahr 1700 v. Chr. stammen soll und sich heute im Bode-Museum in Berlin befindet. Es ist ein pyramidenförmiger schwarzer Gegenstand, der zu zeremoniellen Zwecken benutzt wurde und die »Ankunft« und den »Aufstieg« von Ra-Atum symbolisierte. Sein Besitzer hieß Ptah-mose; er war ein Priester von Memphis. An zwei Seiten blickt Ra-Atum oder Ptahmose aus einer Luke des »Benben« zu den Erdbewohnern. Die Ägyptologen sehen darin eine stilisierte Darstellung des Sonnenauf- und des Sonnenuntergangs. Mich erinnert das Ganze jedoch an den »Venturestar« X-33 des amerikanischen Raumfahrtkonzerns *Lockheed Martin* (siehe Abb. F6-2 im Farbbildteil). Die bereits vor zehn Jahren entwickelte Technologie ist keilförmig und hat Ähnlichkeit mit dem Pyramidion der alten Ägypter. Auch der Hitze-

Abb. 37: Bemannter »Benben«

schild des neuen Gefährts besteht nicht mehr aus schwarzen Keramikplatten, sondern aus einer Aluminium-Lithium-Haut.

Darüber hinaus sind noch die Steuerung und die Aerodynamik verbessert worden: Anstatt mit Flügeln erzeugt die neue Raumfähre den nötigen Auftrieb mit Hilfe ihrer Keilförmigkeit, was an den »Benben« und »Tazu-Arche« erinnert. Das mag meinetwegen alles nur ein dummer Zufall sein, aber so wie das Ganze aussieht, folgten unsere Ahnen immer wieder einer von den Göttern zurückgelassenen »Sirius-Strategie«, die aus einer Zeit stammte, als der Himmel einstürzte.

Hatten wir auf der Erde einst Besucher aus dem Weltall?

Kapitel 3

Vor dem Pyramidenzeitalter

Die ägyptische Luftwaffe fliegt heute ihre Einsätze im Zeichen des Horus-Falken, ohne daß sich vermutlich irgend jemand Gedanken darüber macht, was sich hinter diesem an den Heckflügeln der Flugzeuge angebrachten Emblem tatsächlich verbergen könnte. Wie hinter dem Großsiegel der Vereinigten Staaten von Amerika mit seiner langjährigen Freimaurertradition, verbirgt sich auch hinter dem Horus-Emblem eine Verbindung zu den Uranfängen und dem ersten Zeitalter der Ägypter. Weder die Ägyptologen im speziellen noch die Archäologen im allgemeinen können heute mit Bestimmtheit sagen, wer die alten Ägypter waren oder woher sie in das Land am Nil gekommen sind. Es ist lediglich bekannt, daß sich die heutige Wüste Sahara vor nicht allzu langer Zeit noch nicht ausgebildet hatte. Vor etwa 12 000 Jahren war das Gebiet noch eine grüne Savanne mit Seen und Flüssen, die zu großen Teilen unbewohnt war.

Abb. 38: Menschenopfer und Horus-Anbetung

Während dieser Zeit wurde das damalige Ägypten von vielen Überschwemmungen heimgesucht, deren Ursache unter den Gelehrten umstritten und genaugenommen noch immer unbekannt ist. Die »Schulmeinung«, die von einigen orthodoxen Geologen gebildet wird, vertritt nach wie vor die Ansicht, daß es sich dabei um tiefgreifende Klimaveränderungen gehandelt habe, die von den Folgen der letzten Eiszeit ausgelöst wurden. Eine kleine Schar von Wissenschaftlern, worunter sich ebenfalls qualifizierte Geologen befinden, plädiert genauso bestimmend jedoch für die Katastrophentheorie. Unter anderem wollen diese Geologen die biblische Sintflut nicht als Metamorphose verstehen, sondern darin ebenfalls ein historisches Ereignis erkennen. Welche der beiden Parteien nun recht haben mag, sei vorerst dahingestellt. Fakt ist, daß Ägypten um 10 000 v. Chr. von gewaltigen Wassermassen überflutet worden ist. Vielleicht erklärt das die unentschlossene Haltung der Ägyptologen, wie sie der damalige Leiter des Archäologischen Instituts von England, Walter Brain Emery (1903–1971), in seinem Buch *Archaic Egypt* formuliert hat:

»Annährend um 3400 v. Chr. fand in Ägypten ein tiefgreifender Wandel statt. In kurzer Zeit tat das Land den Schritt von einer gut entwickelten neolithischen (steinzeitlichen) Kulturstufe mit ziemlich verwickelter Stammesgliederung hin zu zwei gut durchorganisierten Königreichen – das eine umfaßte das Deltagebiet des Nils, das andere das eigentliche Niltal. Gleichzeitig verfügt man auch erstmals über die Kulturstufen des Schreibens und Lesens, es gibt plötzlich Monumentalarchitektur, Kunst und Handwerk erreichen einen staunenerregenden Hochstand – kurz: Alles deutet auf eine gut ausgeformte Hochkultur hin, der selbst Luxus keineswegs fremd war. All diese Errungenschaften waren das Werk einer vergleichsweise kurzen Zeitspanne, und es gibt kaum einen Faktenhintergrund, aus dem sich diese fundamentalen Entwicklungen im Bereich der Schrift und Architektur erklären ließen.«

Der Direktor des Deutschen Archäologischen Instituts in Kairo, Günter Dreyer, fand 1999 in einem prädynastischen Grab in Abydos einen Messerknauf aus Elfenbein. Dieses Artefakt wird in das Jahr 3400 v. Chr. datiert und stellte die »archäologische Welt« auf den Kopf: Nicht etwa deshalb, weil der Messerknauf aus den Knochen eines Elefanten gefertigt wurde, sondern we-

Abb. 39: 5400 Jahre alter Messerknauf

gen der mikroskopisch kleinen Schnitzereien, die sich darauf befinden.

Die Prozessionen von Löwen und anderen Tieren, die für das menschliche Auge unsichtbar erscheinen, sind nur zwei bis drei Millimeter groß. Die mit figürlichen Darstellungen und eingravierten drei Millimeter großen Menschen versehenen Knochenreste beinhalten sogar die »Vorführung der Gefangenen«, ein Motiv, das seit den Anfängen Ägyptens als Hochkultur verwendet wird. Allerdings bieten die Figuren Opfergaben dar und sind definitiv nichtägyptischer Herkunft: Sie haben scharf geschnittene Gesichtszüge und vermutlich dunkles Haar, das die Frauen zu langen Zöpfen flochten und die Männer auf dem Kopf zu pilzförmigen Büscheln banden. Interessanterweise ist auf dem Messerknauf auch der Bug eines Schiffes zu erkennen, das sich auf der unteren Hälfte des Messergriffs befindet. Dem Schiff folgt noch eine weitere Szenerie von Schnitzereien, die allerdings viel zu klein sind, um sie ohne Vergrößerungsglas überhaupt sehen zu können. Allein die Tatsache der Existenz dieser Miniaturschnitzereien zeugt von einem hochtechnischen Wissen zu einer Zeit, als es laut den heutigen Gelehrten noch nicht einmal erfunden war. Wer aber waren die technisch versierten Eindringlinge?

Abb. 40: Stele

Nach ägyptischer Überlieferung ist, wie die Welt und ihre Ordnung, so auch der Pharaonenstaat erst von den Göttern geschaffen worden. Wie in dem *Turiner Königspapyrus* § 193 berichtet wird, haben diese gleich am Anfang nach einem Götterstammbaum über mehrere Dynastien in Ägypten regiert. Den Göttern folgte aber noch lange nicht der König namens Menes (3100–3060 v. Chr.), wie es der Priester Manetho von Sebennytos (325–245 v. Chr.) in seiner nur fragmentarisch erhaltenen Chronologie über Ägypten berichtet, sondern nach ihnen kamen mehrere andere menschliche Könige. Der Althistoriker Eduard Meyer (1855–1930) schreibt im Band I seiner *Geschichte des Altertums* darüber:

»Das ist nicht etwa erst eine spätere Konstruktion, sondern uralte Überlieferung.«

Auch Meyer bezieht sich bei seiner Darstellung auf den *Turiner Königspapyrus* (§ 163) und verweist darauf, daß den Göttern vorerst eine 1000 Jahre anhaltende Dynastie folgt. Dann werden 20 weitere Könige erwähnt, die 1110 Jahre regierten, denen wieder zehn Könige folgen, aber deren Regierungsjahreszahl in dem ebenfalls nur fragmentarisch erhaltenen Papyrus verloren gegangen ist. Diesen Königen folgen wiederum andere, von denen zwar die Jahreszahl 330 erhalten ist, aber die Königsnamen sich nicht mehr feststellen lassen.

Dann werden erneut zehn Könige mit über 1000 Jahren Amtszeit genannt, woraufhin allerdings 19 Herrscher von Memphis aufgelistet sind, die allesamt nur elf Jahre, vier Monate und 22 Tage regiert haben sollen. Meines Erachtens ist diese Angabe der 19 Könige eine Bestätigung dafür, daß die alten Ägypter bei ihren Angaben nicht zwangsläufig zur Übertreibung neigten, wie es die Vielzahl der Ägyptologen bezüglich der mythisch anmutenden Zahlenangaben gerne argumentatorisch zu begründen versuchen. Eine Bestätigung findet meine Ansicht bei der Angabe der 19 Herrscher des Nordlandes, die 2100 Jahre regiert haben sollen. Zwar wirkt die Anzahl 19 im Verhältnis zu 2100 Jahren etwas verwirrend, doch die erfolgte Ausgliederung aus der fortlaufenden Chronologie macht wiederum den Unterschied aus. Eindeutig wird in dem *Turiner Königspapyrus* von Königen des Nordlandes berichtet, die ganz offensichtlich mit anderen Herr-

Abb. 41: Sieg über die Feinde

schern parallel gelebt haben sollen.

Zum Schluß folgt die Dynastie der »Schemsu Hor« (»Horus-Verehrer«), die mit 13 420 Regierungsjahren angegeben wird. Tatsächlich galten diese als Gott-Könige von ganz Ägypten, obwohl sie nur die »Weiße Krone« des Südens trugen, was zwar auf den ersten Blick paradox erscheint, aber nach Ansicht der Ägyptologen seit Anbeginn unterstreichen sollte, daß »die mythischen Könige des Nordens« auch »Herr des Südens« waren. Erst ab dieser Zeit wurde jeder verstorbene König zu Osiris, während sein Nachfolger die Inkarnation des Horus annahm, des Sohnes von Osiris. Auch in den Pyramidentexten (§ 437) wurde der verstorbene König noch mit Horus gleichgesetzt:

»Du führst auf dem Fluß des Gaues von Thinis, du fährst nach Abydos. Du öffnest die Tore des Himmels am Horizont, die fröhlichen Götter kommen zu dir. Sie ziehen deinen Geist in den Himmel, und dein Geist nimmt Platz unter ihnen. Du erscheinst im Himmel wie Horus, entstanden aus der himmlischen Gebärmutter, darin ist deine Gestalt, die aus dem Mund des Ra herauskommt als Horus, der Erste der Geister.«

Die Feierlichkeiten des Osiris, die in aller Regel am Ende der Überschwemmungszeit begangen wurden, nahmen um etwa 5000 v. Chr. agraischen Charakter an. Es war vor allem der Kult in bezug auf die Reinkarnation des Verstorbenen Königs in seinem Sohn, der das Drama des Königtums wiederholte: die mythische Geschichte von Osiris und Horus.

Als Fruchtbarkeitsgott war Osiris auch der Gott der Vegetation: Wie sie starb auch er bei der Überschwemmung, um im Frühling nach einer Reise unter die Erde wie das ausgesäte Korn wiedergeboren zu werden. Auf dieser Vorstellung gründet auch der Brauch, bei den Festen des Osiris, die vor der Aussaat stattfanden, aus Schlamm einen Körper des Gottes zu formen, in den man Körner steckte, die schließlich aufgingen und die Vegetation bildeten. Osiris galt aber auch als jener Gott, der gemeinsam mit Isis den Menschen aus seiner wilden Umgebung befreite und ihn erst durch eine kulturelle Schulung zivilisierte. Gleichzeitig wurden Osiris und Isis auch mit Orion und Sirius gleichgestellt, was ein erneuter Hinweis auf die »Sirius-Strategie« ist.

Abb. 42: Elfenbeinplättchen aus Abydos

Im Gegensatz zum *Turiner Königspapyrus* folgte bei Manetho auf die dritte Dynastie der Götter, oder vielmehr Halbgötter, eine Anzahl von Königen mit einer Amtszeit von 1817 Jahren. Dann regierten 30 Könige von Memphis mit insgesamt 1790 Jahren, denen sich noch zehn Thiniten-Könige mit 350 Jahren anschließen. Erst darauf folgen die »Schemsu Hor« mit 5813 Jahren Regierungszeit, die von Manetho fälschlicherweise mit »Totengeister« übersetzt werden und damit, gemäß Eduard Meyer, bei dieser Übersetzung »ein Mißverständnis« vorliegt. Der Althistoriker stellt kühn fest:

»Trotz der Abweichungen im einzelnen ist, wie man sieht, das allgemeine Schema das gleiche. Von besonderer Bedeutung ist, daß bei den ›Horus-Verehrern‹, die auch sonst in den ägyptischen Denkmälern als Könige der Urzeit und Vorgänger des Menes nicht selten genannt werden, mehrere andere Dynastien menschlicher Herrscher vorangehen, unter denen am Schluß Könige aus Memphis und dem Nordland besonders hervortreten.«

Das waren die Herrscher von »ta Schema« (Südland) und »ta Mehi« (Nordland), greifbare Personen also, die einst mit »Barken« über den Seeweg oder anderweitig nach Ägypten gelangten.

Abb. 43: Der Stein von Palermo

Gegen Ende der fünften Dynastie hatte vermutlich die Priesterschaft von Memphis es unternommen, die offiziellen Jahresnamen der bis dahin regierenden Könige auf Steintafeln in Form paralleler Linien und regelmäßiger Reihen zu verzeichnen.

Die Reihen sind mit Senkrechten jeweils unter den Königsnamen eingefaßt, von denen jedoch nur in wenigen Fällen Reste erhalten geblieben sind. Die beschädigte oberste Reihe des 48 x 25 x 6,5 Zentimeter großen »Palermosteins« (2400 v. Chr.) enthält auf der Vorderseite die Auflistung mit neun unterägyptischen und sechs oberägyptischen Königen, die bereits vor Menes geherrscht haben. Es werden aber keine exakten Jahresangaben genannt. Der Ägyptologe Jürgen von Beckerath schreibt in diesem Zusammenhang:

»Das das ganze Land umfassende Königtum bestand schon einige Zeit vor Menes; mindestens vier seiner Vorgänger werden uns durch Schriftdenkmäler bezeugt. Wahrscheinlich aber wurden zu ihrer Zeit noch keine Annalen in der kurz zuvor entwikkelten Schrift niedergeschrieben.«

Wie wir im weiteren Verlauf des Buches noch sehen werden, kannten die Ägypter die Schrift mehrere tausend Jahre vor Menes. Deshalb ist auch der Umgang mit den mythischen Königen nicht immer vorbildlich. Wie weit sich der Machtbereich der urzeitlichen Könige in Ägypten tatsächlich erstreckt hatte, ist nach Ansicht der Ägyptologen ohne eine gewisse Fehlertoleranz nicht exakt feststellbar, womit man so tut, als ob alle anderen Mutmaßungen »fehlerfrei« wären. Nur deshalb will man über die Zeit vor 3100 v. Chr. weder Vermutungen anstellen noch diese in die modernen Chronologiemodelle mit einbeziehen.

Auch wenn Ägyptologen inzwischen vereinzelt mit Minus-Dynastien arbeiten, bräuchten sie über die mythische Zeit eigentlich gar keine Vermutungen anzustellen, weil die dominierende Stellung der Religion seit den Anfängen der ägyptischen Geschichte noch immer im Land der Pharaonen erkennbar ist. Es waren moderne, wissenschaftlich hochgebildete Personen, die bereits über eine fertig ausgeformte Kultur verfügten. In den Pyramidentexten (§ 1552) begegnen wir einer dieser Personen mit dem Namen Schesmu, die ein Schutzgott der Mumie war. Professor Hans Bonnet schreibt über diesen Gott in seinem *Reallexikon*:

»[Er] gilt unter dem Beiwort ›Herr des Laboratoriums‹ in erster Linie als Spender und Bereiter des Öls und der Salben. Er bringt sie den Göttern dar wie dem Toten, der ihrer zur Einbalsamierung bedarf.«

Wie war die dunkle Vergangenheit der alten Ägypter also nun wirklich?

Die ältesten in Ägypten gefundenen Gräber baute man bereits im Neolithikum. Anfangs waren diese Gräber noch einfache Gruben, die mit Geröllsteinen bedeckt waren, um den Körper des Verstorbenen gegen Zugriffe durch Tiere zu schützen. Die Leichname wurden in Fasermatten oder in Tierhäute genäht und dann begraben. Später wurden die Gräber unter den Hütten angelegt, welche die Verstorbenen zu Lebzeiten bewohnt hatten. Seitdem die Menschen schließlich während der ersten Dynastie gelernt hatten, aus Stroh und Nilschlamm Ziegelsteine zu formen und zu gebrauchen, bauten sie Grabanlagen, die aus komplizierten Gängen und Schächten bestanden. Dennoch fragt man sich, warum die alten Ägypter, denen die Toten so ans Herz gewachsen waren, daß sie einen Mumifizierten jahrelang in ihrem

Anwesen senkrecht in Kästen aufbewahrten, im Gegensatz dazu ihre Könige fernab von jeder menschlichen Ansiedlung in extra dafür ausgesuchten Totenstätten gewaltigen Ausmaßes bestatteten. Ist die Antwort vielleicht darin zu suchen, daß das Gebiet um die beerdigten »Gottkönige« besonderen kosmischen Einflüssen unterliegt?

Westlich von Memphis, der ehemaligen Hochburg der Gottheit Ptah, befindet sich die riesige Beamtennekropole Sakkara, die sich etwa 45 Kilometer weit am Westufer des Nils ausdehnt. Sakkara ist ein arabischer Name, der sich wahrscheinlich vom altägyptischen »neter Sokar«, dem falkengesichtigen Komplement zu Ptah und Gott des Todes in einer der Haupttriaden von Memphis, Ptah-Sokar-Nefertum, ableitet. Sakkara wurde über Jahrtausende hin als Friedhof genutzt, wobei sogar auf den älteren Gräbern neue errichtet oder ältere Gräber mit jüngeren Gräbern baulich verschmolzen wurden. An diesem Ort entdeckte man auch das Grab von König Aha (3060–3032 v. Chr.), der nach Ansicht der Ägyptologen der erste König des vereinigten Ägyptens war. Darüber hinaus fand man hier die Gräber des Königs Dewen (2970–2950 v. Chr.) und seines Wesirs Hemaka. König Adjip (2950–2924 v. Chr.), der Nachfolger von Dewen, wie auch sein Thronerbe namens Nebetka (2906–2880 v. Chr.) befanden sich ebenfalls in Sakkara. Der Berühmteste des Grabbezirks war jedoch König Djoser, der erst während der dritten Dynastie (2644–2505 v. Chr.) herrschte. Berühmt wurde er nur deshalb, weil nach Ansicht der Experten die Stufenpyramide in Sakkara erst für diesen König konstruiert

Abb. 44: Elfenbein mit Nar und Sphinx

und erbaut wurde, ohne daß diesem Ereignis ein besonders hervorzuhebender Geistesblitz voranging. Sein Wesir und Baumeister Imhotep soll gemäß der Legende in der Wüste im Norden von Memphis ein »Buch« von den Göttern direkt aus dem Himmel empfangen haben, aus dem die genauen Konstruktionspläne des Bauwerkes hervorgingen. Imhotep ersetzte die Strohziegel durch Steine und schichtete phasenweise mehrere Kastengräber übereinander, die man Mastaba nennt.

Der Ägyptologe Karl-Heinz Schüssler von der Universität Salzburg beschreibt in seinem Buch *Die ägyptischen Pyramiden*, daß Djosers Grabbezirk bereits als kleine Anlage mit einer Gesamtfläche von 300 x 145 Meter existierte, auf der sich zudem eine ältere Mastaba befand, die vier Grad von der jetzigen Nordausrichtung der Stufenpyramide abwich, ehe sie von Imhotep umgebaut wurde. Das ist ein wichtiger Hinweis auf das wahre Alter für das Bauen mit bearbeiteten Steinen, auf das wir im weiteren Verlauf des Buches noch öfters eingehen werden.

Abb. 45: Sakkara-Mauer

Rainer Stadelmann fügt noch hinzu, daß die darauf befindliche erste Mastaba zwar König Chasechemui/Nebka (2671–2644 v. Chr.), dem Vater Djosers, zugeordnet wird, aber als usurpiertes Grab eine ausgesprochene Ausnahme bildet.

Die Bauanlage war nach Ansicht der Ägyptologen die erste aus bearbeiteten Steinen gebaute Pyramidenanlage, die in mehreren Phasen errichtet wurde. Sie hatte eine Höhe von 62 Metern, mit einer 121 x 109 Meter großen Basis, und bestand darüber hinaus aus einem unterirdischen Gelaß am Boden eines 28 Meter tiefen Schachtes von sieben Metern Durchmesser. Sie war seitlich in den Fels getrieben, mit rötlichem Granit verkleidet und hatte zwei Etagen. In die untere Etage gelangte man durch ein kreisrundes Loch von etwa einem Meter Durchmesser am Boden der oberen Etage. Dieses Loch war durch einen drei Tonnen schweren Granitstöpsel verschlossen. Die untere Etage war etwa drei Meter lang, 170 Zentimeter hoch und genauso breit. Hier wurden angeblich die Ehefrauen des Herrschers und die vorzeitig verstorbenen Prinzen beigesetzt, obwohl man bis zum heutigen Tag nicht eine einzige Mumie des Djoser-Clans entdekken konnte. Den aufgefundenen Fuß einer Mumie wollen einige Ägyptologen vehement mit dem Fuß von Djoser gleichsetzen, was aber nur Wunschdenken ist.

Unter der Pyramide gibt es elf weitere Schächte, die bis zu einer Tiefe von 33 Metern abgeteuft sind. Auch das sogenannte Südgrab innerhalb des Grabbezirks, das etwas abseits von der Stufenpyramide liegt, befindet sich in 28 Metern Tiefe. Nach Ansicht von Rainer Stadelmann sind es die ersten derartig tiefen Schachtgräber, die während der zweiten und vierten Dynastie angelegt wurden.

Abb. 46: Stufenpyramide

Zu dem Pyramidenkomplex gehören noch verschiedene Gebäude und Höfe, die alle innerhalb einer Umfassungsmauer angelegt sind. In Sakkara existieren übrigens zahlreiche bemerkenswerte Elemente, die in der späteren Baugeschichte der Pharaonen nie wieder verwendet wurden, obwohl diese Konstruktionen sowohl in bezug auf die Hauptbauwerke als auch ihrer Details in keiner Weise nur experimenteller Natur waren.

Auch wenn die Umfassungsmauer und die Kolonnade heute touristische Hauptattraktion sind, war lange Zeit nicht bekannt, daß sie überhaupt existierten. Erst 1924 kamen sie bei archäologischen Grabungen zum Vorschein. Man hatte bis zu diesem

Zeitpunkt stets angenommen, daß die alten Ägypter sich nach mehreren Experimenten beim Bau der Stufenpyramide, der »zerstörten« Pyramide von Meidum und den zwei Pyramiden König Snorfus in Dahschur, sofort für den Einsatz der gewaltigen Steinblöcke, die in Giseh verbaut wurden, entschieden. Doch die Steinblöcke der Umfassungsmauer des Sakkara-Bezirks erzählen uns etwas ganz anderes.

Bereits wenn man auf den schmalen Durchgang zum Sakkara-Bezirk zugeht, sieht man, daß die Achse der Passage eine andere ist als die der dahinterliegenden Kolonnade. Wenn man in diesem Zusammenhang die scharfsinnige Perfektion der massiven Umfassungsmauer bedenkt, kann das nur Absicht sein, obwohl die Ägyptologen noch immer nicht wissen, was der Sinn dieser Abweichung ist. Nachdem man durch den Eingang hindurchgegangen ist, erkennt man rechts und links die Reproduktionen einer Doppeltür, die zum Schein angelegt worden sind. Die Reproduktionen führen in die außergewöhnliche Kolonnade, die etwas völlig anderes darstellt als alles, was man bis dahin und danach in Ägypten fand.

Das, was wir heute in Sakkara sehen, ist die fast vollständige Rekonstruktion der mühevoll zusammengesetzten zerfallenen Bauanlage, deren Teilstücke noch im Sand des Areals begraben waren. Die 40 Säulen der Kolonnade, die stark an den griechischen Baustil und ihre dorischen Säulen erinnern, symbolisierten nach Ansicht der Ägyptologen die Provinzen beziehungsweise Gaue des Landes, die sich in jener Zeit auf diese Anzahl belaufen haben sollen. Die Säulen der Kolonnade werden gemeinhin als kanneliert bezeichnet, was allerdings technisch nicht ganz korrekt ist. Die

Abb. 47: Säulen

meisten Säulen in Sakkara haben 17 Stengel, die doppelten freistehenden Säulen am Westende sogar 19 Stengel. Es ist kein Zufall, daß Horus vier Söhne hatte oder die die Decken zierenden Sterne fünf Ecken haben und es darüber hinaus sechs Hathoren gab und am Kopfschmuck der Göttin Seschat sieben ellipsenförmige Bahnen verliefen. Der altägyptische Gebrauch von Zahlen basiert stets auf einer konsistenten Symbolik, die auf die Gottheit Thot oder Djehuti zurückgeht, die die heilige Wissenschaft des Alten Ägypten begründete. Erkennbar wird die heilige Symbolik, wenn man die sich verjüngende Kolonnade durchläuft, in der die Säulen immer näher zusammenrücken und die Illusion von Distanz überbetonen. Was darin auch für ein tieferer Sinn stekken mag: Die Überreste zweier Altäre genau in der Mitte gehörten ganz offensichtlich zu dem rätselhaften »Sed-Fest« (»Hebsed«), dessen Funktion selbst von den heutigen Ägyptologen noch wenig verstanden wird und das im direkten Zusammenhang mit der Kolonnade stand. Dieses Fest war nicht, wie von vielen Ägyptologen anfangs angenommen, das »Fest des Schwanzes«, sondern hatte etwas mit einem Krönungsmantel zu tun, der in alter Zeit bunt war und später nur noch weiß dargestellt worden ist. Der Mantel war so etwas ähnliches wie das »Goldene Vlies« aus der Argonautensaga, das vermutlich ein Umhang aus dem Fell eines Widders war und von dem eisernen Riesen Talos bewacht wurde. Eine diesbezügliche Darstellung kann man in Abbildung 158 sehen, wo dieses Fell unmittelbar vor Osiris aufgehängt worden ist. R. K. G. Temple bringt diese griechische Sage mit dem astronomischen Verlauf des Sirius und seiner Erneuerung in Verbindung und hält es für einen wesentlichen Teil der »Sirius-Strategie«, worauf wir aber erst in Kapitel 4 näher eingehen werden.

Im Pyramidentext § 2080 wird ein Fell namens »Imiut« erwähnt, das als Fetisch verehrt wurde und als eine Form des Anubis gilt. Der Name bezeichnet den Gott als »den in der Umwicklung«. Das hat allerdings nichts mit dem Einbandagieren von Muminen zu tun, sondern mit ekliptikalen Umläufen von Sternen. Der Ägyptologe Hans Bonnet meint, daß das Wort so geschrieben wird, als wenn es einen Ortsnamen enthielte, »der in Ut« bedeutet:

»Ursprünglich könnte er vielleicht mit einem veralteten Wort für ›wtji‹ (›groß‹ oder ›hoch‹) zusammenhängen.«

Der ägyptische Krönungsmantel hingegen wurde von den Priestern dem König als Höhepunkt und Schlußakt nach einem mehrtägigem Fest mit Umzug und Prozession angelegt. Hatte dieser Akt ebenso etwas mit Erneuerung zutun?

Abb. 48: Sakkara-Westwand

Ganz offensichtlich! Der deutsche Ägyptologe Heinrich Brugsch (1827–1894) nannte dieses Ereignis »Dreißigjahrfest« und sah es als eine Weiterentwicklung aus einem prähistorischen Stammesbrauch an, bei dem der König nach einer bestimmten Zeit gezwungen war, einen Lauf zu absolvieren, um zu beweisen, daß der Regierende noch über seine für die Staatsgeschäfte notwendige körperliche Fitneß verfügte. Deshalb war das Fest immer ein öffentliches Ereignis, das in den frühen Dynastien erst dann durchgeführt wurde, nachdem der König volle 30 Jahre regiert hatte. In der archaischen Zeit mußte der »Jubilar« ganz offensichtlich auf Erden zeremoniell zu Tode gebracht werden, um im Himmel wiedergeboren und vergöttlicht zu werden. Das erinnert an ein Ritual der Dogon, bei dem die Welt ebenfalls alle sieben Jahre auf äußerst merkwürdige Art und Weise erneuert werden mußte: Nach der siebten Ernte opferte das afrikanische Volk jeweils seinen obersten Stammesführer. Diese Tradition hatte allerdings keinen langen Bestand, denn nur die ersten sieben Häuptlinge konnten für die Welterneuerung geopfert werden. Der achte König mußte zwar ebenfalls diese Opferprozedur über sich ergehen lassen, aber er überlebte das Ritual und erschien nach sechs Monaten vor dem neunten König und berichtete über seine persönliche Erneuerung: Er behauptete, daß er inzwischen bei den Göttern gewesen sei, die ihn mit Weisheit ausgestattet hätten und er nun das Geheimnis des »Göttersterns« kenne. Für die Zukunft gelte eine neue Legislaturperiode bei den Stammesführern: Sie müssen nun 60 Jahre regieren, bevor sie von einem Nachfolger abgelöst werden können. Für die Zählung dieser neuen Periode hinterlegten die Dogon an einem vorbestimmten Platz seitdem alle zwei Jahre Kauri-Schneckenhäuser, bis sie einen Haufen für 30 Jahre (15 Kauri) zusammenhatten. Die Schneckenhäuser wurden bei einer Figur aufbewahrt, deren Umrisse die Gottheit Amma darstellten. Neben Amma befand sich die Darstellung des Weltenlehrers, eines Gebildes, das aus zwei senkrechten Beinen und einem darüber befindlichen langhalsigen Kopf bestand. Solange aber die ersten 30 Jahre in diesem einem Ei gleichenden Oval eingetragen wurden, war die Figur unvollständig und besaß nur ein Bein. Das zweite Bein kam erst während des Sammeln der Schneckenhäuser für die folgenden 30 Jahre hinzu, bis die Figur vollständig wurde.

Abb. 49: Auszug aus dem Hebsed-Ritual

Die Zahl 30 taucht auch in den 30 Zehen des Skarabäus auf, der seinerseits eng mit dem Gott Ptah in Verbindung stand. Auch wenn moderne Ägyptologen die 30 Zehen des Skarabäus auf die Zahl der Monatstage zurückführen, hatte das Ganze offensichtlich eher etwas mit der Spiritualisierung des rein Menschlichen in das Göttliche zu tun, einem Vorgang also, der ebenfalls mit den Sternen in Verbindung stand und nicht mit dem Mond. Die zahlreichen und rätselhaften Episoden des Festes gipfeln offenbar in dieser alten ägyptischen Version des Passionsspiels und damit auch in »Tod und Wiederauferstehung« des Pharaos als Osiris. Enge Parallelen zu den mittelalterlichen Passionsspielen der Christenheit, in denen es ebenfalls um Tod und Wiederauferstehung – diesmal allerdings der Person Jesu Christi – ging, sind vermutlich nicht zufällig vorhanden. Doch was hat dieses Ritual mit Sakkara zu tun?

In Sakkara bilden der große Hof und die Doppelreihe von Schreinen unmittelbar an der Nordseite der Kolonnade die Bühne für die Aufführung dieser archaischen Zeremonie, die eng mit dem Stern Sirius verbunden war. Die Schreine nennt man Hebsed-Hof, und obwohl ihre genaue Aufgabe bei dem Fest nicht bekannt ist, verfügen sie über architektonische Elemente, die sich nirgendwo sonst in Ägypten finden.

Als Imhotep die anfängliche quadratische Mastaba des Chasechemui in mehreren Bauphasen vergrößerte, entstand nicht nur ein rechteckiger Grundriß, sondern auch eine Grabkammer, die mit kleinteiligen blauen Kacheln belegt ist. Einige Forscher glauben, die Kammer sei gar nicht für Djoser gedacht gewesen, sondern für ein anderes Mitglied der königlichen Familie. Gerade die blauen Kacheln spielen aber, nach Ansicht von kritischen Forschern, bei einer Standardchronologie eine vordergründige Rolle: Der australische Archäologe John Dayton argumentiert in seinem Buch *Metals, Minerals Glazing and Man* dahingehend überzeugend und belegt, daß das Glasieren der Kacheln und viele andere Kunstfertigkeiten, die man den alten Ägyptern zuschreibt, nicht dort, sondern vielmehr in Mitteleuropa erfunden wurden und erst im Zuge mehrerer Invasionen der Hethiter in das Land der Pharaonen gelangt sein sollen. Auch Gunnar Heinsohn und Heribert Illig unterstützen den Australier, indem sie in ihrem Buch *Wann lebten die Pharaonen?* darauf hinweisen, daß diese Kacheln später in Ägypten nicht mehr verwendet worden sind. Tatsächlich stellen die blauen Kacheln in Djosers Grab eine Anomalie dar, die mit ansonsten als solide geltenden Theorien der Lehrmeinung nicht zu erklären ist. Dayton, Heinsohn und Illig vertreten die Ansicht, daß das Glasieren der Kacheln während der dritten Dynastie noch unbekannt war und daß diese deshalb erst 2000 Jahre später verlegt worden sein können, als man zwischen 800 und 600 v. Chr. Reparaturen und Renovierungsarbeiten in Sakkara durchführte. Gegen diese Theorie spricht allerdings der Einwand, daß während dieser Epoche nirgendwo sonst ganze Komplexe mit derartigen blauen Kacheln versehen wurden. Das einzig vorhandene weitere Beispiel für den Einsatz der blauen Kacheln befindet sich ebenfalls im Djoser-Komplex in Sakkara: im sogenannten »Südgrab«, wo es allerdings keinerlei Belege dafür gibt, daß dort später Restaurierungen durchgeführt wurden.

Fakt ist aber in jedem Fall, daß die Ägypter schon vor Erbauung des Djoser-Komplexes in meisterhafter Weise mit Stein arbeiteten, wobei sie diesen allerdings nur geringfügig in den frühen Mastabas einsetzten. Imhotep war somit offenbar doch nicht das »Universalgenie«, für das man ihn immer hielt, sondern er hatte antike Lehrmeister, von denen er sein Wissen bezog. Vielleicht waren es jene mysteriösen Göttergestalten, die mit einer fertig entwickelten Kultur nach Ägypten kamen?

In Sakkara existieren eine ganze Reihe tiefer Schachtgräber, die, schlicht und einfach, quadratisch in den Kalksteinsockel getrieben wurden. Ganz unabhängig von der Frage, wann die Schächte angelegt worden sind, befinden sich ihre Wände nahezu noch immer in ihrem ursprünglichen Zustand. Das liegt daran, daß die tiefen Löcher von Anfang an mit Sand aufgefüllt

Abb. 50: Sakkara-Areal

worden sind, der alles konservierte. Das gilt sogar für das »Südgrab«, das um 2700 v. Chr. angelegt wurde. Der dortige Schacht stellt zwar kein eigenständiges Grab dar, sondern ist Teil einer komplexeren Konstruktion, doch ähnelt er vom Aussehen her den späteren Schächten in Sakkara und besitzt wie diese ebenfalls keine merklichen Spuren einer Verwitterung. Allerdings gibt es in Sakkara zwei Schächte, die diesem generellen Muster dieser Konservierungsregel nicht entsprechen. Etwa 200 Meter östlich von dem Mittelpunkt der Ostwand der Stufenpyramide befindet sich ein Schacht, der ebenfalls Anomalien aufweist. Offiziell wurde er mit einem Drahtzaun umgeben, damit niemand hineinfallen kann, auch wenn er viel enger als die bekannteren Schachtgräber gebaut wurde und sich kaum ein Tourist hierher verirren dürfte. Dennoch: Sicher ist sicher! Und aufgrund des am Rand des Schachtes aufgehäuften Sandes könnte es in der Tat gefährlich sein, an diesen Schacht heranzutreten. In ihm existieren nun, im Gegensatz zu den jahrtausendelang mit Sand gefüllten Schächten, Verwitterungsspuren, die es in dieser Form eigentlich nicht geben dürfte. Die zu erkennenden Wellenmuster wurden ganz offensichtlich durch Wassererosion verursacht. Es soll sich dabei um stehendes Wasser gehandelt haben, das hier irgendwann in der Frühgeschichte Ägyptens vorhanden gewesen sein muß. Die Verwitterung ist sichtbar, wenn man sich auf eine der kleinen Bodenerhebungen in der Umgebung des Schachtes stellt und nach unten schaut. Ein zweiter durch Wassereinfluß verwitterter Schacht befindet sich genau 90 Meter in südlicher Richtung vom ersten entfernt: Er ist in die linke Mauer hinter der Kolonnade eingelassen, die in den Komplex der Stufenpyramide führt. Der amerikanische Forscher John Anthony West meint zu dieser Anomalie:

»Die tiefverwitterten Wände dieser beiden Schächte lassen sich meiner Meinung nach nur damit erklären, daß sie in sehr alter Zeit geschnitten wurden, sich mit Wasser füllten und der Wüstensand die Oberhand gewann.«

Abb. 51: Die Rote Pyramide

Der Forscher meint damit, daß Sakkara zu einer wesentlich früheren Zivilisation gehörte, die bereits einige tausend Jahre vor den dynastischen Königen Ägyptens herrschte. Nach Ansicht von West könnte selbst die Stufenpyramide Spuren aufweisen, die aus der frühesten Epoche Ägyptens stammen könnten. Bislang haben die Ägyptologen derartige Spuren an der Stufenpyramide zwar noch nicht nachgewiesen, wohl aber an der Roten Pyramide des Königs Snofru (2505–2478 v. Chr.) aus der vierten Dynastie. Genau an dem zerfallenen unteren Teil der sogenannten »Grabkammer« befinden sich Anomalien, die bei Ägyptologen bislang kaum Beachtung gefunden haben. Die Experten nehmen einfach an, daß es sich hierbei um die Überreste eines weiteren »geplünderten« Grabes handelt. Tatsächlich stößt man bei näherer Betrachtung jedoch auf eine Anzahl ungewöhnlicher Merkmale. Zum Beispiel enthielt die Rote Pyramide keinen Sarkophag oder eine Sargwanne. Darüber hinaus sieht die Hauptkammer völlig anders aus als andere Gräber, die von den Ägyptologen als »normal« eingestuft werden. Die Steinverarbeitung innerhalb der Roten Pyramide wirkt megalithisch wie einige Hügelgräber in Großbritannien oder Frankreich. Es gibt hier ein hufeisenförmiges Gebilde aus grob behauenen Steinen, die etwas größer gebrochen und recht einfach übereinandergeschichtet wurden. Des weiteren scheinen die Pflastersteine des Bodens einmal abgetragen worden zu sein, sodaß sie etwas freilegten, über das viele allerdings hinwegsehen. Genau hier befinden sich nämlich Erosionsspuren, die ebenfalls von Wasser verursacht wurden, noch bevor die Pyramide darüber gebaut worden ist. Während die glatten feingefugten Kalksteinwände des oberen Teils der Kammer keinerlei Anzeichen des Alters oder der Verwitterung zeigen, sehen weitere am Bodenbereich angebrachte Steinblökke unter der Patina aus Staub und Schmutz, die sich dort seit über 5000 Jahren angesammelt hat, verwittert und sehr alt aus. Der Amerikaner West meint hierzu:

Abb. 52: Hauptkammer der Roten Pyramide

»Da sie diesen Zustand unmöglich erreicht haben können, als sie von der Pyramide geschützt waren, müssen sie bereits verwittert gewesen sein, als die Rote Pyramide errichtet wurde.«

Daß das Alte Ägypten bereits seit Jahrtausenden über eine hochentwickelte und wohlgeordnete Zivilisation verfügte, haben jüngste Funde gezeigt: Die Ausgrabungen im Süden von Napta Playa, etwa 100 Kilometer westlich von Abu Simbel, verdeutlichten den Archäologen durchaus, daß im prädynastischen Ägypten kulturell mehr vor sich ging, als sie bis zu diesem Zeitpunkt vermutet hatten. Diese archäologische Stätte liegt in einer Senke, in der sich vor etwa 11 000 Jahren genügend Wasser durch Niederschläge ansammeln konnte, um diesen Ort zu einem bevorzugten antiken Treffpunkt werden zu lassen. Die Auswertung von Knochenresten und anderen Fundstücken bestätigte, daß die frühen Hirtenstämme um 9000 v. Chr. ihre Tiere während der feuchten Jahreszeit in die Senke brachten und, kurz bevor das Wasser versiegte und das Gras vertrocknete, weiterzogen. Doch spätestens zwei Jahrtausende später waren die Nomaden in diesem Gebiet seßhaft geworden. Um 7000 v. Chr. gruben sie sogar tiefe Brunnen, um unabhängig vom Regen das ganze Jahr über in der Wüstenregion leben zu können. Schließlich bauten sie ganze Dörfer, in denen die kleinen Hütten in einer geraden Linie angeordnet wurden. Nach einer etwas längeren Dürreperiode verschwanden diese seßhaft gewordenen Nomaden jedoch wieder. An ihre Stelle trat ein neues Volk mit komplexerem Gesellschaftssystem, das bereits um 5500 v. Chr. nicht nur die unterschiedlichsten Kulte praktizierte, sondern auch das Schreiben und Lesen beherrschte.

Abb. 53: Sogenannte Hunger-Stele (Sakkara)

Ob es zwischen den Ureinwohnern Ägyptens und den »Schemsu-Hor« eine Begegnung gegeben hat, die das Leben dieser Nomaden entscheidend beeinflußte, läßt sich heute nicht mehr mit Bestimmtheit feststellen. Auf jeden Fall fing das prähistorische Volk von Napta Playa an, für seine Religion junge Kühe zu opfern, und es bestattete seine Verstorbenen in überdachten Kammern, die mit einem kleinen Steinhügel aufgeschüttet wurden. Darüber hinaus praktizierte dieses Volk bereits eine Art geometrische Astronomie, die es in seine Bauwerke mit einbezog. Beispielsweise stellten die Menschen von Napta Playa größere Steine, die zwischen 2,5 und zehn Tonnen wogen, zu Alignements (Steinreihen) auf und erbauten über 30 komplexe Strukturen. Auf diese Weise legten sie, wie alle bislang erwähnten Kulturen, einen die Sommersonnenwende markierenden Kalenderkreis schon Jahrtausende vor der Entstehung von Stonehenge an. Mindestens einer dieser Steinblöcke war zudem mit Ideogrammen versehen und zeugt von schriftlicher Kommunikation. Wie die jüngst entdeckten 7500 Jahre alten Kalenderkreise von Gosek hatte sich auch Napta Playa zu einem zeremoniellen Zentrum entwickelt, das die Menschen aus den umliegenden Wüstenregionen anzog, um an den kultischen Handlungen teilzunehmen. Dafür war natürlich eine politische Führung nötig, die nicht nur für die Einheit der Menschen sorgen, sondern auch die Gesellschaft und ihre Pflichten organisieren mußte. Dieses antike Volk praktizierte mit Bestimmtheit zudem einen Sternenkult und folgte ebenso der »Sirius-Strategie«. Im östlich gelegenen Teil der Wüste entdeckte der britische Archäologe Toby Wilkinson von der Cambridge-Universität darüber hinaus Felsmalereien, die um 4500 v. Chr. angefertigt wurden. Nach Meinung des Archäologen stammten diese von einem modernen Volk, das definitiv schreiben konnte. Er nannte die faszinierenden Bilder »die Sixtinische Kapelle des vordynastischen Ägypten«, die ein nicht mehr wegzuredendes Zeugnis vom kontrollierten Umgang mit Pinsel und Stift zu einer Zeit sind, in der es gemäß Lehrmeinung noch gar nicht existieren dürfte. Wilkinson ist überzeugt, daß die Urheber dieser sich auf 30 Stein- und Felsplatten befindlichen Darstellungen die Dynastien begründeten und Steine zu imposanten Bauwerke verbauten. Denn auf den Bildern erkennt man nicht nur Viehherden, sondern auch Bauwerke und viele Schiffe, wobei letztere vermutlich aufgrund von Handelsbeziehungen im Einsatz waren. Ferner sind Tiere, wie zum Bei-

Abb. 54: Teil einer prähistorischen Stele

spiel Strauße, Giraffen, Flußpferde und sogar Elefanten, abgebildet. Neben Tanz- und Jagdszenen werden hohe Würdenträger dargestellt, die Straußenfedern im Haar tragen – das ist ein Schmuck, der später nur den Darstellungen ägyptischer Gottheiten vorbehalten war! Eduard Meyer schrieb schon in den 1920er Jahren über diese Art von Gravuren und Abbildungen:

»Das sind die letzten Vorstufen der ägyptischen Schrift; und auch diese ist, da sie zur Zeit des Menes bereits voll entwickelt ist, unter der Herrschaft der Horus-Verehrer erfunden worden.«

Auch der britische Ägyptologe E. A. W. Budge vertrat schon 1904 die Ansicht, daß die Götter der vordynastischen Zeit alle aus einer gemeinsamen Urquelle entstammen, was er wie folgt formulierte:

»Die Übereinstimmungen zwischen den Götterwelten Sumers und Ägyptens sind zu eng, um auf bloßem Zufall zu beruhen. Dies zwingt uns zu der Schlußfolgerung, daß sowohl die Sumerer als auch die Bewohner des frühen Ägyptens ihre Urgötter aus einer gemeinsamen außergewöhnlich alten Quelle bezogen haben müssen.«

Die italienische Ägyptologin Maria Carmela Betró räumt nun die heutige Schwierigkeit ein, diesen Göttern in die Anfänge vor dem Pyramidenzeitalter zu folgen. Anhand des Beispiels des Gottes Osiris schreibt sie:

»In geschichtlicher Zeit haben Theologie, Kult und Ikonographie des Gottes tiefgreifende Umbildungen erfahren, wodurch es sehr schwierig ist, ihren Anfängen nachzuspüren.«

Wenn man tatsächlich den ernsthaften Versuch unternimmt, die Herkunft des Wortes »Osiris« zu ergründen, landet man bei

Abb. 55: Schemsu Hor

der Bezeichnung »Stern« oder »Sirius«. Denn das Wort »Sirius« ist aus dem Griechischen hergeleitet und bedeutet nichts Geringeres als »Stern«. Vielleicht ist das arabische Wort »Sirah« für »Stern« mit einer griechischen Endung versehen worden. Selbstverständlich könnte es sich auch umgekehrt verhalten haben.

Auch zu diesem Beispiel äußert sich Betró:

»Im allgemeinen verwendeten die Ägypter für den Namen des Gottes lieber die etwas rätselhafte Schreibweise für Thron, gefolgt vom Zeichen für Auge, deren Lautwert ›wsir‹ ist.«

Diodor von Sizilien berichtet, daß »von Osiris und Isis bis zur Herrschaft Alexanders, der in Ägypten die nach ihm benannte Stadt gegründet hat, mehr als 10 000 Jahre verflossen seien, wie einige andere aber schreiben, gar nur um ein Geringes weniger als 23 000«. Aus der koptischen Schrift *Der Augenstern des Kosmos* erfahren wir überdies etwas detaillierter, wer Osiris ist und warum er sich überhaupt auf der Erde befindet:

»Isis und Osiris sind gesandt worden, um der Welt dadurch zu helfen, indem sie der primitiven Menschheit die Künste und Techniken einer Hochkultur beibringen sollen.«

Wer hat die Gottheiten aber zur Erde gesandt und ihnen diesen Auftrag gegeben? Es war ein »Hund« oder »Schakal«, der den Menschen versprach, gemeinsam mit Isis und Osiris in ferner Zukunft zur Erde zurückzukehren.

Kapitel 4

Die Rückkehr des Anpu

Wenn den alten Ägyptern etwas heilig war, dann war es die Sonne, die ihre Astronomen ebenfalls beobachteten. Schon babylonische Texte sprechen von genauesten Beobachtungen der ab- und zunehmenden Flecken auf der Sonnenoberfläche, über die sie exakte Aufzeichnungen führten. Doch irgendwann gerieten die merkwürdigen Sonnenflecken wieder in Vergessenheit, ehe sie erst im 13. Jahrhundert von den Chinesen wiederentdeckt und von den europäischen Astronomen seit 1750 erneut aufgezeichnet wurden. Heute wissen wir, daß Kraftfeldströmungen, wie es sie auch beim Magnetfeld der Erde gibt, Veränderungen der Oberflächentemperatur der Sonne um einige tausend Grad Celsius verursachen können. Die sogenannten Sonnenflecken sind somit Störgebiete in der Photosphäre unseres Zentralgestirns. Das ist gleichzeitig der Beweis, daß die Sonne keineswegs ein ruhiger leuchtender Stern ist, sondern ein recht lebhafter. Interessanterweise entstehen die zum Teil mit bloßem Auge erkennbaren Sonnenflecken allerdings nur 30 Grad nördlich oder südlich des Sonnenäquators, wobei ihre Größe kaum mehr als ein Prozent der Sonnenoberfläche beträgt. Dennoch ist ihre Wirkung gewaltig: Die Schwankungen des Magnetfelds der Sonne pflanzen sich mit einer Verzögerung von etwa fünf Tagen auf das interplanetare Magnetfeld der Erde fort. Das bedeutet, daß eine Feldlinienverbindung zwischen Sonne und Erde entsteht.

Aufgrund der Tätigkeit der Sonnenflecken entstehen Eruptionen der Gasmaterie (sogenannte »Flares«), die die Erde beeinflussen und die ganz offensichtlich den alten Ägyptern ebenfalls seit langer Zeit bekannt waren. Ob es Zufall ist, daß die Pyramiden von Giseh sich auf dem 30. nördlichen Breitengrad befinden und die »fünf« Schalttage des ägyptischen Kalenders mit diesen Sonnenbeobachtungen im Zusammenhang stehen, kann durchaus bezweifelt werden. Wahrscheinlich gibt es hier einen Zusammenhang, denn mittels ihrer Himmelsaufzeichnungen waren die Pharaonen bereits Phänomenen auf der Spur, mit deren Verständnis wir Heutigen im Vergleich dazu gerade einmal begonnen haben.

Abb. 56: Imenhotep VI. kannte die Bedeutung der Sonnenflecken

Heute behaupten Heilpraktiker zum Beispiel, daß Sonne und Mond unschätzbaren Einfluß auf unsere Gesundheit und auf das organische Wachstum ausüben. Beispielsweise meinen Biologen, daß die Jahresringe an Bäumen einen »Elfer-Rhythmus« aufweisen, der dem des Auftretens der Sonnenflecken gleicht. Darüber hinaus ist bekannt, daß bei Neumond geschnittener Bambus durchschnittlich fünf Jahre länger hält als bei Vollmond geschnittener Bambus. Die alten Ägypter bestellten für den Schiffsbau Holz von ihren Handelspartnern, das nur bei abnehmenden Mond geschlagen werden durfte. Die Römer übernahmen diese Tradition und verwendeten das nach altägyptischen Vorgaben geschlagene Holz beim Brückenbau. Inzwischen wissen wir, daß dahinter kein »Aberglaube« steckte, sondern »Naturwissenschaft« und die Erfahrung über die Biologie der Fauna: Tatsache ist nämlich, daß bei zunehmendem Mond die Säfte im Holz emporsteigen. Die darin enthaltenen Verbindungen wie Zucker ziehen zu dieser Zeit holzfressende Insekten an, die das Holz löcherig und für den Schiffsbau unbrauchbar machen. Im Holz, das man bei abnehmendem Mond schlägt, ist der Zucker bereits in Stärke umgewandelt.

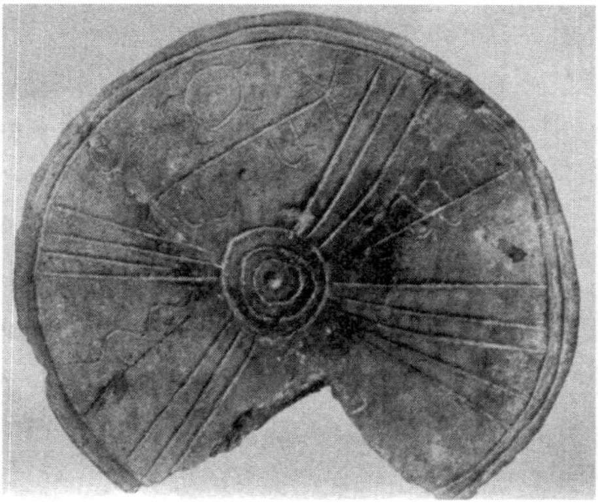

Abb. 57: Astronomisches Relief, Dardania

Als Nikolaus Kopernikus (1473–1543), seines Zeichens Domherr, mit seiner Theorie von der Bewegung der Planeten auf einer »Kreisbahn« um die Sonne zu einem der bedeutendsten Astronomen wurde, fußten seine Erkenntnisse lediglich auf antiken griechischen Quellen, die er leider nicht persönlich ermittelt hat. Deshalb wußte der große Erneuerer noch nicht einmal über die Entfernungen der Sterne Bescheid, die für ihn »unbeweglich« waren und daher »fix« (»fest«) genannt wurden: Für ihn waren es nur leuchtende Punkte auf einer sich in großer Entfernung um das Weltzentrum Sonne erstreckenden Kugelschale. Dabei nimmt der griechische Dichter Aratos von Soloi (310–245 v. Chr.) in seinem kunstvollen Lehrgedicht *Sternbilder und Wetterzeichen* schon vor 2300 Jahren auf diese Frage Bezug: Ihm erscheint der Umstand, daß der Himmel einstmals mit Bildern übersät wurde, die ohne Erläuterung jedoch unsichtbar bleiben würden, durchaus als denkwürdig. Er erklärt die Herkunft der Bilder am Himmel mit den folgenden Worten:

»Denn in der Zeit der Ahnen hat jemand sie erschaut und ihnen allzumal so Namen wie Gestalt verliehen.«

Aratos läßt anklingen, daß die Identifizierung der Sterne von einem einzelnen Mann vorgenommen wurde, der sich einst damit auskannte. Es muß jemand gewesen sein, der auf eine lange Tradition zurückgreifen konnte. Doch wer soll dieser geheimnisvolle Namensgeber gewesen sein? War es vielleicht der weise Imhotep?

Zumindest der Berliner Astronomieprofessor Dieter B. Hermann vertritt die Ansicht, daß Imhotep die Beobachtung der Ster-

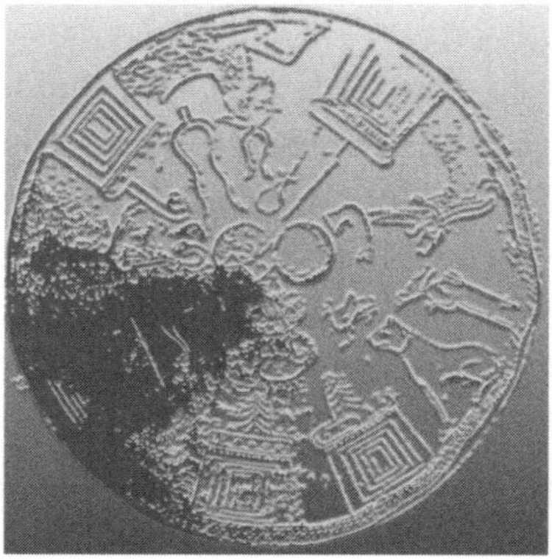

Abb. 58: Astronomisches Relief, Sumer

ne durchaus erneut eingeführt haben könnte, nachdem man das Wissen in einer bestimmten Phase der Geschichte wieder vernachlässigt hatte. Aber definitiv war er nach Ansicht des Astronomen nicht jene Gestalt, von dem der Grieche berichtet. Hermann meint, daß es urzeitliche Astronomen waren, welche die Namen der Sternbilder schon vor mindestens 10 000 Jahren verwendeten:

»Die Schaffung von Sternbildern hat wahrscheinlich schon vor 10 000 Jahren oder noch früher begonnen.«

In einer Inschrift aus Dendera wird die Göttin Hathor »Herrin jeder Freude« genannt, und Johannes Dümichen fügt »hon.t rer het-heb« hinzu, das wörtlich übersetzt »Die Herrin jedes Herzkreislaufes« bedeutet. Was damit gemeint war, versteht man erst, wenn man versucht, die Welt so zu sehen, wie sie die alten Ägypter gesehen haben. Die Hieroglyphe für »Herz« findet sich beispielsweise auch als Bleilot am Ende einer Senkschnur – sowohl bei bestimmten Typen von Sonnenuhren als auch bei einem »mrh.t« genannten astronomisch-geodätischen Gerät.

Abb. 59: Teil des Sternenhimmels Ägyptens

Wörtlich übersetzt bedeutet »Merecht« etwa soviel wie das »Instrument, mit dem man mißt«. In den alten Texten wurde die Bezeichnung insbesondere im Zusammenhang mit dem »Schnurspannen« beim Bau von Tempeln, mit dessen Hilfe auch die astronomische Ausrichtung der Bauwerke bestimmt wurde, bevorzugt. Die Bezeichnung »ib« für »Herz« war gleichzeitig der allgemeine Ausdruck für »die Mitte« oder »das Zentrum«. Vermutlich haben die Araber von ihrer ägyptischen Umgebung die Bezeichnung »Suhail el-wezu« (»Herz des Südens«) für den Canopus übernommen. Die Astronomen Girogio de Santillana (1901–1974) vom *Massachusetts Institute of Technology* und Hertha von Dechend (1915–2001) von der Goethe-Universität Frankfurt am Main meinen in ihrem Buch *Die Mühle des Hamlet* allerdings, einen anderen Stern zu erkennen:

»Was die Identität der regierenden Dame betrifft, spricht die größere Wahrscheinlichkeit für Sirius.«

Der Astronom Wilhelm Gundel (1880–1945) schreibt in seinem Buch *Dekane und Dekansternbilder* in bezug auf die alten Sternbilder:

»Der Namensbestand dieser Sternbilder zeigt Merkmale eines altertümlichen Sprachgutes. In einigen Namen sind Worte erhalten, die sonst nicht bekannt sind oder frühzeitig verschwunden sind. Von anderen kennen wir die Hieroglyphen, ohne sie recht deuten zu können. Dies trifft vor allem bei den großen Göttern des Dekankreises zu, bei Orion und Sirius, die altägyptisch immer mit dem Namen der alten Hieroglyphen genannt wurden, ohne daß man in geschichtlicher Zeit je gewußt hat, was sie einst bedeuteten.«

Tatsächlich wissen also weder Astronomen noch Historiker wirklich, weshalb man den Sirius »Hundsstern« nennt. Wer es somit war, der den Sirius zum ersten Mal mit einem Hund verglich, ist daher auch unklar. Klar ist allerdings, daß man in der Antike weltweit erkannt hatte, daß der Sirius mit einem Hund, Schakal oder Fuchs in Verbindung stand. Der griechische Dichter Pindaros von Theben (518–445 v. Chr.) bezeichnete den Sirius als »einen seine Gestalt wechselnden Hund« der Erdgöttin Gäia. Auch der ägyptische Gott Anubis wird häufig als Hund

Abb. 60: Astronomisches Relief aus Mesoamerika (Aztekenkalender)

oder als Mensch mit dem Kopf eines Hundes abgebildet und ist die griechische Bezeichnung des ägyptischen Gottes »Anpu«, der seit der archaischen Zeit in dieser Form dargestellt wurde. In den meisten Fällen liegt er ausgestreckt auf einem geheimnisvollen Behälter für kultische Zwecke. Deshalb bekam dieser Gott den Beinamen »den Geheimnissen vorangestellt«. Aus dieser Haltung des Anubis hat der amerikanische Orientalist Temple in einer aktualisierten Ausgabe seines Buches die spekulative Frage in den Raum gestellt, ob es sich bei der Sphinx in Giseh möglicherweise um die veränderte Form des ursprünglichen Gottes Anpu handeln könnte, womit man die unwirklichen Proportionen des Bauwerks erklären könnte. Meiner Ansicht nach kann man diese Überlegungen Temples aber mit ruhigem Gewissen zurückweisen, weil an dieser Spekulation nach meinen Überprüfungen nichts dran ist. Wegen seiner schwarzen Farbe wird Anubis/Anpu von einer Mehrzahl von Ägyptologen auch fälschlicherweise mit einen »Schakal« identifiziert. Doch die schwarze Farbe symbolisierte ganz offensichtlich nur das Bitumen, mit dem die Mumien der Verstorbenen einbalsamiert wurden. Der Ägyptologe Hans Bonnet kommentiert diese Eigenschaft des Anubis wie folgt:

»Die Farbe ist aber immer die gleiche unnatürliche schwarze, wie sie bei dem sogenannten Schakal wiederkehrt, dessen Wortzeichen zwar überwiegend die stehende Form zeigt, gelegentlich aber gerade in älterer Zeit auch die liegende verwendet.«

Dieser Gott war während des Wiegens des Herzens anwesend und hatte die Aufsicht über die Mumifizierung des Verstor-

Abb. 61: Anubis

benen. Anubis präparierte den Leichnam, sodaß er als »Gefäß« für den wiederauferstandenen oder reinkarnierten Geist dienen konnte, wonach er dann als »Upuaut« (»Wepwawet«) den Verstorbenen durch die unterschiedlichen Regionen des Jenseits zu führen in der Lage war. Diese Region nannten die alten Ägypter Dat oder Duat, was Bonnet wie folgt erklärt:

»Die Lokalisierung der Duat ist der älteren Zeit nicht fremd. Schon die Pyramidentexte setzen sie an manchen Stellen voraus. Zumeist verlegen sie aber doch die Duat an den Himmel. In sie wird der Tote aufgenommen, nachdem er auf der Himmelsleiter aufgestiegen ist. Auch von den ›Bewohnern der Duat‹, unter denen der Tote weilt, ist die Rede. Nach der Schreibung sind unter ihnen die Sterne verstanden. Das ist beachtlich. Denn Sterne erscheinen auch sonst in enger Verbindung mit der Duat. Ja, das Wort Duat selbst wird mit einem Stern geschrieben, der in einen Kreis eingeschlossen ist.«

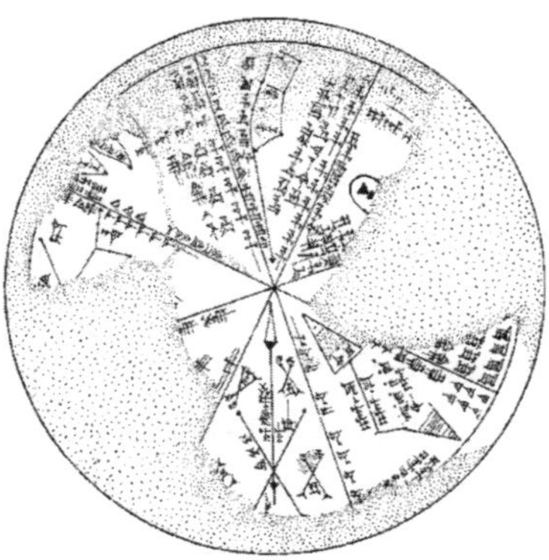

Abb. 62: Astronomisches Relief, Nineveh

Insbesondere auf die Passagen in den Pyramidentexten § 390 und § 953 will der Altphilologe hinweisen, da beide die Zirkumpolarsterne erwähnen und sich an Orion und Sirius orientieren, um dem »Gottkönig« die kosmische Anweisung zu erteilen. Ist das ein weiterer Beleg für die »Sirius-Strategie«, der in den Pyramidentexten bewahrt wurde? Warum war aber gerade der Sirius zu solch einem wichtigen Stern geworden?

Man findet auch in mittelalterlichen Darstellungen, die von »Jakobspilgern« stammen, häufig einen Hund, der sie begleitete und der sich ebenfalls auf den Sirius bezieht. Deshalb wird der »Jakobsweg« auch »Sternenweg« genannt, weil frühe Pilger auf ihrem Weg nach Santiago dem Sirius folgten. Nicht nur deshalb sollte man also akzeptieren, daß das Sternenbild sehr alt ist: Bereits die Babylonier sahen in ihm seit ihren Anfängen einen Hund, der den Jäger Orion begleitete, und die Griechen identifizierten ihn mit dem Hund der Aurora, der schneller als alles andere gewesen sein soll. Die Griechen ordneten dieses auffällige Sternbild einem Punkt südwestlich des markanten Orion zu, ebenfalls als Jagdhund. Ein weiterer wichtiger Punkt ist der, daß die drei Gürtelsterne des Orion wie ein Pfeil direkt auf diesen hellsten Stern des Nachthimmels zeigen, der von jeder Stelle der bewohnten Erde aus gesehen werden kann und bereits bei Ptolemaios III. Euergetes (284–221 v. Chr.) zu den 48 Sternbildern der Antike zählte. Als Hauptreihenstern vom Spektraltyp A0 oder A1 mit der Leuchtkraft Vm besitzt er eine 2,4mal so große Masse wie unsere Sonne und leuchtet 26mal heller. Mit nur 8,6 Lichtjahren Entfernung ist er auch einer der nächsten Sterne und hat deshalb eine relativ große Eigenbewegung von 1,3 Bogensekunden im Jahr. Das im Jahre 248 v. Chr. erlassene Dekret der Griechen sorgte dafür, daß 200 Jahre später Julius Caesar (100–44 v. Chr.) den sogenannten »Julianischen Kalender« einführte. Aus dem Ganzen ist ersichtlich, daß viele Kulturen Sirius eine besondere Bedeutung beigemessen haben, deren Hintergrund heute wieder in Vergessenheit geraten ist. Welche Rätsel verbergen sich hinter dem Sirius?

Sirius besaß auch einen dunklen Begleiter, der ihn in etwa 50 Jahren umrundete: deshalb galt er als Doppelsternsystem. Vermutlich erfahren wir aus den Schriften der Pyramidentexte aus diesem Grund, das der Sirius ein »Doppelwesen« beziehungsweise ein »Schwangerer Stern« ist. Offenbar wußten die alten Ägypter also über die wahre Natur des Sterns genauestens Be-

Abb. 63: Kannten die Ägypter Sirius B?

scheid. Robert K. G. Temple hat in diesem Zusammenhang in der Vorgeschichte des Menschen geforscht und in bezug auf die »heiligen 50« eine Vielzahl kultureller Verbindungen gefunden, die beweisen sollen, daß der Mensch, seit er denken konnte, sein Leben gemäß dieser »Sirius-Strategie« ausgerichtet hatte. Als König Akation beispielsweise zufällig die Göttin Artemis nackt im Bade erblickt, ist sie erzürnt und hetzt ihn mit 50 Hunden, bevor sie ihn in einen Hirsch verwandelt und mit »Pfeil und Bogen« tötet. Die Sumerer nannten den Sirius »dreifacher Pfeil« und die Chinesen »Pfeil und Bogen«. Nach Temple sind die Überlieferungen zum Mythos gewordene Beschreibungen der wahren Natur des Sirius. Seiner Ansicht nach gehen selbst die Olympischen Spiele auf diese alten Traditionen zurück und folgen dabei der »Sirius-Strategie«:

»Tatsächlich wurden die Olympischen Spiele durch Zwischenräume von abwechselnd 49 und 50 Monaten voneinander getrennt. Dies läßt vermuten, daß man den Versuch machte, die 49,5 Jahre des genauen Sirius-B-Umlaufs in einen Mond-Code umzusetzen. Denn wenn man die Zwischenräume von abwechselnd 49 und 50 Monaten verdoppelte und jeweils zwei unmittelbar aufeinanderfolgende miteinander addierte, ergab das 49 plus 50, und dies ist genau soviel wie 49,5 plus 49,5. Die einzige Theorie, die bisher zur Erklärung der 50 Monate zwischen den Olympischen Spielen Altgriechenlands vorgetragen wurde, äußerte Robert Graves [1895–1985], doch seine Lunar-Hypothese erklärte weder den Wechsel von 49 auf 50 Monate noch andere rätselhafte Aspekte. Wahrscheinlich liegt die wahre Erklärung im Siriusrätsel begründet, sie wurde später von einer Lunartradition überlagert, die man Nichteingeweihten als ›Erklärung‹ auftischte, obwohl sie offenkundige Mängel aufweist.«

Auch das »Jubel« der Hebräer mit 50 Jahreseinheiten, das man wiederum in sieben Zeitabschnitte von je sieben Jahren (7 x 7=49) einleitete, geht auf die »Sirius-Strategie« zurück. Das 50. Jahr wurde mit dem Auftauchen von Jahwe und denen, »die vom Himmel kamen«, verknüpft. Die »Fünfzigjahr-Periode« bedeutete aber auch Freiheit für die jüdischen Sklaven. Nach den Vorstellungen der Hebräer gehörte das irdische Land seit jeher in Wirklichkeit Jahwe, und die Hebräer waren von seinem Standpunkt aus lediglich ansässige Fremdlinge (3. Mose 25:23,24). Diese Vorstellung deckt sich mit den Vorstellungen der Babylonier, Sumerer und Ägypter, worauf wir in Kapitel 10 noch einmal näher eingehen werden. Ob die 50 Namen des Marduk, die 50 Anunnaki oder die 50 Helden, die Gilgamesch in die »Unterwelt« begleiten – alle genannten Überlieferungen sind Überbleibsel der »Sirius-Strategie«. Warum ignoriert die Vielzahl der Gelehrten diese Zusammenhänge?

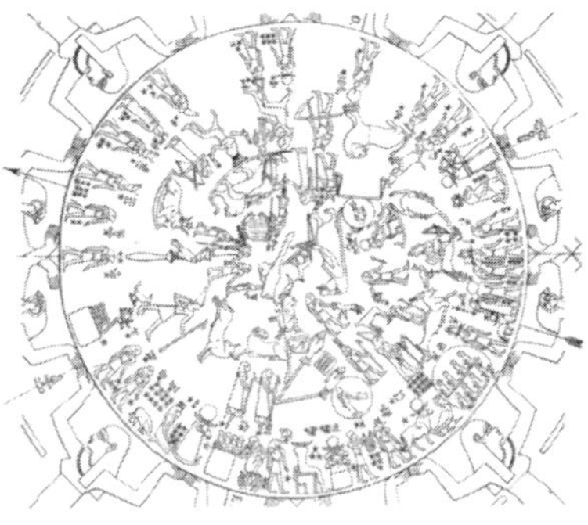

Abb. 64: Astronomisches Relief, Dendera

Der heliakische Aufgang des Sirius fiel bei den Ägyptern auf die erste morgendliche Sichtbarkeit des Sterns, nachdem er zuvor vom Abendhimmel hinter der Sonne verschwand, mit dem Beginn der Nilflut zusammen. Sirius war daher für den Alltag wie auch für die Religion der alten Ägypter von überragender Bedeutung. Selbstverständlich war in der Zeitrechnung der Ägypter in erster Linie das Sirius-Jahr gebräuchlich, sodaß irgendwann die heißeste Zeit des Sommers (vom 24. Juni bis zum 23. August) als die Phase der »Hundstage« bezeichnete wurde, obwohl die Sichtbarkeit des Sterns nicht mehr mit dieser Zeitspanne übereinstimmte. Die »Hundstage« gehen mindestens auf das dritte Jahrtausend v. Chr. zurück und bezeichnen unter anderem auch die Rückkehr des Sirius, die die Griechen als den »heliakischen Aufgang« bezeichneten, was soviel wie »mit der Sonne« bedeutet. Die Römer sahen die Wiederkehr des Sirius übrigens erst deutlich später, nämlich in der letzten Juli-Dekade. Von den Römern stammt auch die noch heute gültige Festlegung des Beginns der »Hundstage« am 23. Juli. Heutzutage erscheint Sirius sogar erst Ende August wieder am Morgenhimmel, sodaß die »Hundstage« streng genommen eigentlich auch erst Ende August beginnen dürften. Ursache für diese Verzögerung ist die bereits erwähnte Präzession der Erdachse, die wie ein Kreisel durch das Weltall torkelt und für eine »Kreisdrehung« etwa 26 000 Jahre benötigt. Wie wir bereits in Kapitel 3 gesehen haben, verschieben sich dadurch auch die Gestirne und die Sternbilder im Lauf der Jahrtausende am Himmel scheinbar mit, sodaß nach 13 000 Jahren die gewohnten Wintersternbilder an den Sommerhimmel und die klassischen Sommersternbilder an den Wintersternhimmel gewandert sind. Nach weiteren 13 000 Jahren, also nach insgesamt 26 000 Jahren, wird der Präzessionszyklus abgeschlossen sein und Sirius wieder Anfang Juli erscheinen. Würde es der Assuan-Staudamm nicht verhindern, könnte auch die Nilschwemme in Ägypten während der Sommersonnenwende Mitte Juni, also mehr als einen Monat vor der tatsächlichen Wiederkehr des Sirius, über die Ufer treten. Der Beginn der »Hundstage« markierte im Alten Ägypten aber auch den Beginn des neuen Jahres, weil die sommerlichen Überschwemmungen des Stroms, die fruchtbaren Schlamm über die ausgedörrten Felder spülten, einen Wachtums- und Lebenszyklus einleiteten. Die Griechen erklärten den Zusammenhang zwischen der Wiederkehr des Sirius und den Tagen der größten Sommerhitze auf folgende Weise: Demnach sei die Verschmelzung des Lichts der Sonne mit dem Feuer des gleißend hell funkelnden Sirius die Ursache der größten Hitze. Arabische Astronomen deuteten die »verbrennende« Sommerhitze mit besonders häufig erscheinenden Fata Morganen als den »vom Himmel tropfenden Speichel des Hundssterns«. Keines der antiken Völker erklärt aber, warum es gerade ein Hund war, mit dem der Sirius in Verbindung gebracht wurde.

Im Jahre 1894 veröffentlichte der britische Astronom Joseph Norman Lockyer (1836–1920) vom *Royale College of Science* ein Buch mit dem Arbeitstitel *The Dawn of Astronomy*, womit er der Öffentlichkeit die Anfänge der Astronomie erklären wollte. In ihm präsentierte er bahnbrechende Einzelheiten, die von den Ägyptern beim Bau ihrer Tempelanlagen angewendet wurden. Lockyer war 1890 nach Ägypten gereist, um Untersuchungen an den altägyptischen Bauwerken durchzuführen.

Lockyers Weg nach Ägypten und zur »Archäoastronomie« führte aber zunächst über europäische Bauwerke. Alles begann mit der Basilika der Peterskirche in Rom. Diese bauliche Anlage wurde unter Kaiser Konstantin dem Großen (306–337) im vierten Jahrhundert begonnen und mußte zu Beginn des 16. Jahrhunderts wieder abgerissen werden, um für einen geplanten neueren Bau Platz zu machen. Lockyer entnahm aus den Annalen der Kirchenarchitektur, daß nach 1000 Jahren der Bauort der neuen Kirche nicht verändert wurde, weil hier bestimmte Sonnenpositionen in die Bauanlage integriert waren. Der Astronom beschreibt, wie die Sonnenstrahlen beim Frühlingsaquinoktium durch das

Abb. 65: Petersplatz in Rom

äußere Portal im Vorbau drangen und den Hochaltar erhellten und daß die heutige Kirche ebenfalls diese Bedingungen erfülle. Auch die Geometrie des Petersplatzes selbst war nach astronomischen Gesichtspunkten angelegt worden.

Lockyer war auch der erste britische Astronom, der erkannte, daß Stonehenge bei seiner Erbauung frühestens um 1680 v. Chr. angelegt wurde, als der erste Sonnenstrahl zur Sonnenwende auf einen bestimmten Steinblock fiel. Der Brite hatte überdies aus verschiedenen philologischen Arbeiten die Feststellung gewonnen, daß in den alten Kulturen die Götter überwiegend als »Sterne« symbolisiert wurden. Der Astronom wußte zu diesem Zeitpunkt aber auch bereits, daß es babylonische Keilschriftüberlieferungen gab, die Sonnen-, Mond- und Sternenpositionen beschrieben.

In Ägypten fing Lockyer dann damit an, die Tempelanlagen zu studieren, und kam zu dem Ergebnis, daß die älteren Tempel äquinoktial, nach einer Ost-West-Achse, und die jüngeren solstital, also nach einer Nordost-West-Achse, ausgerichtet waren. Demnach wurden die altägyptischen Sonnentempel so gebaut, daß zur Sonnenwende beim Auf- und Untergang des Zentralgestirns ein Lichtstrahl durch einen ihrer kunstvoll angelegten Gänge oder Schächte in den dunklen Innenraum des Allerheiligsten schienen.

Abb. 66: Tempel in Karnak

Das bedeutet gleichzeitig, daß die jüngeren Tempelanlagen nur auf den Sommer- beziehungsweise Winteranfang ausgerichtet waren, wohingegen bei den älteren Bauten auch ihr Bezug zu den Sternen in die architektonische Planung mit einbezogen wurde. Lockyer fertigte Sternenkarten mit den Positionen aller großen Sterne auf dem Gürtel der letzten 10 000 Jahre an. Der Astronom konnte daraufhin nachweisen, daß die alten Ägypter im Laufe der Jahrhunderte die Tempelachsen nach »alpha Ursae mjoris« im Großen Bären, »Capella« im Fuhrmann, »Antares« im Skorpion oder »alpha Centauri« anvisierten. Während die Astronomen der Pharaonen im Jahre 6400 v. Chr. »Canopus« in bezug zu ihren Bauanlagen stellten, verwendeten sie 6000 v. Chr. »Dubhe«, ebenfalls im Großen Bären, bevor er zu einem Zirkumpolarstern wurde. Gab es zu dieser frühen Periode Ägyptens tatsächlich astronomisch ausgerichtete Bauanlagen?

Der französische Astronom Jean Baptiste Biot unterzog die Tierkreisdarstellung im Hathor-Tempel von Dendera einer genauen Untersuchung: Er verbürgte sich schließlich dafür, daß dieser Tierkreis den Sternhimmel Ägyptens im Jahre 700 v. Chr. wiedergab und daß er nach älteren Darstellungen auf Papyrus oder Stein angefertigt war. Auch Lockyer bestätigte, daß dieser Tempel für die Göttin Isis gebaut und auf die Position des Sirius im Jahre 700 v. Chr. ausgerichtet wurde. Nach den Untersuchungen des Briten hatte Sirius zur Zeit des ägyptischen Neujahrs vor 2700 Jahren seinen kosmischen Anfang genommen. Joseph Norman Lockyer zitiert in seinem Werk sogar eine alte Inschrift, die sich auf einen Tempel der Hathor zur Zeit des Imhotep bezieht, die er auf das Jahr 3733 v. Chr. ansetzte:

Abb. 67: Die Tempel waren zum Sirius ausgerichtet

»Als der Stern Sothis (Sopted) in den Tempel schien und sich mit dem Licht des Ra vereinte.«

Der österreichische Ägyptologe Dieter Arnold und einige seiner Kollegen bezweifeln gerade aus diesem Grund, daß in den Totentempeln bei den Pyramiden und auf den Aufwegen zu irgendeiner Zeit Beisetzungsfeierlichkeiten stattgefunden haben. Sie fügen ein weiteres Argument hinzu, das allerdings architektonischer Natur ist: Die Räume und Durchlässe waren für den Trauerzug viel zu eng.

Eine andere Inschrift im Tempel zeigt aber auch an, daß er während einer jüngeren Periode nach den Plänen von Imhotep erbaut oder restauriert wurde. Der Umbau war bestimmt wegen der ekliptikalen Verschiebung von einem Grad alle 72 Jahre erforderlich geworden. Denn in 72 Jahren ist die Verschiebung oder Veränderung der Erdachse zwar kaum der Rede wert, aber schon nach 360 Jahren (5 x 72) summiert sich das auf fünf Grad, wonach ein Tempel für exakte astronomische Beobachtungen so gut wie unbrauchbar wird. Imhotep mußte also entweder die Achse des Bauwerks neu ausrichten oder einen gänzlich neuen Tempel bauen. Diese Art der Neuausrichtung von altägyptischen Tempelanlagen ist eine bemerkenswerte Erscheinung, die nicht nur Lockyer an den Sakralbauten Ägyptens aufgefallen ist. Zwar wurden beispielsweise im prädynastischen Ägypten auch in Heliopolis schon Tempel errichtet, die auf den Frühaufgang nördlicher nichtzirkumpolarer Sterne zur Sonnenwende ausgerichtet waren, aber Lockyer vertrat in bezug auf die phänomenalen Bauwerke Ägyptens die Ansicht:

»Die großen Pyramiden wurden von einer neuen Erobererrasse gebaut, die eine höhere Stufe astronomischen Wissens und Forschens erreicht hatte und die Sterne des Nordhimmels auf dem Meridian und solche, die während der Äquinoktien genau im Osten aufgingen, anvisierte.«

Joseph Norman Lockyer hat herausgefunden, daß insgesamt sieben der ägyptischen Tempel bei ihrer Grundsteinlegung auf den Stern Sirius ausgerichtet wurden. Nach Ansicht des Astronomen entstanden zwischen der sechsten und elften Dynastie (2205–1991 v. Chr.) Unruhen und Kämpfe zwischen zwei Erobererrassen, wobei die Anhänger des Heliopolis-Kultes den Sieg davontrugen, weil sie Unterstützung aus dem Süden bekommen hatten. Lockyer erklärt, daß erst dadurch auch ein gewisser Südsternkult neben einem Nordsternkult Gleichberechtigung gewann, wonach sich auch die kultische Verehrung der Äquinoktien durchsetzte. Auch der alte Tempel von Heliopolis wurde in seiner Ausrichtung zum Sirius wieder aktualisiert. Gleichzeitig spiegelte der Tempel die Position des »himmlischen Sirius« auf der Erde wider. Interessanterweise befindet sich östlich des Oriongürtels das »Auge des Stieres«, der 68 Lichtjahre entfernte Aldebaran im Taurus, während sich im Westen der 8,6 Lichtjahre entfernte Sirius im »Canis Major« befindet. Widergespiegelt auf die Erde bedeutet das, daß die Pyramiden von Giseh den Oriongürtel darstellen, während Heliopolis für Sirius und Sakkara für Aldebaran standen. Das ist eine interessante Theorie, die Gilbert und Bauval nicht nur ergänzt, sondern der Pyramide als Bauwerk eine völlig neue Gewichtigkeit und Bedeutung verleiht.

Heute wissen wir, daß die Sonnenwenden eine Folge der Stellung der Erdachse zu ihrer Bahnebene sind, weil die Erde im

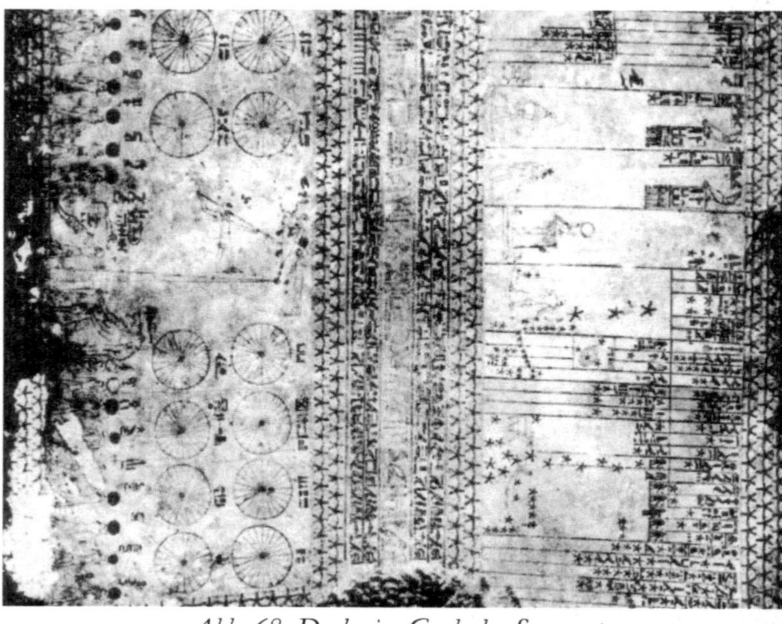

Abb. 68: Decke im Grab des Senemut

Weltraum in einer bestimmten Neigung steht. Unsere Astronomen haben bewiesen, daß dieser Neigungswinkel nicht konstant ist, weil die Erde aufgrund des Einflusses der Sonne und der größeren Planeten (Jupiter und Saturn) Taumelbewegungen vollführt. Deshalb kann die heutige Neigung von 23,47 Grad alle 1000 Jahre zwischen 22 und 24 Grad schwanken. Das bedeutet, daß sich eine vor einigen tausend Jahren ausgerichtete Bauanlage im Verlauf der Zeit zwar deutlich verschoben hat, was ihre Genauigkeit und Ausrichtung angeht, aber dadurch heute der Zeitpunkt ihrer Entstehung wie mit einer Zeitmaschine zurückverfolgt werden kann. Bis zum Jahr 11500 v. Chr. ereigneten sich folgende Verschiebungen der Erdachse:

Jahr v. Chr.	Neigungswinkel der Erdachse in Grad
0	23,69
1000	23,81
2000	23,92
3000	24,02
4000	24,11
5000	23,99
6000	23,87
7000	23,72
8000	23,27
9000	22,97
10 000	22,86
10 500	22,81
11 000	22,74
11 500	22,68

Auch Lockyer hatte die geniale Idee, den geographischen Längengrad und die Ausrichtung der untersuchten Tempel zu bestimmen und anhand der Neigungsverschiebung der Erdachse die Errichtungszeit der Bauwerke zu errechnen. Seine Untersuchungsergebnisse an der Amun-Ra-Tempelanlage in der ägyp-

Abb. 69: Widderallee, Karnak

tischen Stadt Karnak brachten Werte hervor, die belegten, daß der Tempel mindestens in zwei Bauphasen errichtet worden sein mußte. Die erste betraf den Zeitraum um 2100 v. Chr., und die spätere fand um 1200 v. Chr. statt. Zwischenzeitlich gab es auch Unterstützung mittels modernsten Meßmethoden, die tatsächlich die Ergebnisse von Lockyer bestätigten, daß nämlich der Tempel im Jahre 2100 v. Chr. errichtet und danach mehrfach restauriert wurde. Ihre endgültige Gestalt erhielt die Tempelanlage allerdings erst unter König Sethos II. zwischen 1216 und 1210 v. Chr., wie es der britische Astronom richtig ermittelt hatte.

Bei seinen Untersuchungen am Tempel von Heliopolis berechnete Lockyer, daß die Kombination von Sonnenbeobachtungen mit der Periode des Sirius auf die Konjunktion um 3200 v. Chr. hinwies. Daraus folgerte der Astronom, daß der Kalender der Ägypter mindestens 5200 Jahre alt sei. Mit einer erneuten Bestätigung durch moderne Astronomen haben sich die Ergebnisse von Joseph Norman Lockyer zwischenzeitlich etabliert und sind zu einem wichtigen Bestandteil in der archäologischen Forschung geworden. Lockyers Schlußfolgerungen hinsichtlich der archäologischen Astronomie entfachten unter den Ägyptologen auch noch einmal das Interesse an dem Tierkreis von Dendera. Für den Briten stand nämlich fest, daß es in Dendera zwei Tempel gegeben hatte: Der eine war der kuhköpfigen Göttin Hathor geweiht und der zweite, jüngere Tempel der Göttin Isis, die die Personifikation des Sirius war. Lockyer war darüber hinaus felsenfest davon überzeugt, daß die altägyptischen Tempel wie Teleskope verwendet wurden, in denen sich an bestimmten Markierungen die Sterne wiederspiegelten. Bei dem Hathor-Tempel von Dendera vertrat er die Ansicht, daß dieses Bauwerk ebenfalls auf »Dubhe« ausgerichtet war, bevor dieser Stern in seiner Funktion von Sirius um 4000 v. Chr. abgelöst wurde. Der Astronom Richard Allen schreibt in seinem Buch *Star Names, Their Lore and Meaning*:

»Den Namen verwendet auch Menelaos, der bei der Rückfahrt von Trojas Zerstörung 1183 v. Chr. nach Ägypten kam.«

René Aor Schwaller de Lubicz weist in diesem Zusammenhang zudem darauf hin, daß die Bedeutung des dualistischen Prinzips während der prädynastischen Zeit für das Bestehen eines Kultes der Zwillinge spricht, in Übereinstimmung mit der dominierenden Stellung dieses Sternbildes am Frühlingshimmel.

Abb. 70: Ägyptischer Tempel Karnak

Das wäre allerdings um 6513 v. Chr. der Fall gewesen, bevor das Zeitalter des Stieres um 4361 v. Chr. begann. Um 2209 v. Chr. begann schließlich das Zeitalter der Widders, das um 56 v. Chr. von dem der Fische abgelöst wurde. Heute befinden wir uns etwa 88 Jahre vor dem Übergang zum Wassermann-Zeitalter.

Der französische Archäologe de Lubicz stimmte Lockyer ebenfalls darin zu, daß der Hathor-Tempel in Dendera auf den Fundamenten viel älterer Kulturbauten errichtet wurde. Die Berechnung der ägyptischen Vergangenheit und Zukunft auf der Basis des 365-Tage-Jahres war eine einfache Sache: Schwierigkeiten gab es dafür umso mehr bei der Festlegung religiöser Feste, die zu bestimmten Jahreszeiten stattfinden mußten. Solche Festtage wurden schließlich von Jahr zu Jahr von den Tempeldienern neu angesetzt, weil man ganz offensichtlich über keinerlei konstante Orientierungshilfe verfügte.

Dieser ägyptische Kalender behielt bis zur Zeit des römischen Kaisers Divi Filius Augustus (63 v. Chr.–14 n. Chr.) seine Gültigkeit, als man in Alexandria erstmals alle vier Jahre einen zusätzlichen sechsten Tag einführte. Man nennt diese Zeitrechnung den »Alexandrinischen Kalender«. Die Schriften des bedeutendsten Astronomen des Altertums, Ptolemaios I. Soter (367–282 v. Chr.), und die ägyptischen Planetentafeln aus der römischen Kaiserzeit zeigten jedoch, daß noch mehrere Jahrhunderte lang beide Kalender im Gebrauch waren.

Die Korrektur des Kalenders sollte eigentlich schon 200 Jahre vor Augustus stattfinden. In der nördlich von Alexandria gelegenen Stadt Kanapos, die wegen ihres Orakels und des Serapistempels Berühmtheit erlangte, faßten Astronomen und Politiker 238 v. Chr. den Beschluß, von diesem Zeitpunkt an das Jahr mit 365 Tagen und sechs Stunden zu berechnen – doch in die Tat umgesetzt wurde dieser Beschluß, das Edikt von Kanapos, nicht. Dieses wurde erst zur Zeit des alexandrinischen Kaisers realisiert. Über die damit verbundene Komplizierung der Datierung und die Berechnung altägyptischer Fixdaten schreibt van der Waerden:

Abb. 71: Rom hatte bei der Kalenderreform ein Mitspracherecht

»Daraus folgt, daß im Alexandrinischen Kalender das Morgenerst* von Jahr zu Jahr nahezu gleich bleibt oder, anders ausgedrückt, daß das Alexandrinische Jahr dem Sirius-Jahr nahezu gleich ist. Nun gilt aber die Gleichung 1460 Alexandrinische Jahre ergeben 1661 ägyptische Jahre. Also folgt, daß nach Ablauf von 1661 ägyptischen Jahren das Morgenerst des Sirius im ägyptischen Kalender wieder ungefähr am gleichen ägyptischen Datum stattfindet. Diese Periode nennt man Sothisperiode, weil Sothis der ägyptische Name für Sirius war.

Man kann die Sothisperiode, von irgendeiner Beobachtung ausgehend, beliebig weit zurückrechnen. So ist Theon von Alexandria vom Morgenerst des Sirius im Julianischen Jahr 139 ausgegangen, das im ägyptischen Kalender auf den 1. Thot fiel, und hat daraus berechnet, daß auch in den Jahren 4241, 2781 und 131 das Morgenerst auf den 1. Thot fiel.«

Somit ist Anpu mit dem »Alexandrinischen Kalender« zurückgekehrt – bevor er wieder verschwunden ist. Doch wohin verliert sich seine verborgene Spur? Wird sie möglicherweise von Geheimbünden und Bruderschaften noch heute bewahrt?

Abb. 72: Der Tempel von Karnak, Blick nach Osten

* = erster Frühaufgang eines Sterns

Kapitel 5

Das Geheimnis der Geeinigten

Als der griechische Historiker Herodot vor 2500 Jahren Ägypten besuchte, war er von den peinlich genauen Regeln für Hygiene und Reinheit beeindruckt, die den Gottesdienern auferlegt wurden. Die Tempelbrüder rasierten sich vollständig und wuschen sich mehrmals am Tag. Darüber hinaus kleideten sie sich nicht in Wolle, sondern nur in Leinen, obwohl beides von einem lebendigen Wesen stammte. Während sie ihren göttlichen Dienst versahen, verzichteten sie nicht nur auf den Beischlaf, sondern beachteten alle Tabus, die ihnen die Tempelregeln vorgeschrieben hatten. Diese Reinheit war für die »Göttliche Begegnung« erforderlich und die einzige Möglichkeit, überhaupt mit den Göttern in Verbindung zu treten. Andernfalls wären die Götter nämlich nicht erschienen. Gab es im Alten Ägypten tatsächlich göttliche Begegnungen?

Heute darf es in der Tat niemanden mehr verwundern, daß die altägyptische Weisheitstradition schon sehr früh berühmte Menschen hervorgebracht hat, die nicht zwangsläufig Könige waren. Eine dieser Gestalten war der weise »Irj«, der wie Imhotep aus der dritten Dynastie stammte und den in unserer modernen Gesellschaft kaum jemand kennt. Er gehörte einer Bruderschaft an, die von den modernen Ägyptologen fälschlicherweise mit »Priestertum« wiedergegeben wird, obwohl die Ägypter selbst immer von den »Geeinigten« sprachen. Denn dieses sogenannte »Priestertum« beinhaltete viele unterschiedliche Mitgliedsformen, auch solche, die man als Spezialisten bezeichnen kann. Dabei darf man sich ein altägyptisches »Priesteramt« nicht den christlichen Normen entsprechend vorstellen. Denn dieses Amt ging

Abb. 73: Die Geeinigten waren eine eingeschworene Gemeinde

weder auf eine Berufung zurück noch auf eine demokratische Wahl, sondern wurde innerhalb dieser Kaste der »Geeinigten« von Generation zu Generation vererbt. Die Amtsinhaber verfolgten auch nicht das Ziel, »eine Herde von Gläubigen« auf den rechten Weg zu Gott zu führen oder sie regelmäßig zum Gebet zu laden. Auch mußten diese Leute nicht ständig predigen, und keiner von ihnen wachte über die Moral der Bevölkerung. Ein Angehöriger dieser Bruderschaften war noch nicht einmal bestrebt, Gläubige um sich zu scharen, damit seine Interessen und die seines höchsten Gottes bedient werden konnten.

Der griechische Philosoph Plotin (205–270) berichtet in seinem Werk *Enneaden* von der Existenz altägyptischer Geheimkulte. Allerdings kann auch er über Einzelheiten keine Angaben machen, was er wie folgt begründet:

»Denn in diesen Geheimkulten gilt es als Gesetz, daß keines der Geheimnisse an einen Nichteingeweihten verraten werden darf.«

Der britische Forscher Alfred Percy Sinnett (1840–1921), der zahlreiche Werke über die alten Traditionen verfaßt hat, wird in seinen Beschreibungen detaillierter als Plotin und bringt die Einweihungszeremonie mit schwer zu bestehenden Tests und Drogen in Verbindung:

»Neulinge mußten sich einer Serie furchterregender Tests unterziehen, bei denen ihre Standhaftigkeit geprüft wurde. Unter psychologischem Druck, unterstützt durch Schläge und Drogen, hämmerte man dem Neuling ein, er stürzte Abgründe hinab, er würde von Steinen zerschlagen, schreite über hoch in der Luft schwankende Brücken, gehe durch Feuerwände, er werde im Wasser ertränkt und von wilden Tieren angefallen.«

Dennoch waren die Mitglieder dieser Kaste ein »geweihtes« Personal in den Göttertempeln, das auch aus einer Gruppe höhergestellten »Weisen« bestand, die eine Art Tempelvorstand bildeten. Vermutlich geht das auf eine altägyptische Tradition zurück, die um 8670 v. Chr. mit Thot begonnen haben soll. Die ägyptische Gottheit soll gemäß den Überlieferungen aus dem *Turiner Königspapyrus* fünf »Nomoj« auserwählt haben, die er mit der Weisheit der Götter ausgestattet habe, worauf auch sie »Weise« wurden. Thot wiederum kam laut den Tempelinschriften von Edfu mit einem fliegenden Ei zur Erde und unterrichtete auf Anweisung von Ra die Menschen:

»Deine Stätte ist seit der Urzeit auf dem Hügel von Wenu; du bist an Land gestiegen aus dem Meer der Messer und bist erschienen in dem Wasser aus dem geheimen Ei.«

Aus dem *Papyrus Abusir* erfahren wir, daß diese erst von den Göttern eingeführte Bruderschaft in einer Pyramidenstruktur nach einer besonderen Hierarchie organisiert wurde, an dessen Spitze eine einzige Person stand, die nur direkt dem Pharao unterstellt war. Die unterste Schicht, die eine Art Hausknechte darstellten, nannten die alten Ägypter »imiu-set-a«. Über sie wissen die Ägyptologen praktisch kaum etwas, nur daß sie anscheinend alle anfallenden handwerklichen Arbeiten im Inneren des Tempels ausgeführt haben und deshalb eine Art »Tempelhausmeister« waren. Ihnen folgten die niedrigen »Uabu«, was »die Reinen« bedeutet, die sich um die Pflege der heiligen Gegenstände und Kultinstrumente kümmerten. Sie hielten den Tempel und die Kultobjekte durch das Besprengen mit »Weihwasser« rein und

Abb. 74: Die Bruderschaft von Giseh

schmückten die Götterstatuen. Bei Prozessionen waren es die »Uabu«, die überdies die Statue und die Barke des Gottes trugen und die Vorbereitungen für die Kulthandlungen vornahmen.

Die gängigste Bezeichnung der »Uabu« innerhalb dieser Machtstruktur lautete »die Geeinigten«. Alle Angehörigen der niederen Bereiche sowie die »gewöhnlichen Propheten« waren in vier Gruppen aufgeteilt, die der Reihe nach monatlich ihre religiösen Aufgaben und Pflichten wahrnehmen mußten. Den Rest der Zeit verbrachten sie wie zivile Bürger, von denen sie sich nicht sonderlich unterschieden. Innerhalb dieser Bruderschaft gab es auch solche Personen, die sich ausschließlich um Tote und deren Mumifizierung kümmerten, oder diejenigen, die bei den öffentlichen Begräbnisfeiern auftraten.

Darauf folgten die »Cheriu-hebet«, welche »die Eigner der Bücher des Thot« waren, die man aber auch »mely-en-sa« nannte. Die Griechen bezeichneten sie als »Pteroforoi«, was »Geflügelte« bedeutet und vermutlich auf die zwei Federn zurückzuführen ist, die die »Cheriu-hebet« an ihrer Kopfbedeckung tragen mußten. Sehr wahrscheinlich lehnt sich die Darstellung der römischen Gottheit Merkur an diese altägyptische Tradition an. Der »Cheriu-hebet« war die archetypische Gestalt in der Hierarchie mit kahlgeschorenem Kopf und in ein Leopardenfell gehüllt. Diese »Geeinigten« spielten eine zentrale Rolle in allen Staatszeremonien und Mysterienspielen. Sie waren als »Erhalter« und »Hüter« der »alten Weisheit« in das Geheimnis des »Lebenshauses« eingeweiht, anders als die rangniederen »Geeinigten«, die einfach nur liturgische Pflichten erfüllten. Unterschieden wurden auch die »Wer-Cherep-hernut«, welche die »Obersten der Handwerker« waren. Wie bereits erwähnt, nannten die alten Ägypter die Angehörigen dieser Bruderschaft nicht »Priester«, sondern gaben ihnen Namen wie zum Beispiel »Größter Baumeister der Sechmet«, »Großes Oberhaupt der Artisane« oder »Er, dem es erlaubt ist, den großen Gott zu sehen«.

Der Name des eingangs erwähnten »Irj« bedeutet »der zweifach Gesegnete«, und gemäß seiner Titel stand »Irj« im Dienste der Löwengöttin Mehit, die wie Sechmet über die altägyptische Bruderschaft präsidierte. Sein Titel »Großer der Zehn von Oberägypten« bezog sich ganz offensichtlich auf die »Zehn Richter« des Landes, die den höchsten altägyptischen Gerichtshof unter der Schutzherrschaft der Göttin Maat bildeten, eine Institution, die man mit dem heutigen Verfassungsgericht in Karlsruhe vergleichen könnte.

Abb. 75: Die Gesetze mußten befolgt werden

Wie aus einer von Hermann Junker (1877–1962) im Jahre 1926 in Giseh entdeckten Stele hervorgeht, war »Irj« Arzt, Richter, Glaubensbruder und vieles mehr. Noch lange Zeit nach seinem Tod wurde »Irj« mit archaischen Titeln gesegnet, weil er innerhalb der Geschichte des Alten Ägypten besonders hervorzuhebende Taten wie auch »medizinische Wunder« vollbrachte. Bei der Bekämpfung von Hämorrhoiden bereitete dieser antike Gelehrte beispielsweise zum ersten Mal die Medizin »hm« vor, die danach zum »Wächter des After« erhoben wurde. Die Priester galten nicht nur als die »hem-Netjer« (»Diener der Götter«), sondern auch als »Itu-Netjer« (»Väter der Götter«), die einer alten Tradition aus dem »Golden Zeitalter« (»Tep Zepi«) nachgingen, als »auf der Erde die Menschen noch mit den Göttern kommunizierten«.

Als direkter Vertreter des Pharao im Tempel wurde der »Oberste Geeinigte« zu einem »Wer-mau« (»Großer Sehende«), der durch das Orakel des Gottes Amun bestimmt und auch vom König selbst zu Rate gezogen wurde. Auch wenn es bestimmte Orakeltechniken gab, mit denen man die Antworten beeinflussen konnte, so spielten sie doch gerade im privaten Leben eines Ägypters eine wichtige Rolle. Beim Pharao und bei den ihm unterstellten »Geeinigten« wußte man hingegen, daß ein Orakel nur bei Fragen von geringerer Gewichtigkeit konsultiert werden sollte. Daher entschied der Pharao in Wirklichkeit nach freier Willkür selbst, wer ihn als »zweiter Prophet« vertreten sollte. Zu den Aufgaben dieses »zweiten Propheten« zählten unter anderem die Durchführung der Kultfeiern im Namen des Pharao, der ebenfalls den Titel »Einiger« trug, sowie die Verwaltung der Tempelgüter. Wenn der Pharao sich auf Reisen befand, übertrug er seine religiösen Funktionen auf den »zweiten Propheten«. Dieser hatte außerdem administrative Aufgaben, wie den Empfang ausländischer Tribute, die der Pharao dem Tempel abtrat. Darüber hinaus wurde dem »zweiten Propheten« die Leitung der »Felder« und »Ateliers der Götter« übertragen. Doch dieser »zweite Prophet« wurde selbst von einem »dritten« oder »vierten Propheten« sowie den »einfachen Propheten« stets unterstützt. Die älteste Bruderschaft hingegen, die keine »Propheten« hatte und nur von einem großen »Wab« als »Verbinder der Götter« geleitet

Abb. 76: Stele

wurden, gab es ausnahmsweise nur in der Umgebung von Abydos, was allerdings eng mit dem Osiris-Kult verbunden ist.

In Heliopolis lebten zur Zeit von Ramses III. 13 000 Priester, die mit ihren überragenden Kenntnissen wirkten. Die Aufzeichnungen dieser Priesterschaft zeigen uns, daß die geographischen Kenntnisse der Antike in Wirklichkeit nicht von griechischen Pionieren herrührten, wie man lange Zeit vermutete. Sie stützen sich statt dessen im wesentlichen auf die großen wissenschaftlichen Leistungen der alten Ägypter. Die Berechnung des Erdumfangs durch Eratosthenes (284–202 v. Chr.), der aus heiterem Himmel zur Zeit einer Sommersonnenwende in Alexandria den Einfallswinkel der Sonnenstrahlen vermessen haben soll, war, wie zwischenzeitlich erwiesen ist, nur möglich, weil der Grieche seine Informationen aus altägyptischen Quellen bezog. Obwohl nämlich für die Ausdehnung eines Breitengrades 50 Stadien zugrundelagen, behauptete der Gelehrte, daß es in Wirklichkeit 700 wären. Eratosthenes beanspruchte für sich auch die Entdeckung, daß die Sonne über Alexandria einen Schatten von 7° 12' wirft, wenn sie an der Südgrenze von Ägypten keinen Schatten erzeugt. Wie sich zeigen sollte, hatte er hierbei ebenfalls altägyptischen Aufzeichnungen entnommen, daß sich der Wendekreis des Sternbildes Krebs bei einer Breite von 23° 51' befinde und daß die Sonne in Elephantine keinen Schatten werfe. Was der Grieche nicht wissen und auch nicht durch Messungen feststellen konnte, war die Tatsache, daß sich der Wendekreis inzwischen durch die scheinbare Rotation der Erdachse auf 23° 45' verschoben hatte. Gleichfalls war es Eratosthenes nicht bewußt, daß er seine Zahlenwerte gemäß dem Radius der Sonne berichtigen mußte. Der Gelehrte glaubte zudem, daß die Städte Alexandria und Elephantine auf demselben Gradnetz der Erde lagen, obwohl sie etwas mehr als 300 Kilometer voneinander entfernt waren. In diesem Zusammenhang ist es vielleicht auch interessant zu wissen, daß die griechische Umschrift Philae von den Ägyptern selbst »Pilak« genannt wurde, was soviel wie »eine Scheibe Erde« be-

Abb. 77: »Eine Scheibe Erde« bedeutet Insel

deutet. Damit bezeichnete man die Tempelinsel, was sich vermutlich über die dunklen Kanäle der Geheimgesellschaften bis in die Zeit der europäischen Renaissance erhalten hat, als die Vertreter der Kirche im 15. Jahrhundert vehement die Ansicht vertraten, daß die Erde nicht eine Kugel, sondern eine Scheibe sei.

Auf der Nebeninsel Bigga befand sich das Abaton, das »verbotene Heiligtum des Osiris«. Jeglicher Zutritt zur Insel für Lebende war verboten, mit Ausnahme der Eingeweihten. Dennoch wissen wir, daß sich in dem Heiligtum 365 Altäre befanden, einer für jeden Tag des Jahres. In diesem Tempel sind auch Initiationszeremonien abgebildet: Im Gegensatz zur sonst recht naturalistischen altägyptischen Reliefdarstellung beschränkt sich diese auf eine symbolhafte Szenerie, was bei der Geheimhaltung, der dieser Kult unterlag, nur verständlich ist. Im Tempel befindet sich ein Becken, worin die Götter ihren Zorn abkühlen mußten. Mit diesem Becken und seiner magischen Kraftquelle wurden Paviane verbunden, die dieses Becken bewachten. Christian Jacq schreibt in diesem Zusammenhang:

»Die Paviane stehen um ein quadratisches Becken, in dem sich die Energie des Feuers befindet. Es ist ein wahrhaftiges ›Kraftwerk‹, dessen Komponenten von Spezialisten gehandhabt werden müssen. Und zwar mit der größtmöglichen Vorsicht, damit sich das unabläßlich schöpferische Feuer nicht in ein zerstörerisches verwandelt.«

Das erinnert an ein Mini-Kraftwerk, als ob schon mit Kernenergie herumhantiert wurde. Tatsache ist, daß auch die moderne Wissenschaft Brennstäbe von »Atomkraftwerken« in einer

Flüssigkeit aufbewahren muß, um einer zerstörerischen Wirkung dieser Energie vorzubeugen und den »Zorn der Brennstäbe« einzudämmen. Inwieweit war aber Imhotep in diese geheimen Strukturen eingebunden?

Während der 26. Dynastie wurden unzählige Bronzestatuen von Imhotep gefertigt, sodaß ihn während dieser Epoche noch viele Anhänger des Alten Reiches und seiner Lehren, selbst Jahrtausende nach seinem Tod, damit noch verehrten. Diese Figuren zeigten Imhotep in sitzender Haltung mit einem entrollten Papyrus. Er trägt ein langes Gewand und hat, wie alle Priester des alten Ägypten, einen kahlrasierten Kopf. Interessanterweise strahlt alles an dem weisen Imhotep eine recht ausgeglichen wirkende Ruhe aus, so als ob Depressionen im Land der Pharaonen unbekannt waren. Vielleicht lag das daran, weil er als Gott verehrt wurde und sogar eine eigene Priesterschaft erhielt. Der Harfenspieler und Priester des Königs Antef berichtet in seinen Schriften:

»Ich habe die Lehre des Imhotep vernommen.«

Was das für eine »(Weisheits-)Lehre des Imhotep« war, läßt sich heute leider nicht mehr zu 100 Prozent feststellen: Man weiß heute mit Bestimmtheit nur zu sagen, daß Imhotep zu Ehren von seinen Anhängern immer – wie bei der christlichen Taufe – einige Tropfen Wasser verspritzt wurden, wenn man an ihn dachte. Imhotep wird einer »Triade« zugeordnet, einer dreigliedrigen Götterfamilie, deren Einfluß auf die Vorstellung der christlichen Trinität offensichtlich ist. In den Grabkammern von Sakkara trägt eine schwer zu entziffernde Inschrift in der Tat den Titel »Zimmermann von Nechem«, was nicht nur für alle Lebenden die unsichtbar gemachte bescheidene Signatur des weisen Priesters darstellte, sondern gleichzeitig eine Verbindung zu einer sehr alten heiligen Stadt der Götter verband. Imhotep galt als Sohn des Gottes Ptah, des Schutzherrn der Handwerker, und der Göttin Sechmet. Unter der Fremdherrschaft des Perserkönigs Dareios I. (529–493 v. Chr.) verehrten die Ägypter Imhotep als Bauherrn des großen Tempels von Edfu und schrieben ihm die Planung des Bauwerks zu. Gemäß der Legende erschien auch für dieses Bauwerk nördlich von Memphis ein »medjat« (»heiliges Buch«) vom Himmel, das Imhotep – wie im Fall der Stufenpyramide – direkt von den Göttern empfangen haben soll. Nachdem er das Buch gelesen hatte, entdeckte er darin den Plan von Edfu.

Ein griechisches Zauberpapyrus berichtet von einem Schreiber, der den Auftrag erhält, ein ägyptisches Buch über die Wundertaten des Imhotep ins Griechische zu übertragen. Doch der Übersetzer ist faul und kommt nicht voran. Deshalb ist Imhotep verstimmt und straft die Mutter des Schreibers mit einer Krankheit: Sie erkrankt an Quartanfieber. Nachdem der Schreiber begreift, weshalb seine Mutter krank geworden ist, fleht er Imhotep an, seine Mutter wieder gesund werden zu lassen. Imhotep erscheint ihm als Gott im Traum und erklärt sich einverstanden. Dennoch arbeitet der Schreiber nicht fleißig genug. Deshalb wird er mit einem Schlaganfall konfrontiert und bekommt »rechtsseitige Leibschmerzen«. Imhotep erscheint dem Schreiber daraufhin erneut im Traum und trägt ein Buch (eine Papyrusrolle) in der Hand. Darin ist das Rezept für die Krankheit des Schreibers enthalten, mit dem stummen Vorwurf, sich mit seiner Übersetzung zu beeilen. Der Schreiber begreift schließlich, lobt und ehrt Imhoteps Größe und wird nach seiner Übersetzung geheilt.

Abb. 78: Geheimnisträger unter ägyptischem Einfluß

Der weise Imhotep war als Magier auch eines der großen Vorbilder der Alchemisten. Zosimus von Panopolis (350–420), dessen Werke auch den Okzident beeinflußt haben, ging sogar so weit, daß er eines seiner Bücher Imhotep widmete.

Eine Legende, die auf einem Granitfelsen auf der Insel Sehel festgehalten wurde und von den Ägyptologen als »Hungernotstele« bezeichnet wird, dokumentiert eine sieben Jahre andauernde Dürreperiode unter der Herrschaft des Djoser. Das Herz des Königs ist schwer, und er ist über die Umstände von großer Trauer ergriffen und sitzt nachdenklich auf seinem Thron in Memphis. Der Nil ist seit sieben Jahren nicht mehr über die Ufer getreten und hat den fruchtbaren Schlamm nicht auf Ägyptens Felder getragen. Überall im Land herrschen Hunger und Elend. Der Text berichtet, daß selbst den Stärksten die Kräfte schwinden und man bald nicht einmal mehr genug Kraft zum Gehen haben wird:

»Die Kinder weinen; die Alten sitzen ergeben auf dem Boden und warten auf den Tod.«

Schließlich wird ein Tempel nach dem anderen geschlossen und der Dienst an den Göttern nicht mehr erfüllt. Djoser wendet sich an die Priester des Imhotep und fragt, weshalb dieses Unglück aufgetreten sei und warum der Nil nicht mehr seine Aufgabe erfülle. Die Priester gehen in das »Große Archiv« des Tempels des Thot in Hermopolis und suchen an diesem heiligen Ort nach einer Antwort. Die Priester entrollen viele Papyri und finden darin wertvolle Angaben, die sie König Djoser überbringen. Sie erzählen dem König von der Stadt Elephantine und wie bedeutungsvoll diese Stadt für Ra ist, wenn er Leben schenkt:

»Der Nil hält Beischlaf wie ein Junge, der sein Weib begattet, er wird wieder zu einem jungen Mann mit fröhlichem Herzen.«

Diese alljährliche Wiedergeburt ist jedoch von nur einem Gott abhängig: Es ist Chnum in Menschengestalt mit Widderkopf, dessen Sandalen im Wasser stehen. Wenn der Gott Chnum seine Sandalen nicht anhebt, kann der Strom nicht fließen. Der Nil schwillt an, wodurch dann das Tal zur Dürre verdammt ist. Das ist eine der ersten Geschichten über das Kontrollieren des Wassers mit Staudämmen, deren Vorhandensein zur Zeit des Djoser scheinbar wieder in Vergessenheit geraten war. Zwar war dieses

Wissen ganz offensichtlich seit langer Zeit im Archiv des Tempels deponiert, doch man erinnerte sich an diese raffinierte Erfindung nicht mehr, sondern hatte sie nur wegen der Beimengung des mythologischen Beiwerks über Generationen hinweg bewahrt.

In der Überlieferung zu Djoser wird weiter berichtet, daß der König begriffen hatte, daß der Gott Chnum verärgert sei, woraufhin Djoser Zeremonien und Prozessionen zu Ehren des Gottes veranstalten und dem Gott die verschiedensten Opfergaben bringen läßt. Chnum erscheint dem König daraufhin in derselben Nacht im Traum und spricht zu ihm:

»Wenn du mich weiter gebührend ehrst, werde ich meine Sandalen anheben und den Nil freisetzen. Die Überschwemmung wird nach Kemet zurückkehren und alles wieder erblühen lassen.«

König Djoser erwacht und beschließt, ein Dekret zugunsten des Gottes Chnum zu erlassen. Das langersehnte Wunder tritt ein: Dank der Weisheit des Königs und dank Imhoteps Rat erblühen die Blumen, und alles wächst wieder in Hülle und Fülle. Die Hungersnot ist zu Ende, und die Freude in den Herzen der Menschen kehrt zurück. Es ist nicht ausgeschlossen, daß diese erst während der Ptolemäerzeit auf dem Felsen angebrachte Schrift tatsächlich eine Erinnerung an Djosers Herrschaft ist und über wahre historische Ereignisse berichtet, die einst in der näheren Umgebung von Sakkara und Memphis geschahen. Konnten die ägyptischen Baumeister tatsächlich vor 4600 Jahren bereits den Nil zu bändigen?

Abb. 79: Die Götter sahen schrecklich aus

Das Feigenblatt des aus dem Paradies vertriebenen Adam wird heute von einigen Forschern als die Vorform der Maurerschürze gedeutet, die ihrerseits bis auf Kain zurückgehen soll, der möglicherweise der erste Maurer vor der Sintflut war. Der Legende nach wurden die ersten Wissenschaften schon lange Zeit vor der biblischen Sintflut gegründet, ihr Wissen und Kenntnisstand gingen aber wieder verloren. Die einzigen Bewahrer des verlorenen Wissens waren seit den ältesten Zeiten Bruderschaften, die ein Schweigegelübde in bezug auf dieses frühe Wissen geleistet hatten. Über dieses Wissen durften nur Eingeweihte verfügen. Und wer dieses Geheimnis durch Verrat brach, wurde nicht nur mit dem Tode bestraft, sondern auch mit der Entziehung sämtlicher Besitztümer. Einer der bedeutsamsten Kulte aus der Antike, der uns einen Einblick verschaffen kann, wie es möglicherweise vor der Sintflut bei diesen Bruderschaften zuging, existierte noch vor etwa 1600 Jahren 30 Kilometer nordwestlich der griechischen Hauptstadt Athen: Das Mysterium von Eleusis (heute Elefsina) war eines der bestgehüteten Geheimnisse, die es zum damaligen Zeitpunkt gab. Bis zur Zerstörung des Tempels durch Kaiser Theodosius den Großen (347–395) im Jahre 380 pilgerten jedes Jahr mehrere tausend Menschen dorthin. Diese Tradition dauerte insgesamt etwa 1900 Jahre an. Jedes Jahr im September, der dem Monat »Boedromion« (»um Hilfe laufen«) des attischen Kalenders entsprach, liefen die Pilger auf der »heiligen Straße« von Athen nach Eleusis, fasteten und umtanzten den der Göttin Demeter geweihten Brunnen im Vorhof des »Telesterion« genannten Heiligtums, das sich auf einem 63 Meter hohen Hügel befand. Die Nacht verbrachten die Pilger in der sogenannten »Mysterienhalle«, einem großen fensterlosen Vorraum des Tempels. Religiöse Oberhäupter, die sich »Hierophanten« (»Enthüller der heiligen Geheimnisse«) nannten,

Abb. 80: Geheimkaste

bereiteten ein »heiliges Getränk« vor, das die Teilnehmer gemeinsam zu sich nehmen mußten und mit dessen Hilfe sie außerkörperliche Zustände erreichen konnten.

Daraufhin hatten sie dann eine unaussprechliche Erfahrung, die nur »gesehen«, aber nicht ausgesprochen werden durfte. Es war bei strengen Strafen verboten, über das Erlebte zu berichten. Das »heilige Schweigen« sollte das Zusammengehörigkeitsgefühl innerhalb der Gruppe stärken und dem Eingeweihten das Gefühl geben, über »verborgenes Wissen« zu verfügen. Fast zwei Jahrtausende haben sich die in Eleusis Initiierten schließlich auch daran gehalten und die Geheimnisse gut bewahrt, bevor mit dem Erstarken des Christentums der Niedergang der Mysterienkulte eingeleitet wurde.

So wie alle griechischsprechenden Menschen ihrer Zeit pilgerten auch die Philosophen Sokrates (469–399 v. Chr.), Platon (427–347 v. Chr.), Aristoteles (384–322 v. Chr.) und der Dichter Sophokles (496–405 v. Chr.) mindestens einmal im Leben zu den »Eleusinischen Mysterien« bei Athen. Sophokles schreibt tragisch darüber:

»Dreifach glücklich sind jene unter den Sterblichen, die, nachdem sie diese Riten gesehen, zum Hades schreiten; ihnen allein ist dort wahres Leben vergönnt.«

Diese ehrfurchtgebietenden, dunklen Äußerungen über die »Eleusinischen Mysterien« liegen in großer Zahl vor, doch welche Offenbarung die Teilnehmer derart überwältigte, daß sie selbst den Tod für überwunden glaubten, bleibt nach dem endgültigen Niedergang der athenischen Kultur im vierten nachchristlichen Jahrhundert verborgen. Selbst römische Kaiser wie Publius Aelius Hadrianus (76–138) und Marcus Augustus Aurelius (121–180), die zu den Eingeweihten zählten, hielten sich an das Schweigegelübde. Und von Marcus Tullius Cicero (106–43 v. Chr.), der als einer der ersten Römer nach Eleusis pilgerte, ist gleichfalls nur ein raunendes Zeugnis überliefert:

»Nicht nur haben wir dort den Grund erhalten, daß wir in

Freude leben, sondern auch dazu, daß wir mit besserer Hoffnung sterben.«

Doch was für ein »heiliges Getränk« wurde in Eleusis den Pilgern verabreicht, das derartige Lebenseinstellungen bewirken konnte?

Erst in den 1970er Jahren gelang es in interdisziplinärer Zusammenarbeit drei Forschern, das 3500 Jahre alte Geheimnis zu lüften: Der amerikanische Botaniker Robert Gordon Wasson (1898–1986), der US-Professor für altgriechische Mythologie der Universität Boston, Carl Ruck (1912–2005), und der Schweizer Chemiker Albert Hoffmann (1906–2007) von der in Basel ansässigen Sandoz AG identifizierten das »heilige Getränk« als Zubereitung eines halluzinogenen Pilzes, der »Claviceps purpurea« genannt wird und dem deutschen »Mutterkorn« entspricht. Dieser Pilz wächst als Parasit auf Gerste und anderen Getreidearten. Er enthält den Wirkstoff Lysergsäurediethylamid (LSD), der das stärkste bekannte Halluzinogen des 20. Jahrhunderts ist. Albert Hoffmann entdeckte LSD 1938 zufällig, als er mit den Alkaloiden des »Mutterkorns« experimentierte. Einige millionstel Gramm der Droge waren dem Forscher versehentlich in den Mund gelangt, woraufhin er bereits nach 40 Minuten seltsame Visionen hatte. Zur Übertragung so geringer Dosen genügen wirklich nur die Berührung eines Gegenstandes mit dem Zeigefinger und ein anschließendes Betupfen der Lippen.

Aus eigener Erfahrung weiß ich um die Wirkung von LSD: Im Winter 1978 meinten zwei Schulfreunde (Gerhard und Herbert), daß wir doch mal einen »Trip« nehmen sollten. Die beiden verkehrten in der berühmten Berliner Drogendiskothek *Sound* und wußten, wovon sie sprachen. Ich aber hatte keinen blassen Schimmer, wollte jedoch Gerhard und Herbert in dieser Mutprobe in nichts nachstehen. Ich steckte mir diesen fünf D-Mark teuren »LSD-Trip«, der nur stecknadelkopfgroß war, »tapfer« (oder wohl eher aus Dummheit) in den Mund, um ihn dann sofort – meiner Meinung nach – unauffällig auszuspucken. Was das Ausspucken anbetraf, mußte ich sofort einer Sinnestäuschung erlegen sein: Denn nur kurze Zeit später konnte ich beobachten, wie eine unzählige Schar Enten über den Eßtisch flog. Wir warfen Schneebälle in die Lüfte, die nicht zurückfielen. Wir lachten viel, und Gerhard versuchte mir Angst zu machen, indem er andauernd sagte, daß dem »Lachen« noch ein »Horrortrip« folgen werde. Glücklicherweise ist so etwas aber ausgeblieben. Als ich später zuhause war und einzuschlafen versuchte, öffneten sich die Augen immer wieder automatisch. Das lag daran, daß man mit geschlossenen Augen in ein grelles Licht zu blicken meinte. Ich glaube, der Rausch hat über acht Stunden angehalten. Einem Bekannten hatten Unbekannte mal mehrere LSD-Pillchen in sein Getränk getan – der war über zehn Tage lang benommen und wollte sich laufend umbringen. Bis zu diesem Vorfall war der Mann ein guter Musiker gewesen, doch danach geriet sein Leben völlig aus den Fugen, und er verfiel später dem Alkohol.

Wenn LSD in geringen Mengen solche Wirkungen hat, was haben dann wohl die Geeinigten in ihrem Rausch erblickt, das uns noch immer verborgen scheint?

Abb. 81: Entstanden die Statuen unter Drogeneinfluß?

In ihrem Buch *Der Weg nach Eleusis* weisen die Wissenschaftler Wasson, Ruck und Hoffmann nicht nur nach, daß die visionäre Wirkungskraft des »heiligen Getränks« in Eleusis auf das »Mutterkorn« zurückzuführen ist, sondern belegen auch, wie eng dieser Pilz mit dem Mythos der Göttin Demeter (Ceres) verknüpft ist:

»Jedes Jahr wandelten neue Kandidaten für die Initiation auf jener Heiligen Straße nach Eleusis, Menschen aller Klassen, Herrscher und Prostituierte, Sklaven und Freie.

Jeder Schritt auf dem Weg erinnerte an den Aspekt eines alten Mythos, der erzählte, wie die Erdmutter, die Göttin Demeter, ihre einzige Tochter verloren hatte, die beim Blumenpflücken von ihrem Bräutigam Hades, dem Herrn des Todes, geraubt worden war.«

Die Bedeutung des Mythos ist eine allegorische Darstellung des Zyklusses der Jahreszeiten und bestrafte dabei schlechte Menschen durch unstillbaren Hunger. In den Eleusinischen Mysterien wurde der Mythos als das Bild einer höheren Idee, nämlich der Unsterblichkeit der Seele, aufgefaßt und jedes Jahr festlich begangen, aber ihr ältestes Heiligtum befand sich in Böotien, bei Pyrasos. Tatsächlich gehörte auch Demeter ursprünglich und »aus Geburtsrecht« zu den olympischen Göttern. Nachdem aber ihr »Arbeitsfeld« so sehr mit der Erde verbunden war, wurde sie mit der Zeit »degradiert«. Im Buch *Der Weg nach Eleusis* heißt es weiter:

»Wenn die Pilger in Eleusis ankamen, tanzten sie bis tief in die Nacht bei dem Brunnen, an dem Demeter um ihre verlorene Persephone geweint hatte. Sie tanzten zu Ehren dieser beiden Göttinnen und ihres geheimnisvollen Gatten Dionysos. Dann durchschritten sie die Tore in den Festungsmauern, hinter denen, abgeschirmt von profanen Blicken, das große Mysterium von Eleusis stattfand. Die antiken Schriftsteller geben einmütig an, daß im großen ›Telesterion‹, der Initiationshalle im Inneren des Heiligtums, etwas zu sehen war. Soviel durften sie immerhin sagen. Die Halle war jedoch, wie man heute anhand archäologischer Reste rekonstruieren kann, völlig ungeeignet für Theateraufführungen. Was man dort zu sehen bekam, war kein Spiel von Schauspielern, sondern, in Platons Worten, ›phantasmata‹, eine Reihe geisterhafter Erscheinungen. Selbst ein Dichter konnte nur sagen, er habe den Beginn und das Ende des Lebens gesehen und erkannt, daß sie eins seien.«

Etwas ähnliches erlebte Robert Gordon Wasson in den 1950er Jahren, als er die religiösen Rituale mexikanischer Ureinwohner erforschte. Im Mittelpunkt ihres Kultes stand ebenfalls die Einnahme eines als heilig verehrten Pilzes, dessen halluzinogener Wirkstoff Psilocybin mit dem des »Mutterkorns« verwandt ist. Auch der Wirkstoff Meskalin des Peyote-Kaktus, den andere mexikanische Ureinwohner als sakrale Droge verwendeten, oder der Wirkstoff Soma des Fliegenpilzes, der archaischen Schamanen in Sibirien und Indien zur spirituellen Reise verhalf, beinhalten Halluzinogene. Schon damals ließen die übereinstimmenden Aussagen über die Wirkung dieser »heiligen Getränke« Wasson vermuten, daß auch das klassische Griechenland in seiner rituellen Festung Eleusis Halluzinogene verwendete. Doch die Archäologen, die er daraufhin ansprach, taten seine Überlegungen als Unsinn ab. Das »Gesehene«, von dem die Initiierten berichteten, interpretierten die Archäologen als kultische Gegenstände und das »heilige Getränk« aus dem Tempel als Wein: Nach gängiger Auffassung der modernen Gelehrten wurde den Pilgern in Eleusis lediglich eine sakrale Theateraufführung zuteil, wie heutzutage die Passionsspiele in Oberammergau. Selbst wenn ein einfacher griechischer Hirte durch ein solches Mysterienspiel und einen »Schluck« Wein zu beeindrucken gewesen wäre, hätten aber gebildete städtische Intellektuelle wie Platon oder Aristoteles von einem gewöhnlichen Glas Wein kaum derart berührt worden sein können. Ganz zu schweigen von den römischen Besatzern, die angesichts eines solchen Angebots unmöglich in Begeisterung verfallen wären. Mit Theater und »Shows« herkömmlicher Art waren Römer und Griechen gleichermaßen vertraut. Dem Wein war bei ihren Gelagen und Symposien sogar häufig Opium zugesetzt worden, sodaß Rausch und Ekstase während dieser Epoche alles andere als unbekannt waren. Genausowenig ist zu erwarten, daß die Schriftsteller und Philosophen ihren kritischen »Gelehrtenverstand« freiwillig an der Garderobe des eleusinischen Tempel abgegeben hätten. Nein, sie erlebten dort etwas, was selbst den kynischen Schandmäulern die Sprache verschlug.

Licht in die Bemühungen, das Rätsel aufzudecken, brachte

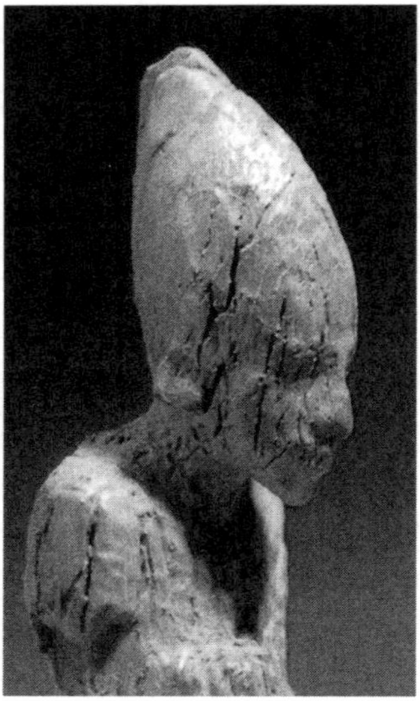

Abb. 82: Nicht jeder kannte die Wahrheit

ein öffentlicher Skandal in Athen im Jahre 415 v. Chr., von dem in fragmentarisch erhaltenen Prozeßakten die Rede ist: Das eleusinische Geheimnis war schon damals profanisiert worden, weil aristokratische Bürger ihren Gästen das »heilige Getränk« sozusagen als Partyvergnügen anboten. Nun mußten sie sich dafür vor Gericht verantworten. Einer der Angeklagten war der ruhmreiche Staatsmann und Heerführer Alkibiades (450–404 v. Chr.), der sich nach Sparta absetzte, als man ihn von seinem Kommandeursposten bei der Schlacht von Syrakus zum Prozeß nach Athen zurückbeordert hatte. Das nahmen die »Okinomos« (Richter) so ernst, daß man ihn letztlich auch in Abwesenheit verurteilte und seinen gesamten Besitz beschlagnahmte. Doch sind es nicht nur diese Spuren antiker »Drogenpartys«, auf die sich die Gelehrten bei ihrer Beweisführung berufen: Sie zeigen auch auf, daß die Bedeutung und die Struktur des Demeter-Mythos' auf das Geheimnis psychoaktiver Pflanzen hinweist. Es sind keine einfachen Blumen, die Persephone pflückt, als sie ins Reich der Toten entführt wird, es ist der »hundertköpfige Narkissos«, eine Drogenpflanze. Im Buch *Der Weg nach Eleusis* heißt es dazu weiter:

»Es besteht kein Zweifel daran, daß es sich beim Raub der Persephone um einen drogeninduzierten Anfall handelt. Dieser Umstand ist von den Altertumsforschern nie beachtet worden, obschon er aufgrund unseres Wissens über die Religionen der vorgriechischen Ackerbauvölker absolut zu erwarten ist. Das Zentrum dieser Religionen war der Zyklus von Tod und Wiedergeburt in der Pflanzen- und Menschenwelt. Die Frau war die

Große Mutter und die ganze Welt ihr Kind. Das grundlegende Ereignis in diesen Religionen war die Heilige Hochzeit, durch welche die Priesterin mit dem Geisterreich im Inneren der Erde kommunizierte, um den Neubeginn des Ackerbaujahres, des Lebens, zu bewirken. Ihr Gegenstück war ein Vegetationsgeist; er war sowohl ihr auf der Erde wachsender Sohn als auch der Gemahl, der sie in die befruchtende andere Welt entführte. Unter dem Namen Dionysos überlebte der als Gatte der Muttergöttin assimilierte Zeus bis in die klassische Periode hinein.«

Nicht der dionysische Wein also, sondern das psychedelische Gerstengetränk der Erdgöttin Demeter stand im Zentrum der griechischen Religion. Dieser abschließende Befund von Wasson, Ruck und Hoffmann rückte die gesamte Fachliteratur zu Eleusis in ein völlig neues Licht. Und stempelte all jene Interpretationen, die die tiefgreifende Erfahrungen der Initianten auf irgendein beeindruckendes Mysterienschauspiel zurückführten, wenn nicht zur Makulatur, so doch zu unhaltbaren Spekulationen.

Natürlich waren die rauschhaften, ekstatischen Elemente der Demeter- und Dionysos-Rituale keinem Historiker verborgen geblieben, den antiken Interpreten ebensowenig wie den Wiederentdeckern der hehren Hellenen in der europäischen Klassik. Auch für Friedrich Nietzsche (1844–1900) war es schon zu Lebzeiten klar, daß sogar die gesamte Kultur mit der Wiederbelebung des Dionysischen steht und fällt, doch so ahnungsvoll der Gelehrte sich als Psychologe hier erwiesen haben mag, so wenig bestand zu seiner Zeit die Möglichkeit einer empirisch-wissenschaftlichen Erforschung »dionysischer« Bewußtseinszustände und pflanzengebundener Ekstasen. Erst der Berliner Pharmakologe Louis Lewin (1850–1929), der 1924 mit seinem Werk *Phantastica* eine erste systematische Erfassung der »betäubenden und erregenden Genußmittel« versuchte, legte den Grundstein dafür. Die oft anekdotisch wirkenden Berichte über die bewußtseinsverändernden Wirkungen jener antiken Pflanzen konnten erst in den folgenden Jahrzehnten einer genaueren wissenschaftlichen Überprüfung unterzogen werden, als nach und nach die Alkaloide, die chemischen Wirkstoffe, von Meskalin, Peyote und »heiligen Pilzen« identifiziert wurden. Was diese Entdeckungen eigentlich für eine Bedeutung für unsere Gesellschaft hatten, läßt sich aber erst seit den 1970er Jahren ermessen, als die Gehirnforscher die Rolle der Neurotransmitter für unsere Bewußtseinszustände heranzogen und danach die biochemische Steuerung des Gehirns durch drogenähnliche Botenstoffe entdeckten. Bis dahin blieb den Kultur- und Religionsgeschichtlern also kaum etwas anderes übrig, als angesichts des »heiligen Getränkes« von Eleusis im Besonderen sowie dem schamanistischen Pflanzengebrauch im Allgemeinen in Rätselraten und Mutmaßungen zu verfallen. Mit diesem Hintergrund hätte die Arbeit von Wasson, Ruck und Hoffmann eigentlich wie eine Bombe einschlagen müssen, de facto aber blieb sie, abgesehen von ein paar journalistischen Rezensionen, in Wissenschaftskreisen nahezu unbeachtet. Daran haben weder das große Renommee der Autoren in ihren jeweiligen Fachgebieten noch die solide Argumentation und Faktenlage etwas geändert. Das heiße Eisen mit dem fundierten Geistesleben der Griechen sowie der abendländischen Kultur in einer mystischen Drogenerfahrung glüht bis heute im Verborgenen. Ist es wirklich ein Skandal, in das Zentrum des Metaphysischen, Übernatürlichen, Göttlichen eine Ausgeburt des »Reichs des Bösen« (die Droge) zu stellen und den profanen Genuß einer Pflanzensubstanz als Quelle des Heiligen zu identifizieren?

Genau betrachtet räumt das LSD-Mysterium von Eleusis dem antiken Griechenland gar keine Sonderstellung ein. Im Gegenteil: Es verbindet die Kulturgeschichte des Abendlandes mit der Kultur- und Religionsgeschichte anderer Erdteile, denn überall auf der Welt haben die Völker für den Blick über den Zaun von Raumzeit und Sterblichkeit auf die Hilfe von Pflanzen zurückgegriffen. Aus Memphis ist bekannt, daß Pharao Menes schon vor über 5000 Jahren Giftpflanzen anbauen ließ und einen Bericht zu ihrer Wirkung verfaßte. Leider lassen sich diese Pflanzen

Abb. 83: Auch im Einzugsbereich des Nil gab es Pilze

botanisch nicht mehr bestimmen. Ungeklärt ist auch die Herkunft einer Pflanze, die es in Ägypten gar nicht gibt, jedoch zum Beispiel im Grab von Tutanchamun wie auch in anderen Gräbern gefunden wurde. Es ist die Alraune. Wie aus einigen Wandmalereien in Gräbern der 18. Dynastie zu ersehen ist, wurden Fruchtkörbe, gefüllt mit dieser Pflanze, dargestellt. Dennoch ist diese hellgelbe Pflanze, die auch »Fruchtknolle« genannt wird, unter den Ägyptologen umstritten, weil sie eigentlich als Aphrodisiakum bekannt ist. Das nächstgelegene Land, in dem Alraunen gediehen, war Palästina. Der Ägyptologe Percy Edward Newberry (1868–1949) vermutete, daß die aufgefundenen Alraunenfrüchte mit der sogenannten »djedi-Frucht« identisch seien, die die Hebräer »duadim« nannten. Auf der Nilinsel Elephantine wurde »djedi« sogar als Narkosemittel verwendet.

Von den Arabern wird die Alraunenfrucht »Tuffah ejin« genannt, was »Dämonenapfel« bedeutet. Die »Dämonenäpfel« werden bei sparsamer Dosierung als Anregungsmittel benutzt, können jedoch bei erhöhter Dosierung den Menschen zur Raserei

Abb. 84: Jagd nach Drogen

bringen. Anhand der vorgetragenen Beispiele ist deutlich zu erkennen, daß die Einnahme psychoaktiver Drogen ein Teil der Kulturgeschichte des Menschen ist, der beispielsweise auch schon vor über 5000 Jahren den heute noch verwendeten Schlafmohn anbaute, dessen milchiger Saft der grünen Kapseln Rohopium enthält.

Als Imhotep zu Lebezeiten in Memphis eine Ärzteschule gründete, an die auch eine riesige Bibliothek angegliedert war, wußten seine Schüler schon darüber Bescheid, daß viele der Medikamente neben der medizinischen Anwendung auch halluzinogene Wirkungen beinhalteten. Glückliche Umstände bewahrten Imhoteps Bibliothek vor der Zerstörung, sodaß sie bis in die Römerzeit erhalten blieb und auf diese Weise wichtige Heilmethoden und Rezepturen nicht nur Eingang in die römische Medizin, sondern auch in die europäische Medizin fanden. Aus Fragmenten dieses Wissens ist überliefert, daß Imhotep neben zahlreichen Drogen aus der Pflanzenwelt wie Bilsenkraut, Mandragora und Stechapfel auch verschiedene Halluzinogene aus der Tierwelt kannte. Imhotep war sogar über die Elektrotherapie unterrichtet, bei der er spezielle Fische verwendete. Vorwiegend jedoch empfahl Imhotep das Gebräu Laudanum, das immer mit dem Saft des Schlafmohns versetzt wurde, zu verschiedensten Zwecken und als Psychodroge zum Heilschlaf. Manetho von Sebennytos schreibt über Imhotep:

»Wegen seiner Kenntnisse in der ärztlichen Kunst wird er von den Ägyptern als Aeskulap verehrt; er ist der Erfinder des Bauens mit behauenen Steinen und auch ein Förderer der Literatur.«

War Imhotep der Oberste der Eingeweihten?

Kapitel 6

Der Eid des Imhotep

Nach heutigen Gesichtspunkten betrachtet war Imhotep ein moderner Wissenschaftler: Während nämlich seine Kollegen in einer Zeit magischer Weltbilder und Zaubertränke lebten, analysierte er – wie der *Papyrus Edwin Smith* bestätigt – Krankheiten auf sehr sachliche Weise und hohem medizinischen Niveau. Ein Beispiel dafür ist sein Wissen um die Knochenchirurgie. Auf dem Papyrus werden systematisch 48 Fälle vorgestellt, bei denen von Imhotep nicht nur unterschiedliche Diagnosen für Frakturen erstellt wurden, sondern auch therapeutische Anweisungen zur Herstellung von Gipsverbänden, Schienen, Bandagen und Anleitungen zum Vernähen von Wunden, die alle im Prinzip auch für heutige Chirurgen gelten. Der *Papyrus Edwin Smith*, der Imhoteps medizinische Kenntnisse enthält, rät bei einem Bruch des Stirnbandes, die Wunde mit einem Umschlag aus Fett und einem Straußenei zu umwickeln. Die »magische Erwartung« besteht nur darin, daß die Knochen im Bestreben, sich der Form des Eies anzugleichen, zusammenwachsen sollten. Doch das ist nicht alles, denn hinter dem Verfahren steckt ein ganz besonderes Wissen Imhoteps.

Im Jahre 1994 machten Mediziner in Südamerika eine Entdeckung, die die vorausschauende Genialität des weisen Arztes aus dem Land der Pharaonen bezeugt: Antike Ärzte der Maya hatten mit einer Salbe aus Perlmuttmuschelkalk Schädelfrakturen »repariert« bzw. fehlende Schädelteile, die durch Eingriffe entstanden waren, überbrückt und damit eine absolut stabile Verbindung erzeugt. Insgesamt wurden 214 trepanierte Schädel gefunden, deren Träger in 180 Fällen die Operation mehrere Jahre

Abb. 85: Papyrus Ebers – *die älteste bekannte Aufzeichnung über Behandlungen und Heilmittel im Alten Ägypten*

überlebt haben müssen. Im Vergleich dazu wurden in moderner Zeit zum Beispiel im *Saint Georges and Guys Hospital* in London 32 Trepanationen vorgenommen, wobei nur neun Patienten diesen Eingriff überlebten. Wenn die Behandlungsmethode mit der Kalkschale des Straußeneies ähnliche Erfolge erzielen konnte, wäre demzufolge Imhotep lange vor den Maya bereits ein medizinischer Geniestreich gelungen. Wahrscheinlich gehen die vermeintlich phantastischen Behandlungsmethoden, die die Alten Ägypter ebenfalls als medizinische Heilverfahren anwendeten, auch auf Imhotep zurück.

Im Hathor-Tempel von Dendera, der noch heute wie vor Jahrtausenden fast unbeschadet am Ufer des Nils in Mittelägypten steht, läßt sich Imhoteps Methodik studieren: Ein langer dunkler Gang geleitete den Kranken vorbei an Statuen und heilkräftigen Zaubersprüchen, damit er in dieser Atmosphäre Genesung erfahren konnte. Die Statuen wurden von den ägyptischen Therapeuten mit Wasser übergossen, das in tiefe Becken floß, in denen die Kranken badeten. Der nun einsetzende Genesungseffekt war psychischer wie physischer Natur. Der Patient sollte im Dämmerlicht des Tempels und durch den Zauber in einem magisch anmutenden Szenario, umgeben von Götterstatuen und einer paradiesischen Atmosphäre, geheilt werden. Diese Heilmethode erinnert durchaus an heute noch in dieser Form durchgeführte »Wasserkuren«. Die zweite Behandlungsmethode, die ebenfalls

Abb. 86: Tempel

in Tempeln praktiziert wurde, könnte man als »therapeutischen Schlaf« bezeichnen: In einem fast dunklen Raum wurde der Patient in einen hypnotischen Zustand versetzt, der durch monotone Gesänge, Objekte oder Düfte initiiert wurde. Nunmehr konnte der Kranke völlig entspannt seiner Genesung entgegensehen.

Weil Imhotep als Personifikation der Weisheit in die ägyptische Geschichte einging, widmete ihm jeder Schreiber die ersten drei Tropfen Tinte seiner Feder, bevor er einen Papyrus beschrieb. Auch bei medizinischen Problemen wurde er immer wieder angerufen. Imhotep hatte ganz zweifellos vor einigen Jahrtausenden den Aufstieg Ägyptens entscheidend mitgeprägt und besaß daher eine Art Sonderstatus. Interessanterweise wunderten sich seine Glaubensbrüder nicht sonderlich darüber, da sie ganz genau wußten, daß das alles nicht zufällig geschehen war. Imhotep, dessen Name »der in Frieden kommt« bedeutet, hatte in den Tempeln von Heliopolis und Memphis einen verbindlichen Eid geleistet, der ihn bei seinen Vorhaben ganz einfach nicht scheitern lassen konnte. Für uns Heutige klingt das ungewohnt. Der Eid gehörte im Alten Ägypten jedoch zum Alltag der Bevölkerung und wurde vielfach abgelegt, weil in seinem Wesen nach altägyptischer Auffassung die Wahrheit steht, »die mit einer unumstößlichen Wirklichkeit ein Gleichnis pflegte«. Beispielsweise gab es bei Gerichtsverfahren den sogenannten »Königseid«, über dem noch der »Göttereid« stand. Der Schwörende unterstellte sich durch seinen Eid zugleich dem Zorn und der Rache des angerufenen Königs oder Gottes, riskierte also normalerweise nicht, die Unwahrheit zu sagen. Dennoch scheint man mit Schwüren hin und wieder auch leichtfertig umgegangen zu sein. König Imenhotep III. warnte zum Beispiel in seiner Weisheitslehre aus-

Abb. 87: Königin Nefertari beim Ablegen eines Eides

drücklich vor dem Mißbrauch von Eiden vor Gericht, denn die Kraft des Eides werde den Schwörenden ansonsten töten. Auch der Schwörende selbst konnte bei der Formulierung seines Eides schwere Strafen auf sich ziehen, die noch heute im Orient durchaus gängig sind und vor nicht allzu langer Zeit auch in Europa verwendet wurden. Zum Beispiel sagt der Muslime »der Schlag des Koran möge ihn treffen« oder er solle »der Strafe des Brotes erliegen« (Hungertod). Es handelt sich hierbei um Schwüre, die sich aus dem Alten Ägypten herleiten. Ein späteres Mißgeschick empfindet man dann als »gottgesandte Strafe«, die unmittelbar mit einem »Meineid« in Zusammenhang steht.

Der Eid des Imhotep war allerdings etwas anders gelagert, weil er als Diener des Tempels sich auch den geheimen Regeln unterordnen mußte, die seit Generationen in den Archiven verwahrt wurden. Aufgrund seines geleisteten Eides war Imhotep als engster Mitarbeiter und Vertrauter König Djosers an vielen richtungweisenden Projekten seiner Zeit beteiligt. Dennoch blieben die Konturen seiner Person eher schemenhaft. Über das Leben und Wirken Imhoteps ist nur wenig bekannt.

Was die ägyptische Medizin und die mit ihr verbundenen Aspekte anbetrifft, so hat man herausgefunden, daß die Hieroglyphen »Messer« und »Topf« die Zeichen des ägyptischen Arztes waren. Einige Inschriften erklären die Organisation der altägyptischen Ärzteschaft wie folgt: Es gab Spezialisten wie Augenärzte, die mit Messer, Topf und Auge hieroglyphisch deutlich ausgewiesen werden. Darüber hinaus praktizierten Zahnärzte und auch Internisten. Auf einer Scheintür eines Grabes wird von einem Hofarzt und seiner Frau berichtet, wobei der Name der Frau aber offenbar bereits noch zu ihren Lebzeiten wieder getilgt worden war. Derartige Handlungen wurden zumeist dann getätigt, wenn man sich an eine Person auf gar keinen Fall mehr erinnern wollte. Vielleicht war die Unbekannte ihrem Mann lediglich untreu geworden, woraufhin der mächtige »Chefarzt« sie verstoßen und aus seinen Erinnerungen getilgt hatte. Mitunter sind die in Hieroglyphen verfaßten Geschichten aufregender als so manche Arztserie, die heutzutage im Fernsehen läuft. Faszinierend sind auch die ärztlichen Instrumente, mit denen die ägyptischen Ärzte arbeiteten, lassen sie doch erkennen, daß der Stand der Medizin im Alten Ägypten kein geringer war. Die Archäologen fanden feinstes chirurgisches Besteck: Pinzetten, Skalpelle, Spatel und Schaber. Mit ihnen führten die Spezialisten komplizierte Eingriffe durch. Dabei wa-ren natürlich detaillierte anatomische Kenntnisse die Voraussetzung für alle Operationen. Im Falle einer nötig werdenden Amputation wurde nach dem Abheilen der Wunde das fehlende Glied durch eine perfekt sitzende Prothese ersetzt.

Abb. 88: Medizinisches Besteck

Der ägyptische Arzt schrieb »wr swnw« unter seine Diagnose, und weil die wenigsten Patienten lesen konnten, zeichnete er einen »dreifachen Pfeil« als sein Zeichen unter das Rezept, wie es nur er selbst aus den geheimen Zutaten fertigen konnte. Viele Historiker haben über die »Pfeilspitzen« gerätselt und Überlegungen darüber angestellt, ob diese Pfeilspitzen vielleicht deshalb verwendet wurden, weil der Arzt damit bei einem chirurgischen Eingriff Geschwüre öffnete. Einige Ägyptologen sahen es als »naheliegender« an, daß die »Krankheitspfeile« der Ägypter wohl eher nur symbolische Bedeutung hatten, ähnlich wie jene, die aus der Zeit der Renaissance bekannt waren. Der Heilige Sebastian (1500–1520), der Schutzpatron gegen Seuchen, insbesondere gegen die damals oft auftretende Pest, wurde beispielsweise mit Pfeilen in Verbindung gebracht. Seine Statuen waren stets mit Pfeilen »bespickt« – wodurch diese das Unheil symbolisch auf sich ziehen sollten. Der »Pfeil« war also einerseits »Todesbote«, andererseits als Arzt der »Heilbote«, der »Helfer in der Not« sozusagen. Interessanterweise war der Begriff »dreifacher Pfeil« bei Babyloniern, Chinesen und Hindus die Bezeichnung für den Sirius. In diesem Zusammenhang ist der schon mehrfach erwähnte altägyptische Begriff »Sopted« interessant, der in späterer Zeit etwa »Sote« gesprochen wurde. Hieroglyphische Texte bringen ihn auch gern mit dem Wortstamm »spd« in Verbindung, was »scharf« oder »spitz« bedeutet. Hans Bonnet schreibt über den Begriff:

»Ob das lediglich Wortspielerein sind oder Sopted nicht etwa doch ›die Scharfe‹ bedeutet, läßt sich nicht ausmachen.«

In dem Buch *The Egyptian Book of Dead* des amerikanischen Ägyptologen Raymond Oliver Faulkner (1894–1982) finden wir jedoch über Sopted alias Isis folgenden Hinweis:

»Später wird sie zur ›Herrin des Pfeiles‹ und ›Fürstin des Bogens‹.«

Die betreffende Inschrift befindet sich im Tempel von Edfu, den gemäß anderer dort ebenfalls existierender Inschriften einst Imhotep erbauen ließ. Doch wie gesagt waren Pfeil und Bogen nicht nur bei den Ägyptern ein Sinnbild für den Sirius, sondern auch bei den Sumerern, Babyloniern und Chinesen. Von den Chinesen stammt eine Darstellung (Abbildung 89), die nach alter Tradition aufzeigt, wie der Kaiser Richtung Sirius seinen Bogen spannt. Während Sirius hier erneut als Hund dargestellt ist, erkennt man direkt dahinter eine zweite Sonne, die dem »Hunds-

Abb. 89: Sirius A und B in einer Darstellung aus China

stern« folgt. Ist das möglicherweise ein Hinweis auf das frühe Wissen der Chinesen in bezug auf Sirius B?

Einen weiteren Hinweis, der die frühe Kenntnis von Sirius B nahelegt, findet man im Tempel von Elephantine. Und zwar geht es dabei um die Vereinigung von Sothis/Sopted mit der Göttin Satis, wobei sich in diesem Fall beide nicht zusammenfügen, sondern vielmehr »hintereinander« bewegen, so, wie das den tatsächlichen astronomischen Gegebenheiten beim Doppelsternsystem Sirius A und Sirius B entspricht. Auch Hans Bonnet ist diese Besonderheit aufgefallen, und er beschreibt diesen Vorgang in seinem *Reallexikon* wie folgt:

»Eigen ist die Form, in der sich die beiden Göttinnen vereinen. Sie wachsen nicht in der üblichen Weise zu einer Sothis-Satis zusammen, vielmehr schiebt sich Sothis an die Stelle ihrer Partnerin.«

Auch wenn alles etwas seltsam klingen mag, so ist dieser Hinweis ein bestehendes Faktum, das an den Tempelwänden dokumentiert und bewahrt worden ist. Was der Sirius mit den Erkenntnissen des Imhotep zu tun haben könnte, werden wir im weiteren Verlauf noch sehen. Doch zunächst sollten wir noch einmal sein Wirken analysieren: Imhotep wurde in erster Linie an den Hof des Pharao Chasechemui gerufen, weil sein Ruf als großer Mediziner auch den königlichen Hof erreicht hatte. Die Königin erlitt nämlich nach der Geburt des Prinzen Djoser einen Dammriß und drohte zu verbluten. Mit einigen schnellen Handgriffen unterband Imhotep die Blutung und benutzte dabei ausschließlich ein von ihm selbst entwickeltes Operationsbesteck, das auch heute noch Anerkennung findet. Während die Königin vor Schmerz klagte, wunderten sich die Hebammen über den weisen Imhotep, als sie sahen, daß er die Wunde einfach wieder zusammennähte. Danach wandte sich Imhotep an die sprachlosen Hebammen und wies sie an, auf die Wunde Kompressen aus frischem Fleisch zu legen und diese fünfmal am Tag zu wechseln. Die Königin überlebte.

Abb. 90: Thronerbe

Als Imhoteps Ehefrau Apopi (Ronpetnofret) eines Tages an einer grausamen Augenkrankheit litt, mixte er eine antibakterielle Salbe und konnte die durch Bakterien verursachte Krankheit heilen. Er hatte beobachtet, daß die Krankheit von »unsichtbaren Würmern« verursacht wurde. Doch Imhotep war kein Wunderheiler: Während sich die Mutter des Prinzen Djoser nach ihrem Dammriß bester Gesundheit erfreute, starb seine eigene Frau, nachdem sie einen Sohn auf die Welt gebracht hatte. Imhotep versuchte alles, um sie zu retten, aber er mußte erkennen, daß auch seine ärztliche Kunst an Grenzen stieß. Imhoteps Liebe zu Apopi war so groß, daß er sich mit seiner verstorbenen Frau 40 Tage einschloß, während die königliche Amme seinen Sohn pflegte. Nachdem er seine Frau schließlich mumifiziert hatte, suchte er nach einer besonderen Stelle, um sie zu beerdigen. Wo sich dieser Ort allerdings befindet, ist noch immer ein Rätsel geblieben. Gemäß der Legende soll Imhotep seine Apopi unterhalb des Nildeltas, innerhalb eines kleinen Wüstenabschnitts, begraben haben, um eines Tages ein großes Bauwerk darüber zu errichten. Man sagt ihm zwar nach, daß er als Baumeister Maßstäbe setzte und sogar die Formel für einen heute noch benutzten Typ von schnell härtendem Beton gekannt haben soll, aber weder das Grab seiner Frau noch sein eigenes konnten die

Ägyptologen bis heute offiziell entdecken. Wie konnte ein derart berühmter Mann all seine Spuren verwischen?

Noch während der Herrschaft der Ptolemäer wurde er als Gott verehrt, sodaß sogar in römischer Zeit Patienten in der Hoffnung auf Heilung zu »Imhoteps Grab« pilgerten. Somit muß es also eine für jedermann ersichtliche Grabstätte gegeben haben, die die Pilgernden besuchten. Die Griechen erkannten in ihm ihren Heilgott Asklepios und nannten ihn Imuthes. Aus diesem Grund glaubte Hans Bonnet den genauen Ort des Grabes zu kennen:

»Vermutlich ist es mit dem griechischen Asklepieion, das in der Nähe des Serapeums lag, identisch.«

Erst der Einfluß des Christentums ließ die Lehren Imhoteps und den genauen Ort seines Grabes in Vergessenheit geraten. Damit verbunden war die Tatsache, daß Könige und andere einflußreiche Leute begannen, Imhotep als ihren Urahn auszuweisen. Bereits Dareios I., der 36 Jahre über Ägypten herrschte, ließ Imhotep an die Spitze seiner Ahnenliste setzen. Auch der Arzt Hippokrates von Kos (460–375 v. Chr.) und seine Eltern (Herakides und Phänarete) behaupteten, daß sie von dem Geschlecht der »Asklepiden« abstammten. Als direkter Nachfahre des Heilgottes Asklepios hatte Hippokrates der Nachwelt schließlich gewisse Erkenntnisse erhalten. Das bedeutet gleichzeitig, daß er direkter Nachfahre des Imhotep war und über diesen Weg seine Ärzteschule, die ebenfalls Asklepieion genannt wird, im Norden der Insel begründete. Deshalb ist es vielleicht auch Hippokrates von Kos zu verdanken, daß der »Eid des Imhotep« bis in unsere Gegenwart erhalten geblieben ist:

»Ich schwöre bei Apollon dem Arzt und bei Asklepios, Hygieia und Panakeia sowie unter Anrufung aller Götter und Göttinnen als Zeugen, daß ich nach Kräften und gemäß meinem Urteil diesen Eid und diesen Vertrag erfüllen werde: Denjenigen, der mich diese Kunst gelehrt hat, werde ich meinen Eltern gleichstellen und das Leben mit ihm teilen; falls es nötig ist, werde ich ihn

Abb. 91: Inschriften in Giseh

mitversorgen. Seine männlichen Nachkommen werde ich wie meine Brüder achten und sie ohne Honorar und ohne Vertrag diese Kunst lehren, wenn sie sie erlernen wollen. Mit Unterricht, Vorlesungen und allen übrigen Aspekten der Ausbildung werde ich meine eigenen Söhne, die Söhne meines Lehrers und diejenigen Schüler versorgen, die nach ärztlichem Brauch den Vertrag unterschrieben und den Eid abgelegt haben, aber sonst niemanden.

Die diätetischen Maßnahmen werde ich nach Kräften und gemäß meinem Urteil zum Nutzen der Kranken einsetzen, Schädigung und Unrecht aber ausschließen. Ich werde niemandem, nicht einmal auf ausdrückliches Verlangen, ein tödliches Medikament geben, und ich werde auch keinen entsprechenden Rat erteilen; ebenso werde ich keiner Frau ein Abtreibungsmittel aushändigen.

Lauter und gewissenhaft werde ich mein Leben und meine Kunst bewahren. Auf keinen Fall werde ich Blasensteinkranke operieren, sondern ich werde hier den Handwerkschirurgen Platz machen, die darin erfahren sind. In wie viele Häuser ich auch kommen werde, zum Nutzen der Kranken will ich eintreten und mich von jedem vorsätzlichen Unrecht und jeder anderen Sittenlosigkeit fernhalten, auch von sexuellen Handlungen mit Frauen und Männern, sowohl Freien als auch Sklaven. Über alles, was ich während oder außerhalb der Behandlung im Leben der Menschen sehe oder höre und das man nicht nach draußen tragen darf, werde ich schweigen und es geheim halten. Wenn ich diesen meinen Eid erfülle und ihn nicht antaste, so möge ich mein Leben und meine Kunst genießen, gerühmt bei allen Menschen für alle Zeiten; wenn ich ihn aber übertrete und meineidig werde, dann soll das Gegenteil davon geschehen.«

Während des aktiven Wirkens Imhoteps und auch noch etwas später waren die ägyptischen Ärzte die besten der damaligen Welt. Das wußten die syrischen Fürsten ebenso wie die Hethiter, die vor etwas mehr als 3000 Jahren von ihrer Hauptstadt Hattuscha aus ein gewaltiges Reich regierten. Als Zeichen der Macht der Hethiter erhob sich damals die weißglänzende südliche Wallanlage Hattuschas wie eine gewaltige Pyramide. Zudem hatten sie in so mancher Schlacht die Pharaonen das Fürchten gelehrt, doch das Heilwissen der Ägypter bewunderten sie lange Jahre ohne Neid. Ein Beweis für die Wertschätzung der Ärzte ihrer Feinde wurde in den Mauern der mächtigen Residenz des Hethiterkönigs Hatuschili III. (1260 v. Chr.) gefunden: ein Brief an seinen Gegenspieler Ramses II. auf Tontafeln.

In bester Keilschrift bittet Hatuschili III. den Pharao um die Entsendung eines Arztes, der seiner Schwester endlich zum gewünschten Nachwuchs verhelfen sollte. Die Antwort des großen Ramses war knapp: »Deine Schwester ist mit 50 Jahren zu alt für ein Kind, da kann mein bester Arzt nicht mehr helfen.«

Die Hethiter wußten seit ihrem kurze Zeit zuvor geschlosse-

Abb. 92: Ein Austausch von Wissenschaften fand statt

nen Friedensvertrag mit den Pharaonen auch darüber Bescheid, daß es bei den Alten Ägyptern Verhütungscremes gab, die aus Honig und Akazienmehl hergestellt wurden. Beispielsweise ist im *Papyrus Ebers* folgende Methode überliefert:

»Damit eine Frau ein, zwei oder drei Jahre nicht schwanger wird, werden Akazienblätter zerrieben und mit Honig vermischt. Man gibt diese Masse auf eine Mullbinde, die man in die Vulva einführt.«

Eine andere Form dieser Mullbinde, mit dem Saft einer Pflanze getränkt und von Hebammen in die Vagina der Patientin eingeführt, sollte darüber Auskunft geben, ob die Frau schwanger war oder nicht. Die Binde blieb drei Tage im Körper der Frau. Danach konnte man an der Färbung der Binde – die je nach Art des Pflanzensaftes auch durchaus unterschiedlich sein konnte – erkennen, ob die Frau ein Kind erwartete oder nicht. Der Test basierte auf dem meßbaren pH-Wert der Schwangeren, der den Pflanzensaft in der Binde verfärben ließ, so wie das heute bei der Reaktion von Lackmuspapier im Labor geschieht. Wieder einmal mehr haben wir für unsere moderne Gesellschaft lediglich etwas wiederentdeckt, was es längst schon einmal gab. Doch waren diese Geheimnisse nur den Ägyptern vorbehalten?

Seit mehr als 30 Jahren ist die Ägyptologin Renate Germer den Geheimnissen der altägyptischen Medizin auf der Spur. In der Kultkammer des Seschemnefer in Giseh aus der vierten Dynastie stieß sie vor kurzem auf neue Inschriften: Der Sohn des Seschemnefer war Hofarzt und stieg zu höchsten Ämtern auf. Darin sah sie einen klaren Hinweis darauf, daß die Leibärzte des Cheops höchstes Ansehen genossen, weil sie an dieser prominenten Stelle begraben wurden. Nach Ansicht der Ägyptologin muß der König sie und ihre Kunst hoch geschätzt haben. Renate Germer ist überzeugt, die richtige Spur in bezug auf die Wichtigkeit der Heilpflanzen im Alten Ägypten entdeckt zu haben:

»In der altägyptischen Medizin spielten die Heilpflanzen eine sehr wichtige Rolle. Sie waren der entscheidende Faktor, daß die altägyptische Medizin so hoch angesehen war. Die Ärzte hatten ein großes Wissen um die alten Heilpflanzen, und wir versuchen, diesen Heilschatz wieder zu heben und ihn für uns nutzbar zu machen.«

Im *Buch des Asklepios* wird ausgeführt, daß der Mensch »eine Welt im Kleinen« ist, was der Analogie zwischen Mikrokosmos und Makrokosmos entspricht, woraus sich schließlich die Iatromathematik entwickelte. Der Begriff leitet sich von Arzt (»Iatros«) ab und meinte die astrologische Medizin, die selbst heute noch gelegentlich praktiziert wird. Zu ihr gehörte insbesondere die Zahlendiagnose: Hierzu wird das Datum für den Beginn der Krankheit genommen und die Zahlenwerte des Namens des Erkrankten addiert, die Summe durch 30 (die Zahl der Tage eines Monats) oder durch 36 (die Zahl der Dekane) geteilt. Der erhaltene Rest kann dann in Tafeln aufgesucht werden, aus denen zu entnehmen ist, ob der Patient wieder genesen wird.

Abb. 93: Gottheit Thot

Die Tafeln wurden entweder nach Hermes Trismegistos oder nach Demokrit benannt. Germer ist überzeugt, daß bei der Bergung ihres »Heilschatzes« auch die Mumifizierung eine wichtige Rolle spielt, bei der durch Natronsalze dem Leichnam Wasser entzogen wurde, damit das Fleisch und das Gewebe haltbar gemacht werden konnte. Balsam und Leinenwicklungen machten den Leichnam dann vollkommen und leiteten die Konservierung des Körpers ein. So präpariert konnte der Verstorbene im Totenreich auf seine Wiedererweckung warten. Auch im Mumienkeller des Ägyptischen Museums in Berlin sind die »konservierten Patienten« für die Forschung eine wahre Fundgrube, um sich von den Krankheiten im Alten Ägypten ein besseres Bild machen zu können. Neben den Mumien mit ihren goldenen Masken sind manchmal auch noch Reste der pflanzlichen Grabbeigaben erhalten. In einer Klinik soll mit modernsten Untersuchungsmethoden die Krankengeschichte der Verstorbenen nachvollzogen und herausgefunden werden, was die pflanzlichen Grabbeigaben bezüglich der Erkrankung bewirken sollten. Zerstörungsfrei, ohne die Mumie überhaupt anfassen zu müssen, versucht man am Oskar-Ziehten-Krankenhaus, mittels Computertomographie das Krankheitsbild zu rekonstruieren. Auch wenn das nicht gerade einfach ist, weil den ägyptischen Mumien bereits die inneren Organe fehlen, können sich die Spezialisten auf pathologische Veränderungen an Skelett und Zähnen konzentrieren. Kalkablagerungen in den Gefäßen und Knochenfraß deuten zum Beispiel auf eine fortgeschrittene Diabetes hin, eine Krankheit, mit der sich allein in Deutschland über acht Millionen Menschen herumplagen. Doch viele im pharaonischen Ägypten verbreiteten Krankheiten lassen sich am Skelett nicht immer feststellen. Wie kann man dann aber der Krankheit auf die Spur kommen?

Am Institut für Pathologie des Krankenhauses München-Bogenhausen hat sich ein Ärzteteam auf den molekularen Code der »ägyptischen Patienten« spezialisiert. Den Forschern genügen Bruchstücke der DNS (Desoxyribonukleinsäure), um daraus Krankheitsbilder und sogar Verwandtschaftsbeziehungen von Menschen zu ermitteln, die vor über 3000 Jahren am Nil lebten. Die Molekularbiologie öffnet somit ein bisher fest verschlossenes Fenster zur medizinischen Geschichte der Alten Ägypter. Der Mediziner Andreas Nerlich ist sich in bezug auf die bedrohlichen Krankheiten und ihre Bedeutung im Alten Ägypten sicher:

»Ganz bedrohliche Krankheiten, was auch das Überleben oder die Lebensdauer anbelangt, sind Infektionskrankheiten gewesen. Wir haben uns schwerpunktmäßig mit der Tuberkulose ausein-

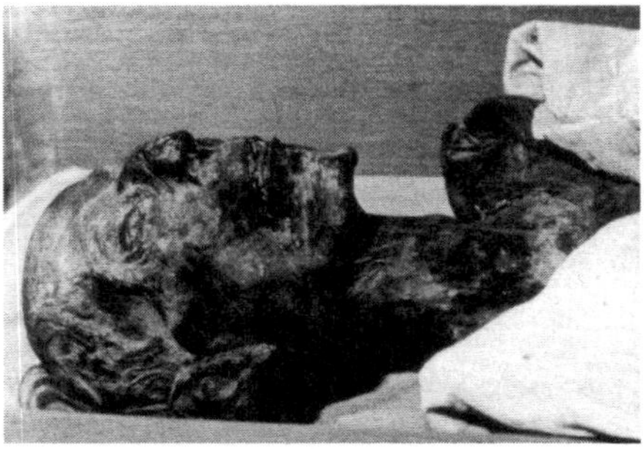

Abb. 94: Mumie Ramses II.

andergesetzt und konnten zu unserer eigenen Überraschung feststellen, daß die Durchseuchungsrate, also die Zahl betroffener Patienten mit Tuberkulose, enorm groß gewesen ist.«

Imhotep stand bis zum Untergang der ägyptischen Kultur und sogar darüber hinaus für das antike Medizinwesen Pate. Diesen verschollenen Schatz will Renate Germer dem Wüstensand von Sakkara wieder entreißen. In Ägypten angekommen, zeigte ihr ein einheimischer Führer ein Grab in Sakkara mit zugemauerter Tür. Die Forscherin war fasziniert von der Inschrift darüber. Der Architraph ist mit fein gearbeiteten Hieroglyphen übersät: Die Ägyptologin entzifferte Opferformeln und den Namen des Toten, der sehr wohlhabend gewesen sein muß: »Ni-anch-Re«, Hofarzt, Priester und Geheimrat am Sonnentempel von Abusir. Nach ihrem Ägyptenaufenhalt begab sich Frau Germer in den Lesesaal der Universitätsbibliothek Leipzig, um die bereits erwähnte 3500 Jahre alte Originalhandschrift des *Papyrus Ebers*, die dort liegt, genauer unter die Lupe zu nehmen.

Über 800 Rezepturen zur Behandlung verschiedenster Krankheiten sind darin enthalten. In einem Kapitel steht, was die Arzneidetektivin sucht: die von den Ägyptern verwendeten Heilpflanzen. Die altägyptischen Pflanzennamen sind zwar fein säuberlich auf dem Papyrus benannt, jedoch ohne eine Abbildung der entsprechenden Gewächse. Das macht die Entschlüsselung der Botschaften aus der Vergangenheit äußerst schwierig: Hunderte von Kombinationen (Heilpflanze, Diagnose, Rezept) werden durchgespielt, um das Rätsel einer einzigen Heilpflanze zu lösen. Die Papyruspflanze ist heute in Ägypten so gut wie ausgestorben, die Kunst der Herstellung von Schreibmaterial aus ihren

Stengeln nur noch im Freilichtmuseum zu bewundern. Ebenso verschollen ist das Wissen um ihre Heilwirkung. Wie können wir es wiederentdecken, wenn immer mehr alte Pflanzen immer schneller aussterben?

Die Blätter des Mimusopsbaums wurden bei Tutenchamuns prachtvollen Mumienkränzen verarbeitet, seine Früchte waren ihm mit ins Grab gegeben worden. Renate Germer besitzt einen von den kostbaren Samen. Sie stammen vom einzigen noch erhaltenen Exemplar eines Mimusops in ganz Ägypten. Der deutsche Biologe und Afrikaforscher Georg Schweinfurth (1826–1925) hat ihn angepflanzt. Ende des 19. Jahrhunderts begleitete er archäologische Expeditionen zum Nil und barg die unscheinbaren Pflanzenfunde aus den Königsgräbern. Was damals niemanden interessierte, rettete Schweinfurth für die Nachwelt: das grüne Gold der Pharaonen.

In einer der Grabkammern wurden Rizinussamen gefunden. Rizinus ist eine der wenigen Pflanzen, die bereits eindeutig als altägyptische Heilpflanze identifiziert werden konnte. Doch selbst so anspruchslose Gewächse wie der gemeine Rizinus werden mittlerweile von ihren natürlichen Standorten verdrängt.

Die Biologin suchte auf einer Baustelle an einem Kanal bei Sakkara nach dem Strauch, dem im *Papyrus Ebers* eine eigene Abhandlung gewidmet ist, und wurde fündig: Rizinus in »freier Natur«. Sie sammelte für das Herbarium, denn der seltene Anblick wird hier bald verschwunden sein. Nachdem das Wissen um die vielfältigen Anwendungsmöglichkeiten der Heilkräuter verloren ist, trifft es nun die Pflanzen selbst. Ein ganzer Kosmos versinkt unwiederbringlich. Biologin Renate Germer über das Wissen um die Nutzung der Rizinuspflanze:

»Wir kennen heute nur noch die medizinische Nutzung des Rizinusöles als Abführmittel. Die altägyptischen Ärzte waren da aber sehr viel weiter informiert. Sie nutzten das Blatt auch zum Abdecken von Haut- und Brandwunden, und sie nutzten die Wurzel und die Samen der Rizinuspflanze und wußten genau, daß diese außerordentlich giftig waren; sie verordneten sie nur in ganz geringen Mengen. Das Wissen um die allgemeine Nutzung der Rizinuspflanze ist uns heute verloren gegangen.«

Als Chef der mächtigen Kleriker-Kaste kam Imhotep eine gewaltige Machtfülle zu. Er war nach dem Pharao der zweite Mann im Staate. Legendären Ruhm erwarb sich der vielseitige Imhotep, als er zur Beendigung der biblischen sieben Hungerjahre dem Pharao riet, den Gott der Nilfluten, Chnum, milde zu stimmen.

Abb. 95: Chnum erzeugt Leben

Nachdem König Djoser dann die zwei bis dahin voneinander getrennten Teilreiche politisch zu einem Ägypten zusammengeführt hatte, lieferte Imhotep die theoretisch-spirituelle Unterfütterung der Vereinigung. Er entwickelte aus dem alten Götterkult eine einheitliche Staatsreligion. Die neue Lehre erhob den Pharao zu einem gottgleichen Wesen. Dadurch wurden Staat und Religion noch stärker miteinander verwoben. Das religions- und staatstheoretische Werk Imhoteps gilt als eine der frühesten politischen Ideologien und zählt zu den ersten bekannten philosophischen Arbeiten der Menschheit. In Dra Abul el Naga existiert auf einem kleinen Berg ein völlig zerstörtes Grab, das König Amenhotep I. zugeschrieben wird und ganz offensichtlich etwas zu dem Geheimnis des Imhotep beizutragen hat.

Der Name Amenhotep, der eigentlich Imenhotep geschrieben und nur auf Deutsch mit einem »A« als Anfangsbuchstaben versehen wird, hat mich schon seit langer Zeit bezüglich seines Gleichklanges mit dem Namen Imhotep interessiert. Gab es zwischen diesem König und dem weisen Priester des Djoser vielleicht eine Verbindung?

Imenhotep I., der zwischen 1533 und 1512 v. Chr. regierte,

Abb. 96: Imenhotep IV.

war der Sohn von König Ahmose (1555–1533 v. Chr.) und Königin Ahmos-Nefertari. Ahmose vertrieb einst die Hyksos bei Avaris, begründete die 18. Dynastie (1555–1305 v. Chr.) und leitete auch das Neue Reich ein. Exakt während dieser Epoche kam ein Restaurierungsboom in bezug auf die alten Bauanlagen auf, die stets eine Verbindung zu den Urgöttern darstellten. Gleichzeitig entstand eine reiche Totenliteratur, die die Jenseitsvorstellungen in einem neuen Gewand erscheinen ließ. Im großen und ganzen verlief die Regentschaft von Imenhotep I. recht friedlich, es existiert nur ein Bericht über Kämpfe in Nubien, bei denen der König mindestens einen Feldzug selbst anführte. Als Vizekönig von Kusch setzte er dann Turi ein, wie es eine Darstellung im Tempel von Uronachti im zweiten Katarakt verdeutlicht. Interessanterweise wurde Imenhotep I. gemeinsam mit seiner Mutter noch in der sogenannten Ramessidenzeit (1193–1090 v. Chr.) während der 20. Dynastie, also lange Zeit nach seinem irdischen Dasein, als lokaler Schutzgott verehrt. Vor allem aber galt er als Gründer von Deir el Medina, wo sein Kultbild lange Zeit Orakel erteilte. Was war das Geheimnis dieses Königs? Hatte er einen verborgenen Zugang zur alten Zeit gefunden – als noch die Götter herrschten –, der es ihm ermöglichte, Ägypten zu neuer kultureller und wirtschaftlicher Blüte zu verhelfen?

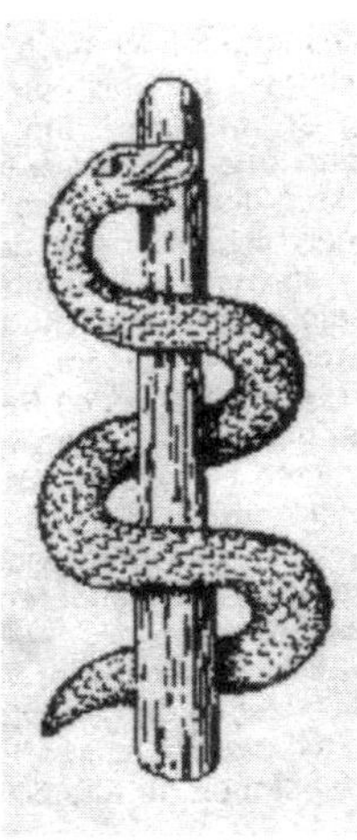

Abb. 97: Äskulapstab

Während der Regentschaft von Imenhotep I. wurde übrigens der berühmte *Papyrus Ebers* geschrieben, und ein gewisser Amenemhet konstruierte eine Wasseruhr, die ausgeklügelt war und minutengenau funktionierte – alles Zeichen für eine Hochphase in der ägyptischen Geschichte.

Kapitel 7

Das verschollene Grab

Etwas mehr als 25 Kilometer südlich von Kairo liegt am Westufer des Nil die heilige altägyptische Totenstadt Sakkara. Die Nekropole zählt zu den bedeutendsten Friedhöfen des Alten Ägypten. Während der 21jährigen Regierungszeit des Pharaos wurde unter Aufsicht des Wesirs und Baumeisters Imhotep nahezu pausenlos an den Monumenten für Djosers letzte Ruhestätte gearbeitet. Auf einem 15 Hektar großen Grundstück, umzogen von einer 10,50 Meter hohen und 1645 Meter langen Kalksteinmauer, entstand eine Vielzahl von Gebäuden, Terrassen, Treppen, Schreinen und lebensgroßen Statuen.

Das weithin sichtbare Djoser-Mausoleum wurde bereits zu Lebzeiten des Pharaos von seinen Untertanen bestaunt. Doch die Pyramide birgt in ihrem Untergeschoß ein geheimes Gangsystem, das nach seiner Fertigstellung kaum ein Mensch zu Gesicht bekam. Das in den Fels gehauene Netz von Schächten, Tunneln, Kammern und Galerien verbindet auf einer Gesamtlänge von fünf Kilometern 400 Räume miteinander und ist vermutlich zehnmal so lang. Irgendwo im Sand von Sakkara, Ägyptens sagenumwobener Totenstadt, soll das legendäre Universalgenie begraben sein. Bei seiner Mumie vermuten Forscher Hinweise, die die Enträtselung jahrtausendealter Geheimnisse um Pyramidenbau, Mumifizierung und frühe Medizin möglich machen sollen. Obwohl Imhotep noch lange Zeit von seiner Nachwelt mit Statuen und Schriften als das »Universalgenie« der Antike schlechthin Verehrung fand, ist über die Umstände seines Todes wenig bekannt, weil sein Grab offiziell nie gefunden wurde und angeblich verschollen ist. Das einzige, was die Forscher eint, sind die

Annahme bzw. der Verdacht, daß sich der Leichnam des Imhotep in Sakkara befinden müßte.

Sakkara wurde quasi erst von dem preußischen Generalkonsul Baron Johann Heinrich Carl von Minutoli (1772–1846) im Jahre 1821 wiederentdeckt. Nachdem der britische Ingenieur John Shea Perring (1813–1869) im Jahre 1837 unter der Leitung von Howard R. W. Vyse (1784–1853) die Freilegungsarbeiten der Ebene unternahm, folgte ihnen der deutsche Archäologe Carl Richard Lepsius in den Jahren 1842 und 1843 mit seiner berühmten »Preußischen Expedition«, während der die erste systematische Bestandsaufnahme des Geländes erfolgte. Danach erst entdeckte der französische Archäologe Auguste Mariette (1821–1881) im Jahre 1851 schließlich das bis dahin noch völlig unbekannte Serapeum und erregte damit die Aufmerksamkeit der Weltöffentlichkeit für den Imhotep-Bezirk in Sakkara. Mariette war aber wegen seiner Entdeckung längst kein Gönner oder etwa ein großzügiger Archäologe, wie beispielsweise der Brite Flinders Petrie, der jeden an seinen Forschungen teilhaben ließ. Mariette war eher der Typ eines Eigenbrötlers und gönnte außer sich selbst niemandem etwas. Das belegt eine Notiz vom 1. November 1850:

»Mir erschien es unmöglich, den anderen das Verdienst und den Gewinn zu überlassen, diesen Tempel zu erforschen, dessen Überreste ich durch einen glücklichen Zufall entdeckt hatte und dessen Standort von nun an bekannt sein würde.«

Abb. 98: Serapeum

Dabei war man – bei genauer Betrachtung der geschichtlichen Daten – über die Existenz des Serapeums längst informiert: Schon der antike Gelehrte Strabon schrieb in seinem Werk *Geographica* über dieses berühmte Bauwerk folgendes:

»Auch findet sich dort ein Serapis-Tempel an einer derart sandigen Stelle, daß der Wind die Sanddünen aufwirft, unter denen wir Sphingen sahen, die zum Teil halb verschüttet, zum Teil bis zum Kopf im Sand vergraben waren; woraus man schließen konnte, daß der Weg zum Tempel nicht ganz ungefährlich ist, wenn man plötzlich von einem Sandsturm überfallen wird.«

Als Serapeum bezeichnete man in ptolemäischer Zeit die Tempel des Apis-Stiers, der mit dem Gott Osiris gleichgesetzt wurde. Daraus wandelte sich sein Name schließlich zu Osiris-Apis oder Osorapis, woraus die Griechen dann »Serapis« machten. Herodot berichtet in seinen *Historien*, daß die Verehrung des Osorapis starke Ähnlichkeit mit den dionysischen Riten in Griechenland hatte, was vielleicht auf einen gemeinsamen Ursprung hindeuten könnte. Tatsächlich befindet sich im »Tal der Königinnen« das Grab KV66 der Nefertari (1286–1262 v. Chr.), die während der 19. Dynastie zur Lieblingsfrau von Ramses II. avancierte. Der aus Italien stammende Ägyptologe Ernesto Schiaparelli (1856–1928) entdeckte 1904 dieses Grab, worin sich auf einer der Tempelwände ein Bericht der »Sieben Hathoren« befindet. Das sind die »heiligen Kühe«, die den Göttinnen Hathor und Isis gewidmet waren. Auch im Mythos der göttlichen Geburt des Königtums säugt die Hesatkuh, die als »Hesat« gleichzeitig zur Mutter des Totengottes Anubis und des Apisstiers avancierte, den jungen Herrscher. Interessanterweise entsprechen die Fellmuster der »Zenetkühe« genau jenen Mustern, die sich auf einer Freske in Knossos, wo sich eine alte Stierkultszenerie aus Kreta mit Stierspringern und anderen Kultszenen befindet, nachweisen lassen. Es handelt sich dabei um astronomische Bewegungen von Orion und Sirius, die hier eine mythologische Darstellungsform angenommen haben. Meiner Ansicht nach symbolisieren die Kühe im Tempel der Nefertari dieselbe Handlung auf ägyptisch, womit wir erneut eine Spur der »Sirius-Strategie« gefunden haben.

Abb. F5-1 bis F5-4: Ägyptische Obelisken – heute in Rom

Abb. F6-1: Raketendarstellung im Osiris-Tempel von Kusch

Abb. F6-2: Moderne Raumfahrzeuge

Abb. F7-1: Ursprünglich hatte der Benben Flugeigenschaften

Abb. F7-2: Geodätischer Orakelpunkt

Abb. F7-3: Tempeldetail

Abb. F8-1: Tempel in Karnak

Abb. F8-2: Lichtspiele

Abb. F9-1: Gizeh-Plateau mit Pyramiden

Abb. F9-2: Pyramidenfeld von Abusir

Abb. F10-1: Mastaba el Faraun

Abb. F10-2: Pyramide von Meidum

Abb. F11-1: Sphinx

Abb. F11-2: Obelisk

Abb. F11-3: Osireion (Abydos)

Abb. F12-1: Geheimkaste

Abb. F12-2: Imenhotep IV.

Abb. F12-3: Anubis

Abb. F13-1: Eingangstor zum Giseh-Bezirk

Abb. F13-2: Forschungen im Umfeld der Sphinx

Abb. F14-1: Inschrift auf der Chephren-Pyramide, stammend aus der Zeit Ramses II.

Abb. F14-2: Vorrichtung zur Ableitung von Flüssigkeit aus der Unas-Pyramide

Abb. F14-3: 1968 entdeckte Inschrift an der Mykerinos-Pyramide

Abb. F15-1: Handwerkskunst zu Zeiten der Pharaonen

Abb. F15-2: Angeblicher Sargdeckel des Mykerinos

Abb. F15-3: Alabasterplastik mit einem Diamanten

Abb. F16-1: Das Labyrinth von Giseh ist real

Abb. F16-2: Polierte Verkleidungssteine an der Mykerinos-Pyramide

Abb. F16-3: Die Königsliste von Abydos

Abb. 99: Die Sieben Hathoren

Im Serapeum befanden sich große Steinsarkophage. Als Mariette die jeweils aus einem Granitblock gehauenen, bis zu 80 Tonnen schweren Sarkophage entdeckte, mußte er feststellen, daß alle 24 systematisch geplündert und ihre Deckel zur Seite verschoben waren. Nach weiteren Grabungen entdeckte der Franzose aber eine zweite Galerie und dann eine dritte noch ältere Galeriegrabstätte. Ein enorm großer Block mußte sogar weggesprengt werden, weil er den Weg zu anderen unterirdischen Bereichen versperrte, die sich über eine Länge von 44 Kilometern erstrekken. Die Archäologen entdeckten schließlich die Mumie eines Sohnes von Ramses II., die in einem der für sie nicht bestimmten Stiersärge lag. Ansonsten waren alle leer, was der Grund dafür ist, daß bis heute kein Archäologe nachvollziehbar erklären konnte, warum die Ägypter solche Anstrengungen auf sich genommen haben, nur um die Sarkophage dann doch leer zu lassen. Waren hier vielleicht Diebe am Werk?

Für gewöhnlich erkennt man die Grabräuberei an ihren Folgen. Wenn Grabstätten geplündert werden, bleiben die Beigaben oft unvollständig oder zerbrochen zurück. Doch wie gesagt: Im

Abb. 100: Leerer Sarkophag

Serapeum sind die tonnenschweren Stiersärge von Anfang an leer geblieben! Weshalb aber wurde dann bei der Aufstellung der Sarkophage solch ein Aufwand betrieben, wenn sie doch von Anfang an nicht benutzt werden sollten?

Die Grabräuberei ist zwar nicht das älteste Gewerbe, aber eindeutig der zweitälteste Beruf im Land der Pharaonen und geht bis in die vordynastische Zeit zurück. Der Wesir Paweraa war der Bürgermeister von Westtheben und könnte quasi als der »Pate«, also als der Chef des organisierten Verbrechens in der Antike, bezeichnet werden. Alten Grabdokumenten ist zu entnehmen, daß es eine organisierte Räuberbande gab, der er vorstand. Ein mindestens gleichrangiger Beamter des Ostufers namens Paser war während der Herrschaft von Ramses IX. (1137–1120 v. Chr.) hinter die dubiosen kriminellen Strukturen gekommen und leitete daraufhin im 16. Regierungsjahr des Königs eine Untersuchung ein. Eines der Bandenmitglieder brach schließlich zusammen und legte ein umfangreiches Geständnis ab. Unter anderem wird in den alten Dokumenten berichtet, daß er gemeinsam mit anderen Grabräubern im Jahre 1124 v. Chr. in ein Grab der 17. Dynastie (1660–1555 v. Chr.) des Königs Sobekemsafs II. (1648–1633 v. Chr.) eingedrungen war und es geplündert hatte. Aus dem Tempelarchiv wußte Paser jedoch, daß vier Jahre zuvor der Wesir Chaemwaset einen Inspektorentrupp mit der Überprüfung des Grabes beauftragt hatte. Die Leitung der Revisionstruppe hatte kein geringerer als Paweraa an sich gerissen. Dieser hatte jedoch dem Untersuchungskomitee berichtet, daß das Grab des Königs unversehrt und alles in Ordnung war, woraufhin das Verfahren gegen ihn eingestellt worden war. Doch Paser mißtraute in der Manier eines »Unbestechlichen« der Sache und schaffte es, eine

Abb. 101: Besetzte Magazine

zweite Verhandlung anzusetzen zu lassen. Allerdings wurden die neuen Anklagepunkte Pasers erneut vom »Hohen Gericht« zurückgewiesen. Der ehrgeizige Priester wollte aber nicht locker lassen, sammelte während der nächsten zwölf Monate neue Beweise und fand schließlich seinen Kronzeugen. Diesmal waren die Beweise erdrückend!

Welcher der Beteiligten (Ankläger oder Angeklagter) jedoch den längeren Atem hatte, läßt sich leider anhand der Gerichtsdokumente heute nicht mehr ermitteln, sodaß der Ausgang dieser letzten Verhandlung nicht rekonstruierbar ist. Aber die Gerichtsverhandlung selbst scheint ähnlich wie die in heutigen Gerichten abgelaufen zu sein, wie es der *Papyrus British Museum 10052* uns als Zeugnis bewahrt hat:

»Der Weihrauchdiener Nesamun, genannt Tjabay, vom Tempel des Amun wurde hereingeführt. Der Gerichtsherr nahm ihm den Eid ab und ließ ihn nachsprechen: ›Wenn ich die Unwahrheit sage, möge man mich verstümmeln und nach Äthiopien schikken‹. Sie sagten zu ihm: ›Erzähl uns, wie du mit deinen Genossen die Großen Gräber angegriffen hast, als ihr dort das Silber herausgeholt und es euch angeeignet habt.‹«

Schließlich berichten der Angeklagte und auch der Kronzeuge laut dem *Papyrus Leopold Amherst*, wie sie sich bei ihrem Grabraubvorhaben Eintritt in die immer als ausgeklügelt und sicher gedachten Grabanlagen verschafften und was alles zu ihrem Diebsgut gehörte. Letztendlich scheint man mit allen Beteiligten (auch dem Ankläger) kurzen Prozeß gemacht zu haben, weil sie von der Bildfläche verschwinden und in keinen weiteren zeitgenössischen Dokumenten mehr auftreten. Auch mehrere Arbeitskolonnen, mit denen die Grabräuber bei ihren Raubzügen zusammengearbeitet hatten, verschwinden spurlos. Eventuell wollte man so mögliche Nachahmer abschrecken und das »Geheimnis« der Grabanlagen schützen.

Die frühen Gräber der Bauherrn waren stests so angelegt worden, daß sie sicher vor Grabräubern und Plünderungen waren, wobei der Begriff der »Sicherheit« nur ein relativer war. Als Ramses IV. (1159–1153 v. Chr.) verstarb, verging etwa ein Jahr, ehe die Suche nach einem Standort für sein Grab begann. Der britische Ägyptologe Christopher Wilkenson beschreibt das wie folgt:

»Den genauen Ort für ein neues Königsgrab scheint der Wesir in Begleitung der Obersten Steinmetze und Architekten ausgewählt zu haben, wobei jedoch der König selbst ihn irgendwann besichtigt und gutgeheißen haben durfte.«

Abb. 102: Imhotep-Inschrift

Eine derartige Verzögerung bei der Suche nach einem Standort war jedoch eher ungewöhnlich, sodaß spätere Könige wieder von der Sicherheitspraxis abgingen und prunkvolle Gräber errichten ließen, um jeden Lebenden in der Nachwelt zu beeindrucken. Wie groß und gewitzt diese prunkvollen Gräber waren, will ich anhand des Grabes von König Imenhotep III. (KV22) im Tal der Könige beschreiben, der fast 40 Jahre regierte. Die französische Expedition unter Napoleon entdeckte das Grab schon 1799 im Westteil des Tals. Der erste Bereich ist ein etwa zwölf Meter langer Gang, der sich in einer Tiefe von etwa fünf Metern befindet. Diesem Abschnitt folgt ein zweiter, circa 18 Meter langer Gang, den man über eine siebenstufige Treppe betritt. Danach folgt ein dritter Gangabschnitt, der etwa 14 Meter lang ist und den man über eine Treppe mit zehn Stufen erreicht. Hier folgt dann ein rund 4 x 4 Meter großer und acht Meter tiefer

Schacht, der dem Zweck dient, Grabräuber abzuhalten. Der sogenannte »Brunnenschacht« ist an allen vier Wänden mit Darstellungen und Taten des Königs vor diversen Gottheiten verziert und bildete quasi für den unerfahrenen Grabräuber eine Sackgasse. Um die Grabräuber in die Irre zu führen, wurde neben dem Brunnenschacht auch eine unterirdische Kammer angelegt, die man mit Blendgaben ausstattete. Der Grabräuber sollte glauben, hier das Wesentliche des Grabes bereits gefunden zu haben. (Aufgrund dieser Tatsache dürfte selbst einem Laien recht schnell klar werden, daß die uns heute bekannten Kammersysteme der Pyramiden in Giseh ganz offensichtlich noch einige Geheimnisse bergen.) Der geübte Grabräuber wußte im Fall der Grabstätte von Imenhotep III. jedoch, wie er den Brunnenschacht überwinden konnte, um die eine Sackgasse bildende Wand zu durchbrechen, so daß er seinen Weg zur Schatzkammer fortsetzen konnte.

Abb. 103: Inschrift Serapeum

In dieser Grabstätte folgt dem Brunnenschacht schließlich eine erste Säulenhalle, die in einem Winkel von 90 Grad in Richtung Norden angelegt ist. Der Raum hat eine Größe von 5,25 x 10,50 Metern und wird von zwei Säulen gestützt. Am Ende befindet sich eine weitere Treppe mit neun Stufen, die zu einem weiteren, etwa sechs Meter langen Gangabschnitt führt. Nach einer Treppe mit sieben Stufen erreicht man die sogenannte »Vorkammer«, die ebenfalls mit Szenen des Königs vor diversen Göttheiten bemalt ist.

Die Vorkammer ist wie der bereits erwähnte nachfolgende Abschnitt hinter dem Brunnenschacht als eine weitere Sackgasse angelegt. Doch nach dem Durchbruch der Blendwand beziehungsweise der Scheintür betritt man einen etwa 8 x 12 Meter großen Säulensaal, der ebenfalls in einem 90-Grad-Winkel angelegt und nach Osten ausgerichtet ist. Nicht nur, daß dieser Raum von sechs Säulen gestützt wird – er besitzt auch zwei Geheimkammern, von denen sich eine im Norden und die andere im Süden befindet. Eigentlich gehört der Säulensaal bereits zur Hauptkammer, doch erst nach dem Begehen einer vierstufigen Treppe erreicht man den Sarkophag, der sich im Zentrum einer 8 x 6 Meter großen Kammer befindet. Von hier geht noch einmal eine etwa 8 x 8 Meter große Kammer in nördliche Richtung ab, die für die Königin Sit-Amun bestimmt war. Eine weitere, etwa 7 x 7 Meter große Kammer, die in östlicher Richtung zur Hauptkammer des Königs angelegt wurde, war für Königin Teje bestimmt. Wie man erkennt, ist das Ganze eine komplexe Grabanlage, wie man sie nicht besser hätte ausführen können. Das Grab Imenhoteps III. ist das am weitesten entwickelte »Knickachsengrab« aus der 18. Dynastie. Was aber ist mit Imhoteps Grab? Wo sollen ihn die Archäologen suchen?

Die diesbezügliche Lokalisierung war für die Archäologen schon immer schwierig, denn nach Fertigstellung der Stufenpyramide des Djoser verschwand Imhotep für lange Zeit aus den Annalen, sodaß keine Schriftquelle mehr seinen Namen nannte. Erst viele Jahrhunderte später wurde sein Andenken wiedererweckt. Deshalb hoffen die Archäologen, daß die letzte Ruhestätte Imhoteps in der Nähe von Sakkara liegt. Aus alten Überlieferungen weiß man, daß er Lebensaufzeichnungen verfaßte und »Geschenke direkt von den Göttern« erhielt. Sobald man seine Mumie findet, wäre man am langersehnten Ziel. Doch wo genau sollen die Archäologen den Spaten ansetzen? Im Areal von Sakkara? Oder vielleicht doch ganz woanders? Haßten ihn vielleicht andere Priester, weil er allen Widerständen zum Trotz Ägypten aus der dunklen Vorzeit führte und seinen Zeitgenossen die Augen für den Fortschritt und die Wissenschaft öffnete? Mußte er vielleicht deshalb sein Grab an einen Ort verlegen, der eher

Abb. 104: Serdab des Imhotep?*

untypisch für Personen seines Ranges und Könnens war? Fiel sein Grab vielleicht den Intrigen eines mächtigen Hofclans von Priestern zum Opfer, die seine Spuren verwischten? War es vielleicht ihre Rache dafür, daß ein einfacher Baumeister mehr Einfluß beim König gewann, als der bis zum Auftauchen Imhoteps ständige Oberpriester etablierte hatte?

Der italienische Ägyptologe Francesco Tiradritti vom Archäologischen Institut in Mailand bringt die mögliche »Auslöschaktion« mit dem sogenannten Ketzer Imenhotep IV. in Verbindung:

»Es wäre nicht das erste Mal im Alten Ägypten, daß man jemanden vergessen wollte und seinen Namen von den Monumenten tilgte. In besonders schweren Fällen – wenn zum Beispiel ein König gegen religiöse Traditionen verstoßen hatte – wurde sogar das Grab geöffnet und der Inhalt zerstört. Man weiß jedoch nicht genau, ob so etwas auch mit Imhotep passiert ist.«

Bekanntermaßen wagte es 1300 Jahre nach Imhotep ein Pharao, gegen die Gesetze von Tradition und Religion zu verstoßen. Gemeinsam mit seiner schönen Gemahlin Nofretete stürzte er die alten Götter von ihrem Thron. Nur noch dem einzigen Gott Aton, dem Sonnenlicht, durften von nun an die Untertanen huldigen, und natürlich dem König selbst. Imenhotep IV. läßt die Priester aus den Tempeln vertreiben, wobei es zu Mord und Totschlag kommt. Ähnlich der Bücherverbrennung durch die Na-

* Mit diesem aus dem arabischen Sprachraum stammenden Wort (»Gewölbe«) wird der zugemauerte Raum bezeichnet, der an der Südseite der Mastaba angebracht war und eine oder mehrere Grabstatuen enthielt.

tionalsozialisten 1933 in Berlin, die damit zahlreiche unliebsame Autoren unterdrücken und dem Vergessen anheimstellen wollten, werden überall die alten ägyptischen Götternamen ausgemeißelt. Doch nach seinem Tod fällt der Ketzer selbst dem Fluch des Vergessens zum Opfer, sodaß sein offizielles Grab in Tell-Amarna für immer leer bleibt. Ereilte den weisen Imhotep eine genauso grausame Strafe der alten Ägypter, die in der Zerstörung seines Leichnams gipfelte?

Das Schicksal des großen Erneuerers Ägyptens ist trotz der interessanten Spekulationen des italienischen Ägyptologen noch immer unbekannt. Man weiß allerdings, daß Imhotep erst einige Jahre nach Pharao Djoser gestorben ist, doch sein Grab und seine Mumie sind bis heute verschollen. Würde beides entdeckt werden, könnten diese Funde den Wissenschaftlern nicht nur Auskunft über Imhoteps wahre Geschichte geben, sondern auch über die altägyptische Gesellschaft und ihre wahren Ursprünge. Die Entdeckung der Grabanlage Imhoteps würde möglicherweise eine größere Sensation sein als die Schätze von Pharao Tutanchamun, vorausgesetzt natürlich, daß man überhaupt daran interessiert ist, diese Erkenntnisse weiterzugeben. Imhotep fasziniert die Menschen in aller Welt, weil er von einem uralten »göttlichen« Geheimnis umgeben ist: Er strahlt Magie aus. Warum hat man ihn aber dann trotz intensiver Suche noch immer nicht gefunden?

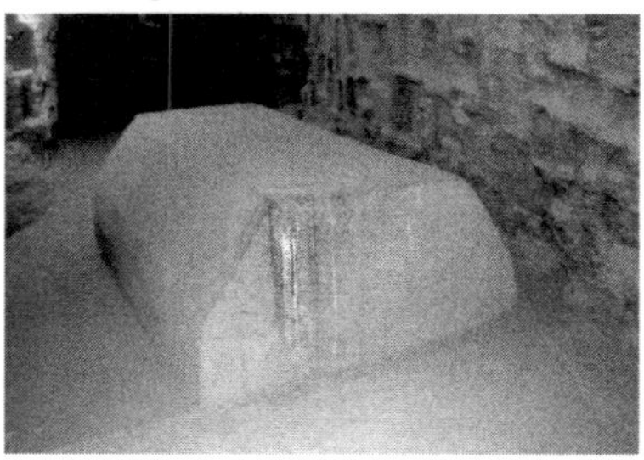

Abb. 105: Sarkophagdeckel im Serapeum

Seit Jahren durchsuchen die Archäologen in Sakkara jeden Quadratzentimeter nach Hinweisen auf das verschollene Grab. Sie sind fest davon überzeugt, daß die letzte Ruhestätte des weisen Imhotep in der Nähe der Stufenpyramide liegen muß. Der Ägyptologe Zahi Hawass erzählte jüngst über einen erstaunlichen Grabfund in Sakkara, der hoffen läßt:

»In einem Grab eines Doktors, der vor 4200 Jahren gestorben ist, sind wir auf zwei überraschende Dinge gestoßen. Das erste war der Fund von medizinischem Gerät, das ägyptische Ärzte bei Operationen benutzten – ganz so, als ob der Tote selbst damit operiert hätte.«

Die Ägyptologen gehen davon aus, daß die ägyptische Zivilisation ihren Ausgang bei Djoser und Imhotep genommen hat. Der Überlieferung nach hatten im Niltal bereits zwei Dynastien geherrscht, als Djoser in Unterägypten an die Macht kam. Von Memphis aus einigte er das Land der Pharaonen bis zum ersten Katarakt bei Assuan und gab dem Nilland damit seinen staatlichen Rahmen vor – bis auf den heutigen Tag. In Wahrheit organisierte Djosers Herrschaft aber sein weiser Priester Imhotep. Während wir anhand der Stufenpyramide und anderer Zeugnisse sehr gut nachvollziehen können, wie König Djosers Herrschaft begann und wo sie endete, ist die Suche nach Imhoteps Grab immer noch ungeklärt. Bislang haben sich drei große Theorien etabliert, die aber noch immer keine archäologische Fundierung vorweisen können. Eine davon lautet, das Grab soll sich im direkten Umfeld der Stufenpyramide befinden. Der Grund für diese Annahme ist der, daß hohe Beamte oder Hofmitglieder im Diesseits wie im Jenseits in der Regel die Nähe zu ihrem Herrscher suchten. Diese Ansicht vertrat vornehmlich der bereits erwähnte Franzose Auguste Mariette. Er behauptete zu Lebzeiten immer, daß er bei seinen großangelegten Grabungen im Bereich des Serapeums, südöstlich der Stierkatakomben, einen »Imhotep-Tempel« entdeckt habe, der allerdings aufgrund der zurückhal-

Abb: 106: Wo ist Imhotep?

tenden Informationspolitik Mariettes nur beiläufig erwähnt und zu keiner Zeit archäologisch erfaßt wurde. Die vage Ortsangabe des Franzosen hat in den letzten 100 Jahren dazu geführt, daß man diesen »Imhotep-Tempel« weit südlich in die Nähe der Stufenpyramide versetzen wollte.

Einige Archäologen, wie beispielsweise Dietrich Wildung, vermuteten schließlich, daß Auguste Mariette »nur« den westlichen Ausläufer des Bubasteion aus dem ersten vorchristlichen Jahrhundert am östlichen Wüstenrand anschnitt, wo man erst 1996 zahlreiche Katzenmumien entdeckte. Dieser Bereich war bis dahin noch völlig unerforscht. Erst im November 2001 machte das Team um Cécile Callou vom Naturhistorischen Nationalmuseum in Paris eine besondere Entdeckung: Auf dem Steinboden in einer Ecke des Hauptraums der Begräbnisebene der Gruft lag ein erstaunlich unversehrtes Skelett einer Katze – allerdings von einem ziemlich großen Tier, wie sich herausstellen sollte –, von einem Löwen. Das darf mit Fug und Recht als ungewöhnlich gelten, denn wenngleich Forscher immer wieder auf Hinweise stießen, daß auch diese Großkatzen als heilige Tiere im Alten Ägypten verehrt wurden, so fanden sich doch bislang kaum Knochen von einem Löwen – geschweige denn ein ganzes Skelett. Wenngleich Bandagen fehlen, so deutet doch die Fundsituation darauf hin, daß dieser Löwe wie seine kleineren Familienangehörigen mumifiziert wurde. Die Knochen liegen nämlich im anatomisch korrekten Verbund zusammen, und die Haltung der Gliedmaßen deutet darauf hin, daß sie einst mit Stoffen an den Körper gebunden waren. An den Reißzähnen konnten die Wissenschaftler zudem Gewebereste nachweisen. Wo aber war Imhoteps Grab nun wirklich?

Eines der wichtigeren Kriterien in der frühen Gräberbaukunst war sicherlich die Notwendigkeit, diese Anlagen so zu verbergen, daß sie vor Grabräubern und damit vor Plünderungen geschützt waren – auch wenn mit der prunkvollen Pyramidenanlage des Djoser jeder Räuber und Dieb schon von weitem den ungefähren Standort der Schätze dieses verstorbenen Königs erkennen konnte. Doch Vermutungen sind keine Gewißheiten, wie man anhand der bisher erfolglosen Suche nach Imhoteps Grab erkennen kann. Vieles wurde im Areal der Djoser-Grabanlage gefunden, aber die letzte Ruhestätte seines genialen Baumeisters ist bis heute ein interessantes Geheimnis geblieben, das ganz offensichtlich noch immer unter dem Wüstensand schlummert.

Abb. 107: Westseite der Stufenpyramide des Djoser

Imhotep soll sein Grab, ähnlich wie König Djoser, unter einem »Hügel« verborgen haben, doch eine weitere Pyramide existiert nicht. Zumindest keine, die man nicht zuordnen konnte. Deshalb ist in diesem Zusammenhang vielleicht die altägyptische Bezeichnung »kay« ganz interessant, die wörtlich »hochgelegener Ort« bedeutet. Darunter verstehen die Ägyptologen zwar nur die Bezeichnung für ein Felsengrab, doch könnte dieser linguistische Hinweis auch genau den Ort von Imhoteps Grab bezeichnen, den man schon zwischen 1920 bis 1971 intensiv gesucht hat.

Der damalige Leiter des Archäologischen Instituts Englands, Walter Brain Emery, stand im Alter von fast 68 Jahren auf einer flachen Grube in Sakkara und zeigte seinem Assistenten und den Arbeitern, die gerade den Sand wegschaufelten, mit seinem Gehstock den Eingang zu einem Kalksteindurchgang und sagte: »Ich stehe vermutlich auf meinem Grab.«

Es war der 7. März 1971, als Walter B. Emery nach 48 Jahren des Grabens und Bohrens im Wüstensand von Sakkara auf den sogenannten »Durchgang-d« gestoßen war, worin er endlich die größte Entdeckung seines Lebens zu finden hoffte: »Imhoteps Grab«. Nur vier Tage später starb er, ohne jemals erfahren zu haben, auf was er dort wirklich gestoßen war.

Wie der berühmte König Tutanchamun, dessen Grab in Luxor (Theben) 1922 von Howard Carter (1874–1939) entdeckt und ausgegraben wurde, faszinierte den Ägyptologen Emery die legendenbehaftete Gestalt des Imhotep, der zu Lebzeiten Philosoph, Arzt, Architekt und Magier gewesen sein soll. Obwohl Emery wußte, daß die Bücher, die Imhotep zugeschrieben wurden, verschwunden waren und nur sehr wenige Aufzeichnungen über sein privates Leben existierten, empfand er die Anwesenheit des weisen Ägypters überall: Insbesondere begeisterte ihn die Stufenpyramide, die seiner Ansicht nach ein monumentales Bauwerk und Zeugnis für die Genialität Imhoteps darstellte. Zwar besaß dieses Bauwerk nicht die kolossale Größe und Geometrie der Großen Pyramide von Giseh, doch die architektonische Form und das verwendete Material Stein nahmen nach Ansicht von Emery und anderer Ägyptologen genau hier in Sakkara ihren Anfang.

Abb. 108: Säulenallee

Noch berühmter ließen den Hohepriester aber seine Kenntnisse als Arzt werden, die noch 2000 Jahre nach seinem Tod von seinen Anhängern gepflegt wurden. Der weise Imhotep war schließlich so populär, daß zu seinem Grab in Sakkara jedes Jahr Tausende von Menschen pilgerten, um dort Heilung zu erfahren. Trotz ihrer eigenen medizinischen Erkenntnisse zollten ihm gerade die Griechen und Römer größte Anerkennung. Angeblich opferte sogar Cleopatra VII. Philopator (69–30 v. Chr.) ihm zu Ehren im Tempel von Philae und ließ dort eine Inschrift anbringen.

Beinahe genau so schnell, wie der Ruhm Imhoteps eine Vielzahl von Menschen erreicht hatte, verschwanden seine Spuren wieder im Wüstensand von Sakkara. Erst im Jahre 1920, nur kurze Zeit nach dem Ersten Weltkrieg, wurde Imhotep durch die Ausgrabungsarbeiten von Cecil M. Firth sozusagen wiederbelebt. Das war aber eher Zufall, weil Firth damit beschäftigt war, die Nebengebäude der Stufenpyramide von Sand zu befreien, und dabei einen Eingang in die unterirdischen Katakomben fand. Darin entdeckte er eine Statue, die anscheinend dem Erbauer der Stufenpyramide geweiht war: Es war Imhotep.

Völlig aufgeregt aufgrund dieses Fundes fing Firth dann an, nach »Imhoteps Grab« zu suchen. Er war überzeugt, daß es sich nahe der Stufenpyramide oder maximal in einem Umkreis von etwa 1,8 Kilometern davon befinden müsse. Bis zu seinem Tod suchte er vergeblich in diesem Areal danach. Mittlerweile war auch Emery im Wüstensand von Sakkara auf einen Platz gestoßen, den er »Schatzhaus« nannte und Imhotep zuordnete. Doch das, was er Imhotep zugeordnet hatte, entpuppte sich in Wahrheit als das Grab eines Königs der ersten Dynastie. Nach dem Tode Firths intensivierte Emery seine Suche nach Imhoteps Grab, trotz seiner Arbeiten im Sudan und in anderen Teilen Ägyptens. Schließlich entdeckte er doch noch einen entscheidenden Hinweis in einer Inschrift, die folgendes berichtete:

»Imhotep ruht in dem großen Dehan, eine Höhle, die seinem Herzen teuer ist.«

Was hatte das zu bedeuten?

Emery war sich sicher, was die Inschrift damit sagen wollte:

»Es könnte sein, daß die Höhle, die da erwähnt wird, dieses große unterirdische Labyrinth ist.«

Nach monatelanger Arbeit unter der Erde mußte Emery jedoch erkennen, daß keiner der Gänge zu der Gruft des weisen Imhotep führte. Nach einer Unterbrechung aufgrund des Zweiten Weltkrieges nahm er seine Arbeiten erst 1946 wieder auf. Wie Firth war sich auch Emery sicher, daß »Imhoteps Grab« nahe der Stufenpyramide liegen mußte. Zum Teil basierte seine Über-

Abb. 109: Hier liegt Imhotep begraben

zeugung auf Berichten, die von den Wissenschaftlern Napoleons verfaßt wurden, als diese anfingen, das Land der Pharaonen zu erschließen. Bei Sakkara hatten diese frühen Wissenschaftler »das Grab der heiligen Vögel« entdeckt und beschrieben, wie sie »in Gruben versanken, die zu großen unterirdischen Durchgängen führten, welche beträchtliche Bereiche umfassen, die voll mit diesen Vögeln« ausgestattet waren. Da der heilige Vogel des Imhotep nahe dem »See der Krokodile begraben« wurde, vermutete Emery, daß das heutige Sandbecken in Sakkara einstmals in seiner tiefsten Stelle einen See beinhaltet haben mußte. Glücklicherweise existieren Überlieferungen aus der Zeit Imhoteps, die die Jahrtausende bis heute überdauert haben und uns einen Einblick verschaffen, wie Sakkara einst ausgesehen haben muß: Der *Papyrus Westcar 3033* im Ägyptischen Museum zu Berlin ist eine altägyptische Handschrift aus dem 17. Jahrhundert v. Chr., die in hieratischer Schrift verfaßt worden ist. Der Papyrus geht auf eine Vorlage aus der zwölften Dynastie (1991–1848 v. Chr.) zurück und behandelt die Geschehnisse aus der dritten bis fünften Dynastie (2644–2205 v. Chr.).

Die auf den Papyri enthaltenen volkstümlichen Erzählungen wurden nach Ansicht der Ägyptologen von »fahrenden Sängern« in die entlegensten Ecken des Pharaonenreiches transportiert und dort durch mündliche Überlieferung so weit verbreitet, daß sie schließlich jeder Einwohner Ägyptens kannte. Interessant zu wissen ist, daß beispielsweise auch die Vorlage für das Märchen

Aschenputtel aus der vierten Dynastie (2505–2348 v. Chr.) stammt. Diese Geschichte war also bereits über 4000 Jahre alt, als sie in die Märchensammlung der Gebrüder Grimm aufgenommen wurde. Ähnlich verhält es sich mit Überlieferungen aus dem *Papyrus Westcar*, die Eingang in die Bibel fanden.

Abb. 110: Magische Geschichten

Zu jedem vornehmen ägyptischen Haus gehörte ein Garten mit einem Teich und einer pavillonartigen Laube. Eines Tages schritt König Snofru durch alle Gemächer seines Palastes, um sich irgendeine Aufheiterung zu verschaffen. Aber er konnte keine finden. So befahl er:

»Geht und holt mir den Obersten Vorlesepriester und Buchschreiber Djadja-em-anch!«

Nachdem man den Priester eiligst herbeizitiert hatte, erklärte ihm der König, daß er im gesamten Palast keine Aufheiterung habe finden können. Djadja-em-anch empfahl dem König daraufhin:

»Möge Deine Majestät sich zum See des Palastes begeben! Bemanne Dir ein Boot mit allen Schönen Deines Palastinnern. Das Herz Deiner Majestät wird sich erquicken, sie auf und ab rudern zu sehen. Und wenn Du die schönen Vogelgeniste Deines Sees erblickst und die umliegenden Gefilde und lieblichen Gestade, wird Dein Herz sich dabei erheitern.«

Nachdem seine Majestät Snofru mit dem Vorschlag einverstanden war, antwortete er schließlich seinem Obersten Vorlesepriester und seinen Gefolgsleuten:

»Also werde ich meine Ruderfahrt unternehmen. Man hole mir 20 goldbeschlagene Ruder aus Ebenholz, deren Griffe aus Sandelholz mit Weißgold beschlagen sind. Dann hole man mir 20 Frauen mit makellosem Körper und junger Brust und mit Zopffrisur und die noch nicht geboren haben. Man hole mir weiter 20 Perlennetze und gebe diese Netze den Frauen anstelle ihrer Kleider.«

Nachdem man alles, was der König befohlen hatte, herbeigeschafft hatte, ruderten alle im See auf und ab, sodaß der König anfing, sich langsam wohlzufühlen. Doch plötzlich fiel einem der Mädchen ein Anhänger mit »neun Türkisen« ins Wasser, worauf sie verstummte und auch mit dem Rudern aufhörte. Das fiel dem König natürlich sofort auf, woraufhin seine Majestät sich über den Grund ihrer Traurigkeit erkundigte. Sie erzählte dem König, was geschehen war, und der König brach daraufhin in Gelächter aus. Er versprach ihr, diesen Anhänger selbstverständlich zu ersetzen, und bat sie, ihre Trauer zu beenden. Das änderte jedoch nichts an der Traurigkeit der Jungfrau, die dem König entgegnete:

»Ich will lieber mein eigenes Stück als seinen Ersatz.«

Daraufhin holte König Snofru erneut Djadja-em-anch zu sich und erzählte ihm von dem Mißgeschick und davon, daß die Jungfrau keinen Ersatz wünsche, sondern auf ihrem eigenen Anhänger bestehe, um nicht weiter traurig zu sein. Der Oberste Vorlesepriester versprach, sich des Problems anzunehmen:

»Da sprach der Oberste Vorlesepriester Djadja-em-anch irgendwelche Zauberworte, dann legte er eine Wasserhälfte des Sees auf die andere, und er fand den Anhänger auf einer Scherbe liegen. Er holte ihn, und so wurde er seiner Besitzerin übergeben. Das Wasser aber, das in seiner Mitte zwölf Ellen tief gewesen war, erreichte nunmehr 24 Ellen, nachdem es aufeinandergeklappt war. Dann sprach er wieder irgendwelche Zauberworte und brachte das Wasser des Sees an seinen Platz zurück.«

Dieser Mechanismus des geteilten Wassers auf künstlicher

Basis findet sich später im Alten Testament und wird dem Ägypter Moses zugesprochen. Darüber hinaus enthält der *Papyrus Westcar* auch die Vorlage für künstlich erschaffene Tiere. In der weiteren Geschichte, die Djosers Vater König Chasechemui zugewiesen wird, geht es etwas heikler zu: Chasechemui empfing nämlich eines Tages seinen Obersten Vorlesepriester, um diesem über die Untreue einer seiner Ehefrauen zu berichten. Er wünschte, daß der Mann, der die Königin verführt hatte, bestraft würde.

Als Uba-oner alles damit Zusammenhängende erfahren hatte, ließ er seine Zauberbücher und Zaubergeräte holen, die sich in einem »Kasten aus Ebenholz und Gold« befanden:

»Ich formte einen Rächer und schickte ihn als meinen Boten zu ihm. Dann formte ich ein Krokodil aus Wachs von sieben Fingern Länge und las über ihm einen Zauberspruch.«

Uba-oner beauftragte schließlich den Gartenaufseher damit, das Krokodil dem Mann niederer Herkunft hinterherzuwerfen, wenn er ihn mit der Königin vergnüglich beim Baden im Teich sehe:

»Als es Abend geworden war, kam der Mann zum Teich, wie er es täglich zu tun pflegte. Da warf der Aufseher das Krokodil aus Wachs hinter ihm her ins Wasser. Dieses verwandelte sich in ein Krokodil von sieben Ellen Länge, und es packte den Mann. Indessen blieb Uba-oner sieben Tage lang bei der Majestät des Königs Chasechemui, während der Mann in der Tiefe des Teiches war, ohne zu atmen.

Als die sieben Tage um waren, schickte sich König Chasechemui an, in seinen Palast zurückzukehren. Dort trat der Oberste Vorlesepriester Uba-oner vor und sprach zu ihm: ›Mit Vergunst, darf ich etwas sagen? Möge Deine Majestät kommen und sich das Wunder ansehen, das zur Zeit Deiner Majestät geschah.‹ Der König ging zum Teich Uba-oners, und dieser rief: ›Bring den Mann herauf!‹ Das Krokodil kam aus dem Wasser heraus und brachte den Mann. Daraufhin sagte der Oberste Vorlesepriester: ›Pack ihn wieder!‹ Da schleppte das Reptil den Unglücklichen

Abb. 111: In solch einem Sarg fand man einen Sohn von Ramses II.

wieder fort. Jetzt ließ Uba-oner den Mann von neuem bringen und ihn vor seine Majestät König Chasechemui werfen: ›Wahrlich, dies Krokodil ist schauderhaft!‹ Aber Uba-oner bückte sich, nahm es, und es war in seiner Hand nur wieder ein Krokodil aus Wachs.«

Es könnte sein, daß diese Geschichte von dem Teich erzählt, in dessen Nähe sich Imhoteps Grab befinden soll. Interessant ist in diesem Zusammenhang, daß die alten Priester offenbar das »Wasser übereinander stapeln« konnten. Imhotep gelang es, die langanhaltende Dürreperiode in der dritten Dynastie nur deshalb zu bezwingen, weil er den Umgang mit Staudämmen und Schleusen kannte. Vielleicht war sein verschollenes Grab so ausgeklügelt angelegt, daß es sich unter einem künstlichen See befand. Der Archäologe Dietrich Wildung sagt über das in Frage kommende Gebiet:

»Das Areal kann eingegrenzt werden, aber es sind immer noch einige Quadratkilometer, über denen zum Teil wahrscheinlich zehn Meter Flugsand liegen.«

Welche Meinung vertrat der Archäologe Emery in dieser Hinsicht?

Bevor Walter B. Emery auf die ersten wissenschaftlichen Anhaltspunkte für die Existenz von Imhoteps Grab traf, dauerte es bis 1962. Eher zufällig entdeckte der Ägyptologe eine sich auf einige Kilometer über dem Wüstensand ausdehnende Spur von zerbrochenen Tonwaren und Keramiken. Eine erste Überprüfung der Darstellungen auf dem Ton bestätigte, daß es sich dabei um Teile der Behälter handelte, die bei den frommen Ritualen um den »Imhotep-Kult« verwendet wurden. Die Pilger trugen die Gefäße mit sich und pflasterten ganz offensichtlich einen ganzen Weg damit. Im Laufe der Zeit zerbrachen diese Mitbringsel schließlich und wurden von der Wüste verschluckt. Zwei ältere Photographien dieses Bereiches, die die Britisch Königliche Luftwaffe aufgenommen hatte, zeigten dunkle Umrisse von Gebäudeteilen, die sich etwa 60 Zentimeter unter dem Sand befinden mußten. Diese Fotos von den Ruinen überzeugten Emery schließlich, daß das der Ort war, wo er graben mußte, wenn er Imhoteps Grab finden wollte. Schon zu Beginn der Grabungen im Winter 1962 machte Emery eine vielversprechende Entdeckung:

»Gleich am Anfang fanden wir ein Grab aus der dritten Dynastie. Als wir in den Grabschacht kletterten, fanden wir in der Grabkammer einige unvollständige Teile von Stieren, die einem heiligen Mann geopfert wurden.«

Von hier aus gelangte Emery in eine unterirdische Galerie, an die sich noch weitere Durchgänge anschlossen, die voll mit mumifizierten Ibissen gepackt waren, dem heiligen Vogel Imhoteps. Es gab mehr als eine Million solcher Vogelmumien, die in Tongefäßen steckten. Offenbar war Emery auf das »Grab der heiligen Vögel«, das von den Wissenschaftlern Napoleons gefunden wurde, gestoßen. Emery war voller Freude und sah sich seinem Ziel schon ganz nahe, doch dann traf er auf eine völlig unerwartete Schwierigkeit. Die Vielfalt der archäologischen Schichten bremste seine Arbeit, denn in Sakkara war die Geschichte buchstäblich »angehäuft« worden. Das heißt, daß an den Plätzen, wo die Grabungen stattfanden, Ruinenreste aus den verschiedensten Dynastien immer wieder übereinander- und durcheinandergeschichtet worden waren, sodaß sich eine 2000 Jahre alte Schicht über einer 1000 Jahre alten befinden konnte, die sich wiederum unter einer Schicht mit einem Alter von 3000 Jahren befindet. Zudem hatten frühe Forscher ihren bei Grabungen entstehenden Aushub meist über noch unentdeckte Gräber geworfen, die sich aufgrund dessen unter viel höheren Sandschichten befanden, als sie die Wüste verursachen konnte. Emery ließ, mit solcherlei Problemen konfrontiert, einen ein Quadratkilometer großen Bereich abstecken, um den dort angehäuften Sand wegtragen zu lassen. Doch dieses Unterfangen erwies sich als hoffnungslos, woraufhin er sich zu einem unorthodoxen Schritt entschied. Er setzte nun eine Planierraupe ein, mit der er in nur einigen Tagen viele Tonnen Sand entfernte, was auf manuellem Wege Jahre gedauert hätte. Seine Kollegen wunderten sich über diese Maßnahme, doch der Erfolg gab ihm recht. Während Emery seine Suche nach Imhoteps Grab fortsetzte, fand er eine ganze Reihe von weiteren Schächten. Einer dieser Schächte führte unter anderem in ein Mumienfeld für Paviane, die ein Symbol des Gottes Thot waren und für Weisheit sowie Intelligenz standen. Des weiteren fand er einen unterirdischen Bereich mit mumifizierten Falken, die als Sinnbild des Horus gelten. Kurze Zeit später entdeckte er einen hölzernen Kasten – in dem sich ein kleines Stück Stein befand –, der in einer in den natürlichen Fels eingearbeiteten Nische lag. Der Stein war zwar nur 22 Zentimeter groß, enthielt aber nach Auffassung Emerys einen elektrisierenden Spruch:

»Imhotep der Große, Sohn des Ptah, des größten Gottes aller Götter, die hier in ihrer Stille ruhen.«

Wohin würde dieser Hinweis Emery führen, und was würde er vor allem finden? Welchem Geheimnis war der Ägyptologe auf der Spur?

Auch nach Ansicht von Walter B. Emery sollte Imhoteps Grab viel bedeutender sein als die Entdeckung des Tutanchamun-Grabes durch Carter. Selbst wenn vor Emery schon Grabräuber dort gewesen sein sollten, war die Wahrscheinlichkeit groß, daß er Papyri oder andere Grabbeigaben finden würde, die für Diebe nicht von Bedeutung waren. Der Ägyptologe war felsenfest überzeugt:

»Imhoteps Grab ist hier, und ich finde es!«

Von einer Galerie mit präparierten Pavianen aus schlugen die Ausgräber einen Durchbruch. Sie öffnen damit einen tiefen Grabschacht. Die Kammer darunter stammte aus der Zeit der dritten Dynastie. Die Epoche stimmte. Doch bis auf einen Tonkrug mit

Abb. 112: *Anpu war allgegenwärtig*

dem Zeichen König Djosers fand Walter Emery nichts, was von Bedeutung gewesen wäre.

Zwar gelang es Emery zu Lebzeiten nicht mehr, Imhoteps Grab zu finden, doch kurz nach seinem Tod gab sein Assistent Geoffrey Martin, der ihn lange Jahre begleitet hatte, wenigstens bekannt, daß die Suche nach dem Universalgenie weitergehe. Martin war jedoch längst nicht so fest wie Emery entschlossen, Imhoteps Grab auch tatsächlich zu finden, sodaß er seine diesbezüglichen Arbeiten im Jahre 1979 einstellte. Ali el Khouti, der ebenfalls Assistent von Emery war, berichtete allerdings etwas, was Geoffrey Martin niemals erwähnt hatte:

»Wir haben das Grab von Imhotep längst gefunden. Wir mußten den Fund nach dem Tod von Professor Emery für uns behalten und durften darüber nicht veröffentlichen.«

Imhoteps Grab längst gefunden? Warum hat man bisher nichts davon gehört? Wird wieder einmal alles über den Fund unter den Teppich gekehrt?

Im Oktober 1996 begannen neue Ausgrabungen in Sakkara, die unter der Leitung des polnischen Archäologieprofessors Karol Mysliwiec durchgeführt wurden. Wie schon Emery Jahrzehnte vor ihm, war auch Mysliwiec davon überzeugt, einen zwingenden Beweis zu besitzen, der es ihm erlaubte, »Imhoteps Grab« zu finden. Mysliwiec vertrat die Ansicht, daß Archäologen, die vor ihm in Sakkara gegraben hatten, wenig Interesse am Bereich westlich dieses Terrains gezeigt hätten. Statt dessen hätten die meisten Ausgrabungen im Osten stattgefunden, wo man tatsächlich Gräber aus dem Alten und Mittleren Reich gefunden hat. In dieser Umgebung wurden sogar Gräber der zweiten Dynastie entdeckt. Nach Ansicht des Polen konnten viele Archäologen nun ihre Vorstellungen zwar bestätigen, aber erst im westlichen Bereich des Grabbezirks sei es möglich, diese zu konkretisieren. Der Professor erklärte:

»Ich war überzeugt davon, daß der Westen schon in der frühen Periode Sakkaras wichtig war, weil dieser Boden Leichname beherbergte, die durchaus zu den wichtigsten Persönlichkeiten Ägyptens gehören konnten.«

Diese Ansicht entwickelte der Ägyptologe jedoch nicht zufällig. Seine Theorie hatte Mysliwiec erst ausformuliert, nachdem er den Grabungsort bereits 1987 mit geophysikalischen Techniken untersucht und ausgewertet hatte:

»Wir fanden einen Wandverlauf, der parallel zur Einfriedungsmauer des Djoser-Grabbezirks und zur Stufenpyramide verläuft. Die Bauruinen stammen mit großer Zufälligkeit ebenfalls aus der dritten Dynastie und somit aus der Zeit des Imhotep.«

Trotz zahlreicher Interpretationsversuche der Meßergebnisse gelang es den Archäologen zunächst nicht, den wirklichen Zweck dieser Mauer zu bestimmen. Karol Mysliwiec beschloß daher, mit seinem Grabungsteam die Mauer jeweils zehn Meter im südlichen Bereich und auch im Osten von den Sandmassen zu befreien und damit offenzulegen. Die Archäologen entdeckten daraufhin, daß die freigelegte Wand einen Hof darstellte und ein Grab aus der zweiten oder frühen dritten Dynastie enthielt:

»Alle Anzeichen deuteten auf das Grab eines Königs oder einer mindestens ebenso hoch angesehenen Persönlichkeit hin, wenn nicht sogar auf Imhotep selbst, dem architektonischen Genie, der nicht nur den ersten Stein als Baumeister verwendete, sondern auch den großräumigen Aufbau der Stufenpyramide des Djoser entwarf.«

Dieser Hof der Grabanlage zeigte überdies auch bestimmte Spuren, aus denen sich rekonstruieren ließ, daß dort Feuerrituale durchgeführt worden waren, die einem ganz bestimmten Zweck dienten:

»Es gibt in diesem Bereich eine Linie von vier rotfarbigen

Abb. 113: Pepi und Imhotep hatten Ähnlichkeit

Kreisen, in denen sich weitere Kreise befinden, die schwarz sind. Genau aus diesem Grund vertrete ich die Ansicht, daß das Grab einer außergewöhnlich wichtigen Person gehörte.«

Mysliwiec meinte des weiteren, daß er eine Anzahl von Faktoren kombiniert habe, bevor er zu dem Schluß gelangte, daß er mit seiner Entdeckung das lange Zeit verschollen geglaubte Grab des weisen Priesters Imhotep gefunden habe:

»Zunächst spricht es dafür, daß sich die Grabanlage sehr nahe an der Stufenpyramide des Djoser befindet. Bei den Umwälzarbeiten und dem Abtragen der Sandmassen fanden wir zerbrochene Keramiken, kleine Fayence-Kacheln und andere Gegenstände, die man bereits verwendet hatte, um den unterirdischen Komplex und die darin enthaltenen Räume Djosers zu verzieren. Das Grab gehört ohne jeden Zweifel einer wichtigen Person, die sich die gleichen kostbaren Dekorationen leisten konnte wie der König.«

Wenn man an dieser Stelle noch einmal die Aussage Ali el Khoutis berücksichtigt, will man von offizieller Seite offenbar gar nicht, daß irgend jemand das Imhotep-Grab findet. Dennoch ist der polnische Professor felsenfest davon überzeugt, das verschollene Grab entdeckt zu haben:

»Es gibt auch zwei in den natürlichen Fels eingehauene Schachtabschnitte beziehungsweise Kammern, die vier Meter lang und drei Meter breit sind. Das Interessante daran ist die extrem schwierig konstruierbare Deckenstruktur, die aus mehreren Schichten besteht und für einen genialen Baumeister spricht, der mindestens genauso raffiniert wie Imhotep gewesen sein muß. Leider sind die Wände nach den vorübergegangenen Jahrtausenden etwas instabil geworden, sodaß wir gründliche Untersuchungen der Grabanlage erst vornehmen können, nachdem wir den gesamten Bereich abgesichert haben.«

Wenn diese Aussage nicht überzeugend genug ist, fällt mir als Autor auch nichts mehr ein. Zum Teil hatte sich das Gebiet als Mumiendepot entpuppt, in dem Pilger noch 2000 Jahre nach Imhoteps Tod ihre Angehörigen bestattet hatten. Neben Einbalsamierten aus griechisch-römischer Zeit fand Mysleiwiec aber auch reichliche Spuren des Alten Reiches. Blaue Fliesen, wie sie bislang nur im Monument von Pharao Djoser gefunden wurden, bestätigten ihn und gaben auch seinen Mitarbeitern neue Hoffnung. Die Männer fanden schließlich bei fortgesetzten Arbeiten einen weiteren Eingang zu den unterirdischen Teilen des Bauwerkes. Sie legten einen Grabschacht nach dem anderen frei. Schließlich durchbrachen sie eine Mauer und standen vor der Fassade einer Grabkapelle. Mysliwiec und sein Team stellten daraufhin auch fest, daß der westliche Schacht als zusätzliche Schutzvorrichtung mit Schutt und Geröll gefüllt und dort eine Art Falle installiert worden war:

»Sie haben diesen Schacht nur als Tarnung benutzt, um von dem tatsächlichen Eingang zu den unterirdischen Räumen abzulenken, damit sie diese schützen konnten.«

Weil es bislang von Westen her nicht gelungen war, in den Bereich der Hauptkammer vorzudringen, versuchte es der Ägyptologe mit seinem Grabungsteam seit Jahren nun von Osten her. Im November 2005 war es dann schließlich soweit: Die Hauptkammer wurde geöffnet.

Die Kommentare lauteten, daß sich die Stätte in bestem Zustand befinden würde und die Öffentlichkeit gespannt sein dürfe. Interessanterweise wurde auch schon kurze Zeit nach der Entdeckung Karol Mysliwiecs im Jahre 1996 die Idee für das »Imhotep-Museum« entwickelt und im Frühjahr 1997 bereits der Grund

Abb. 114: Das Versteck war ausgeklügelt

stein dafür gelegt, nahe dem Verwaltungsbüro ein modernes Gebäude zu errichten. Entstanden ist ein Museum mit fünf Hallen, in dem neben einem Modell des Grabbezirks Sakkara, das von Jean Philippe Lauer konstruiert wurde, auch eine Bibliothek vorhanden ist. Auch die blauen Kacheln werden in der Haupthalle ausgestellt, nachdem sie am Grabungsort demontiert wurden. In dem Museum wird allerdings nichts neues von Imhoteps Grab präsentiert, sondern – meiner Meinung nach – nur eher unbedeutende Funde aus der 30. Dynastie. Wieso?

Nach einer ewig dauernden »Funkstille« ließen die Archäologen um Mysliwiec verlauten, daß ihre spektakulären Grabungen die letzte Ruhestätte eines Wesirs namens Meref Neb-ef, genannt fefi, aus der fünften Dynastie freigelegt hätten. Er lebte wohl um 2300 v. Chr. und war ein Priester von Memphis. Kein Wort über Imhotep. Dennoch drang die Information durch, daß bei Sicherungsarbeiten der freigelegten Mauer ein Mitarbeiter unverhofft auf einen weiteren geheimen Gang gestoßen war. Weil das Ende der Grabungskampagne nahte und nicht mehr aufschieb-

Abb. 115: Das Innere der Pyramide des Unas (fünfte Dynastie)

bar war, wurde der Abschnitt mit einem digitalen Meßgerät, das ähnlich wie ein Radar arbeitet, untersucht. Die Archäologen ermittelten einen Gang mit einer Länge von 80 Metern, der direkt ins Innere der Pyramide führen muß. Doch die im Gang liegenden Schuttmengen sind zu groß. Karaol Mysliwiec erklärte abschließend:

»Die Zeit hat nicht mehr gereicht, sodaß Imhotep sein letztes Geheimnis wahren konnte. Doch wir bleiben ihm dicht auf den Fersen.«

Das waren die letzten Informationen, die ich zum Thema erhalten konnte. Entweder haben die Ägyptologen kein Interesse, über ihre Grabungsaktivitäten zu informieren oder es geht dabei um nicht zuordenbare Gegenstände. Offenbar wurden 10 000 Jahre alte Artefakte gefunden, worunter sich auch seltsame Metalle befanden, deren Mischverhältnisse uns nicht bekannt sind und als »neu« eingestuft werden müssen. Vielleicht stammen sie sogar nicht einmal von der Erde. Versucht man möglicherweise, die Öffentlichkeit erneut für dumm zu verkaufen?

Kapitel 8

Verborgene Kammern und Gänge

Seit Beginn der Pyramidenforschung waren viele Ägyptologen oder Pyramidiologen davon überzeugt, daß insbesondere die Große Pyramide von Giseh noch eine oder mehrere geheime Kammern enthält, die offiziell noch immer nicht entdeckt worden sind. Ferner nahmen die Forscher an, daß die sichtbaren Bauanlagen durch unterirdische Gänge miteinander verbunden sind, und zwar nicht nur die Pyramiden und die Sphinx, sondern auch die zerstörten Tempel und die Eingangshallen. Der Ägyptologe Ahmed Fakhry (1905–1973), der in den 1950er Jahren die Knick-Pyramide in Dahschur untersuchte, vernahm in dem Bauwerk seltsame Geräusche, aufgrund derer er annahm, daß es innerhalb der Anlage oder unter ihr noch weitere nicht entdeckte Gänge geben müsse. Dieses 104 Meter hohe Bauwerk ist in der Tat etwas merkwürdig, und das nicht etwa wegen seinem nach einer Höhe von 49 Metern folgenden »Knick« von 58° auf 43° Seitenflächenneigung, sondern wegen seiner zwei Eingänge.

Abb. 116: Knick-Pyramide

Während sich auf der Nordseite in einer Höhe von 11,80 Metern ein Eingang mit einem 80 Meter langen, 25° 24' schräg verlaufenden Gang befindet und in eine Vorkammer führt, existiert auch auf der Westseite in 33 Metern Höhe ein solcher, von dem ein 67 Meter langer Gang zu einer weiteren Kammer führt, die sich allerdings über dem Felsboden befindet und meiner Meinung nach die eigentliche

Hauptkammer bilden sollte. Ganz offensichtlich sollte der Nordeingang, der in antiker Zeit bei den Pyramidenbauwerken unter den Bauleuten bekannt war, mögliche Eindringlinge auf einen Irrweg führen. So hätte man die Pyramide zwar betreten, aber dabei den versetzt gebauten Westeingang überhaupt nicht entdecken können, sodaß die »Geheimkammer« unversehrt geblieben wäre. Es ist eine gesicherte Tatsache, daß beide Eingänge in das Kammersystem – auch nach Ansicht der Experten – von Anfang an in dieser Form geplant waren. Selbst wenn die Knick-Pyramide aufgrund von Baumängeln »unvollkommen« erscheint, besitzt sie doch mit ihren zwei Eingängen und den versetzt gebauten Kammern einige wichtige Indizienbeweise, die man auch auf andere Pyramiden übertragen könnte. Läßt sich die Erkenntnis eines zweiten Einganges auch auf die Pyramiden in Giseh übernehmen?

In aller Regel gehen die Ägyptologen davon aus, daß die Pyramide ausschließlich für die Nutzung als Grabmal gebaut worden ist und die Grabfunktion von keinem seriösen Forscher in Zweifel gezogen werden darf. Sie meinen, daß die »mystischen Spekulationen« der Pyramidiologie lediglich auf willkürlichen oder irrtümlichen Erklärungen gründen würden. Erst recht dürfe man zum Beispiel Überlegungen, die schon in der Antike zu den Py-

Abb. 117: Die drei wichtigsten Giseh-Pyramiden

ramiden durch Pythagoras formuliert wurden – nach denen sie Initiationszentren gewesen seien, in denen mysteriöse Zeremonien stattgefunden hätten –, in keinster Weise ernst nehmen. Dabei existieren in der Großen Pyramide Gänge, kleine Schächte sowie Kammersysteme, die in dieser Form bislang in keiner anderen Pyramide nachgewiesen wurden und der internationalen Ägyptologie mehr als nur ein Rätsel aufgeben.

Der heutzutage benutzte Eingang in das Bauwerk ist beispielsweise nicht der eigentliche Eingang, sondern die Öffnung, die gewaltsam von Abdallah Al-Mamun im neunten Jahrhundert verursacht wurde. Der eigentliche Eingang befindet sich etwas links oben, 16,80 Meter über der Erdoberfläche, in der Mitte der Pyramide. Dieser Eingang muß für Fremde »unsichtbar« gewesen sein oder aber die Araber vor ein großes Problem gestellt haben: Der Historiker Strabon informiert über eine schwenkbare Steinplatte, die auf Anhieb nicht zu erkennen war. Bedauerlicherweise konnten die Ägyptologen nach dem Raub der Tura-Ummantelung der Pyramiden die Richtigkeit dieser Überlieferung nicht überprüfen, sodaß wir hier den historischen Quellen vertrauen müssen. In der Umgebung des Eingangs sind zumindest Steinplatten aus Granit gefunden worden, die mit großen

Abb. 118: Eingänge in die Große Pyramide

Bohrlöchern versehen sind (siehe Abb. 5) und durchaus Befestigungen für eine Türangel besessen haben könnten. Abdallah Al-Mamun und seine Leute haben zwischen 813 und 833 einen Tunnel in die Pyramide gebrochen, der noch heute von den Touristen benutzt wird. Interessanterweise wollte der arabische Eroberer im Inneren des Bauwerks »das verlorene Wissen der Alten« finden, obwohl er seiner Gefolgschaft von einem »Schatz« erzählte, der in der Großen Pyramide angeblich versteckt wurde.

Wenn man heute in die touristen- und rundganggerechte Pyramide eintritt, fällt es dem Beobachter nicht schwer, sich vorzustellen, wie schweißtreibend und staubig die Arbeit für die Araber gewesen sein muß, sich in dem mit 26,5 Grad absteigenden Gang voranzuarbeiten. Diese Stelle ist heute mit einer Stahlgittertür verschlossen, und wenn man sie öffnet, führt der 106 Meter lange Schacht etwa 30 Meter unter die Pyramide, wo sich ein 14,08 x 8,65 x 5,08 Meter großer grobbehauener Raum befindet. Die Decke dieses Raumes ist seltsamerweise bereits fertig geglättet worden, während der Boden hingegen unfertig wirkt. Wofür dieser Raum gedacht war, ist unter den Ägyptologen nach wie vor umstritten. Völlig wirr wird immer wieder von einer »unvollendeten Grabkammer« gesprochen, die angeblich noch während der jungen Bauphase aufgrund des Sauerstoffmangels in dieser Tiefe nach Planänderungen am Gesamtbauwerk wieder aufgegeben worden sei. Gegen diese »wirre« Erklärung läßt sich allerdings angesichts der Perfektion und Präzision der Gesamtanlage vorbringen, daß der unvollendete Zustand, der auch aus jüngeren Bauwerken bekannt ist, ganz offensichtlich absichtlich so belassen wurde und Teil des Bauplanes war. Dafür spricht nicht nur der große senkrechte Schacht im Zentrum des Raumes, sondern auch ein weiterführender waagerechter Schacht, der über 16 Meter in den Pyramidenkörper führt, bevor er mit einem Rechtsknick endet. Ganz offensichtlich haben beide Schachtausbuchtungen astronomische Bedeutungen, die eng mit dem Totenbuch der Ägypter in Zusammenhang stehen und auf die wir später noch

Abb. 119: Der Autor unter der Großen Pyramide

einmal zurückkommen werden.

Besonders bemerkenswert ist ein Aspekt, den ich an dieser Stelle erwähnen möchte. Er betrifft den Sauerstoffgehalt dieses Raumes. Zum erstenmal wurde dieser von mir im April 1996 und ein weiteres Mal im November 2006 untersucht. Dabei stellte sich heraus, daß der Anteil des Sauerstoffs in der Atemluft 30 Meter unter der Pyramide wesentlich höher ausfiel als zum Beispiel in der Kammer des Königs, wo sogar Ventilatoren installiert sind, um die Frischluftzufuhr zu gewährleisten. Dieses Ergebnis spricht somit nicht gerade dafür, daß hier irgendein Bauvorhaben aufgegeben worden sein soll, nur weil die menschliche Atmung erschwert war. Im Gegenteil: Diese ist problemlos möglich, und es gibt keine Beweise dafür, daß das vor Jahrtausenden anders gewesen sein soll. Der Ägyptologe Georges Goyon kommentiert die Einrichtungen der Pyramide wie folgt:

»Tatsache ist, daß man an der Pyramide auf geistreiche architektonische Details stößt, wie etwa auf das außerordentliche, fast automatische System zum Verschließen des Grabes, dessen Beschreibung man weiter unten finden wird und das von keinem seiner Nachfolger nachgeahmt wurde.«

Daß die Große Pyramide tatsächlich einmalig ist und auf keinen Fall eine Grabanlage darstellt, werden wir bei der weiteren Betrachtung des Innenlebens dieses baulichen Systems schnell erkennen.

Unmittelbar neben dem absteigenden Gang und der Stahltür führt ein weiterer Korridor ebenfalls in einem Winkel von 26 Grad, diesmal jedoch flach aufsteigend, in das Zentrum der Pyramide. Anhand dieses 39 Meter langen Korridors läßt sich eigentlich schon ein Indizienbeweis erbringen, daß diese Stelle für die Benutzung durch eine Bestattungszeremonie viel zu niedrig und eng gebaut worden ist, weshalb es sich bei dem Bauwerk überhaupt nicht um ein Grabmal handeln kann. Alle anderen als Grabmal identifizierten Bauwerke in Ägypten beinhalten breite Korridore oder Gangabschnitte.

Abb. 120: Weiter geht's ins Pyramideninnere …

Am Ende dieses Korridors befinden sich mehrere Wege, von denen man in die Grotte beziehungsweise den »Schacht der Diebe« und über eine horizontal verlaufende Passage in die Kammer der Königin gelangen kann. Über einige erst nachträglich gebaute Stufen gelangt man an diesem Kreuzungspunkt zudem in die 8,5 Meter hohe und 48 Meter lange Große Galerie, die aus einem Kraggewölbe aus Kalksteinlagen besteht. Jede dieser Lagen ragt 7,5 Zentimeter über die vorherige hinaus und symbolisiert meiner Meinung nach die Wellen des Urgewässers, als es noch kein Land im Meer gab. Während die Breite der Galerie am Boden 1,6 Meter beträgt, ist die Decke lediglich einen Meter breit. Die Große Galerie wurde von den Baumeistern ebenfalls in einem aufsteigenden Winkel von 26 Grad angelegt.

Abb. 121: Zugang über die Große Galerie

Jeweils rechts und links an den Seiten befinden sich am Boden 14 exakt ausgearbeitete Ausbuchtungen, die insgesamt die Zahl 28 ergeben. Wenn man frühe Schilderungen berücksichtigt, wie schwierig es war, die rutschige Steigung in der Großen Galerie zu überwinden, versteht man auch den technischen Aspekt dieses ungewöhnlichen architektonischen Abschnitts: Hier scheinen sich alle von Ägyptologen hervorgebrachten Pyramidentheorien, die die Große Pyramide als Grabmal sehen wollen, zu widersprechen. Man braucht nicht gerade viel Phantasie, um zu begreifen, das von hier einst Beobachtungen des Nachthimmels stattgefunden haben, wie es Proctor, Lockyer und andere Astronomen als Möglichkeit nachgewiesen haben. Demzufolge muß die Große Pyramide eine andere Bedeutung haben. Charles Piazzi Smyth war zudem davon überzeugt, daß es eine unentdeckte Kammer in diesem Bereich der Großen Pyramide gibt, »die sich als das eigentliche Archiv des ganzen Bauwerks erweisen wird« und die nach seiner Ansicht mit »schwarzen Dioritplatten« verkleidet wurde. Smyth hat dieses Archiv zwar nie gefunden, aber daß es vorhanden sein muß, behauptete er sogar noch kurz vor seinem Tod. Doch wo genau soll man nach ihm suchen?

Ganz offensichtlich existieren die entsprechenden Hinweise dafür in der Großen Galerie: Auf der Westseite befindet sich beispielsweise ein »Schlangensymbol« oder ein »Z« über einem etwa 7,5 Zentimeter großen Bohrloch. Weder in der gängigen Fachliteratur noch in Nachrichten archäologischer Zeitschriften konnte ich etwas über dieses schlangenförmige »Siegel« erfahren, sodaß ich davon ausgehe, daß das ungefähr in einer Höhe von vier Meter befindliche »Etwas« bislang niemandem aufgefallen ist. Auch ich wurde eher zufällig darauf aufmerksam, als ich im November 2006 in der Großen Galerie mit der Taschenlampe herumhantierte.

Abb. 122: Das Schlangensiegel

Das kreisrunde Loch unter dem Siegel erinnert an ein »Serdab«, was das arabische Wort für »Keller« ist. Gemeint ist damit aber ein verborgener Raum für die Statue des Königs, die man über dem Loch erblicken konnte. Leider hatte ich keine Leiter, um dort direkt hineinblicken zu können, und auch das Kameraobjektiv war nicht in eine günstige Position zu bringen, weshalb ich die Untersuchung verschieben mußte. Das Ganze hat natürlich einen Nachteil: Beim nächsten Besuch ist das Loch gewiß bereits feinsäuberlich verschlossen worden …!

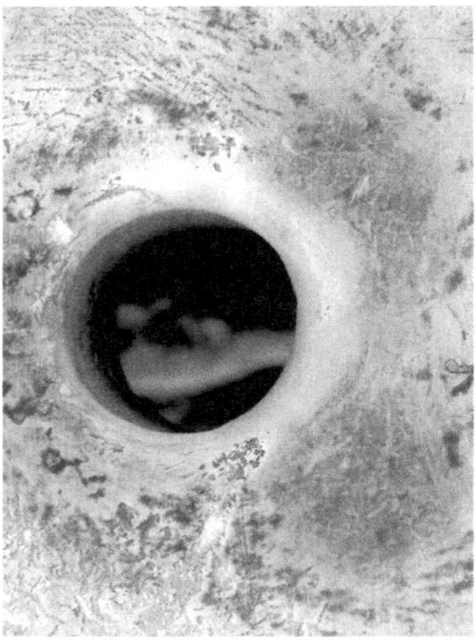

Abb. 123: Einblick

Interessant ist auch, daß der Boden der Großen Galerie auf der linken Seite plötzlich um 60 Zentimeter absackt, an der Stelle also, wo der horizontale Gang zur Kammer der Königin beginnt. Dieses Einsinken des Bodens ist ein weiteres rätselhaftes Merkmal der Großen Pyramide, für das die Ägyptologen noch immer eine Erklärung schuldig geblieben sind. Vielleicht können wir nach den Untersuchungen verborgener Kammersysteme durch die SCA (*Supreme Council of Antiquities* = Ägyptische Altertümverwaltung bzw. Antikbehörde), die jeweils im Oktober/November 2005 und 2006 durchgeführt wurden und deren Ergebnisse mir vorliegen, im weiteren Verlauf dieses Buches dafür noch eine Erklärung finden. Von dem Absatz gelangt man zur Kammer des Königs. Goyon fiel dabei eine architektonische Besonderheit auf:

»Dieser Gang von quadratischem Querschnitt, ungefähr zwei Ellen groß, bietet die Besonderheit, daß er zumindest auf einer bestimmten Länge (17,80 Meter) aus zwei Blocklagen von fast gleichen Ausmaßen errichtet ist. Die senkrechten Fugen entsprechen eigentümlich denen der gegenüberliegenden Wand.«

Bereits vor 30 Jahren ist durch Georges Goyon die statische Eigentümlichkeit dieses Ganges bemerkt worden, was heute erneut belegt, daß dieser Bauabschnitt zu keiner Zeit aufgegeben wurde, sondern von den Ägyptologen aus mangelndem Verständnis für den Zweck des Ganzen falsch interpretiert wird. Mit 5,15 x 5,67 Metern Grundfläche bei einer Höhe von 6,76 Metern ist dieser Raum zwar kleiner als die Felsenkammer, doch da hier Blockierungssteine und ein Sarkophag schon von Anfang an fehlten, scheidet auch er als Grabkammer völlig aus. Bemerkenswerterweise vertreten die Ägyptologen auch an dieser Stelle die unsinnige Theorie, daß die Kammer in einer zweiten Bauphase aufgegeben worden sei, damit dann schließlich in einer dritten Bauphase das endgültige Kammersystem errichtet werden konnte. Dabei besitzt gerade diese Kammer architektonische Merkmale, die weder unfertig noch als nicht abgeschlossen erscheinen.

Dieser Raum wurde mit sorgfältig bearbeiteten Kalksteinen ausgekleidet, deren Fugen minimal waren. Eher durch einen Zufall und weil sie nach verborgenen Kammern suchten, entdeckten die Brüder John und Waynman Dixon sowie ihr Begleiter Bill Grant im Jahre 1872 zwei Hohlstellen, die sich hinter der zwölf Zentimeter dicken Kalksteinverkleidung befanden. Schnellentschlossen wurden diese Stellen freigeschlagen. Die drei hielten sie für Luftschächte, die sie schon aus der Kammer des Königs kannten und die bis an die Pyramidenaußenwand führten. Mit Feuer und Rauch versuchten sie schließlich die Austrittsstellen der Schächte in der Kammer der Königin außerhalb der Pyramide ausfindig zu machen, aber ohne Erfolg. Der Rauch zog zwar in die Pyramide, aber an der Außenhaut war nichts von ihm zu bemerken. Der Rauch verlor sich innerhalb der Pyramide, sodaß für die Gebrüder Dixon und Bill Grant die erhoffte Sensation ausblieb. Man war sich danach sicher, daß es sich bei diesen

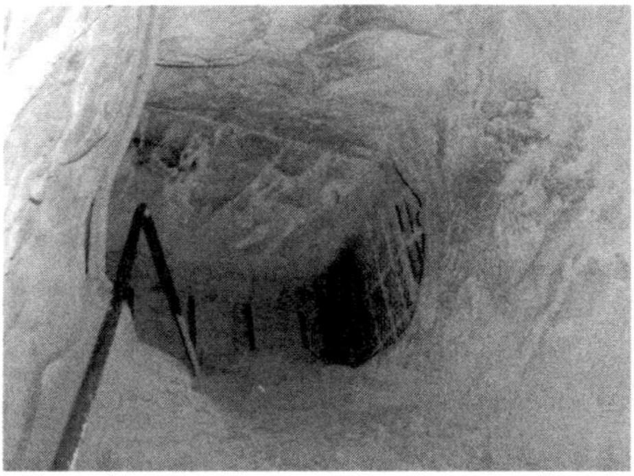

Abb. 126: Diebesschacht in der Großen Pyramide

Schächten um »Blindschächte« handelte, deren Bedeutung nicht sonderlich hervorzuheben sei.

Die schottischen Pyramidenforscher Morton und John Edgar wollten sich mit dieser festgefahrenen Meinung nicht zufriedengeben und beschlossen daher, im Jahre 1909 die Schächte in der Kammer der Königin erneut zu untersuchen. Sie beauftragten einen ägyptischen Metallbetrieb, für ihr Vorhaben spezielle Arbeitsgeräte herzustellen, um damit die Schächte in der Kammer der Königin untersuchen zu können. Dabei handelte es sich um ein verschraubbares Rohrgestänge, an dessen Spitze sich eine mit Seilvorrichtungen versehene Holzkugel befand. Mittels dieser Holzkugel konnten die Unebenheiten der Schachtverläufe problemlos überwunden werden. Den Nordschacht konnten die Edgars bis zu einer Tiefe von 53,35 Meter untersuchen, bevor das Gestänge unglücklicherweise brach und das letzte Stück sich schließlich verkantete, sodaß die Forscher das Ende dieser Passage nicht abschließend bestimmen konnten. Anders sah es beim Südschacht aus: Hier wurde das Gestänge bis zu einer Tiefe von 63,41 Metern vorgetrieben. Dann stießen die Brüder auf eine unüberwindliche Hürde, die sie für eine Verstopfung hielten. Morton Edgar schreibt darüber:

»So wie ich das abschätzen konnte, befand sich die Verstopfungsstelle noch über sechs Meter vor der Pyramidenaußenkante.«

Erst in den 1990er Jahren konnte durch den Einsatz von »Hightechnology« durch den Münchner Ingenieur Rudolf Gantenbrink der Beweis erbracht werden, daß es sich bei der 1909 entdeckten Hürde um keine Verstopfung, sondern um ei-

Abb. 126: Zurückgelassene Eisenstange der Gebrüder Edgar

nen an dieser Stelle von den altägyptischen Baumeistern planmäßig angebrachten, mit Kupferstiften versehenen Blockierungsstein handelte. Doch zu welchem Zweck wurde tief im Inneren dieses gewaltigen Bauwerks eine derartig feintechnische Vorrichtung angebracht, die sich zudem unsichtbar hinter zwölf Zentimeter dickem Kalkstein befand?

Kein »geeinigter« Priester des Alten Ägypten und auch kein moderner Archäologe hätte ohne den Einsatz des Roboterfahrzeugs *Upuaut 2*, das mit einer Videokamera ausgestattet war, jemals erfahren, was sich wirklich tief im Inneren der Pyramide befindet. Zudem war die Entdeckung von offizieller Seite vorerst dementiert worden, und darüber hinaus wurde dem Ingenieur Gantenbrink jegliche Weiterarbeit in dem Bauwerk untersagt. Dennoch wies man bereits 1993 in Paris bei einer Tagung auf einige technische Merkwürdigkeiten dieser seltsamen Schachtverläufe hin: Der Nordschacht wurde so angelegt, daß er in einem Winkel von 39 Grad beginnt und sich mit zwei Knicken über die Decke der Großen Galerie zieht. Nach der Abweichung aufgrund der Knickstellen über der Galeriedecke setzt der Schacht seine Ausrichtung, die 39 Grad beträgt, fort und zeigt schließlich auf den »Beta Ursae minoris« am nächtlichen Sternenhimmel. Bei den Fortsetzungsarbeiten im September 2002, die durch die *National Geographic Society* realisiert und mit einem neuen Roboterfahrzeug namens *Pyramid Rover* betrieben wurden, stellte sich heraus, daß sich der Nordschacht in derselben Höhe wie der Südschacht befindet und ebenfalls mit einem Blockierungsstein versehen ist, der gleichfalls mit Kupferstiften ausgestattet wurde.

Abb. 127: Nordschacht

Dennoch waren die neuen rätselhaften Erkenntnisse in den Augen der meisten Ägyptologen »überhaupt keine Rätsel«.

Während einige von ihnen in den Kupferstiften Hieroglyphen identifizieren wollten, die den »Sonnenschirm des Pharao« darstellten, um dann zugeben zu müssen, daß es eben doch Kupferstifte waren, war es für andere Ägyptologen im gleichen Atemzug »sonnenklar«, daß die Umlegung des Nordschachtes mit den Knickstellen um die Große Galerie herum ein »Baufehler« sei. Rudolf Gantenbrink führte aus, daß es zwar vorstellbar sei, einmal einen Fehler zu begehen, es aber keinen Sinn ergeben würde, den Nordschacht der Kammer des Königs direkt in die Große Galerie verlaufen zu lassen, um dann das riesige Hindernis erneut zu umbauen und den gleichen Fehler somit zweimal zu begehen. Während Zahi Hawass in bezug auf die technische Bearbeitung der Schächte nach wie vor meint, daß sie erst nachträglich eingebaut wurden und nur deshalb die Große Galerie umkurven, hält das der Direktor des Deutschen Archäologischen Instituts Günter Dreyer für Unsinn und nachträglich schwer zu bewerkstelligen:

»Ich bin sicher, daß die Schächte schon beim Bau der Pyramide eingeplant worden sind.«

Unberücksichtigt bleibt bei den Ägyptologen, daß auch dieser in nördliche Richtung mit 32° 28' ausgerichtete Schacht in der Kammer des Königs auf einen Stern des Nordhimmels zeigt: auf »Alpha Draconis«. Die Amateurastronomen Adrian Gilbert und Robert Bauval erkannten wiederum, daß die Knickstellen der zwei Nordschächte der Form der heiligen altägyptischen Deichsel entsprachen, was ganz eng mit den Bestattungsriten und dem Mundöffnungsritual verbunden war. Das dabei verwendete und von Imhotep erfundene Instrument, der »Meißel aus Erz«, hat erstaunliche Ähnlichkeit mit heutigen Instrumenten der Notfallmedizin zur Einleitung der künstlichen Beatmung (Laryngoskop), wie der Internist Andreas Ocklitz bereits vor Jahren erkannte. Gilbert und Bauval sagen über die Deichselform der nördlichen Schächte:

»Da sie gleichzeitig auf die Zirkumpolarsternbilder ausgerichtet waren, von denen eines die heilige Deichsel symbolisierte und ein anderes die vier Söhne des Horus, ist eine rein zufällige Ähnlichkeit so gut wie ausgeschlossen.«

Abb. 128: Eingang verborgener Bereich

In diesem Zusammenhang ist selbstverständlich zu erwähnen, daß der Südschacht in der Kammer des Königs in einem Winkel von 45 Grad zum Oriongürtel und der Südschacht in der Kammer der Königin in einem Winkel von 39,5 Grad zum Sirius ausgerichtet sind. Ist das nicht ein erneuter wichtiger Hinweis auf die alte Tradition der »Sirius-Strategie«?

Auf der Ostseite in der Kammer der Königin befindet sich ein kraggewölbtes Tor, das ebenfalls einen etwa neun Meter langen Schacht besitzt, der in das Pyramideninnere führt und dort angeblich »blind« endet. Im Gegensatz zur Auskleidung der Innenwände aus sorgfältig bearbeitetem Kalkstein fehlen in diesem Fall die Bodenplatten völlig. Sie müssen demnach irgendwann herausgerissen worden sein. Der ägyptische Archäologe Khalil Messiha (1924–1999) vertrat seit mindestens dem Jahre 1967 die Ansicht, daß sich sechs Meter unter der Westwand eine weitere verborgene Kammer befinde, die er schon vor 40 Jahren entdeckte. In einem schon vor Jahren geführten persönlichen Gespräch berichtete er mir über ein wichtiges Erlebnis in der Kammer der Königin:

»Als wir 1967 drei vor der Ostwand befindliche Grundlagensteinblöcke entfernen wollten, mußten wir zuvor eine zehn Zentimeter dicke Schlammschicht vom gesamten Boden der Kammer entfernen. Wegen der Schlammschicht war es uns anfangs überhaupt nicht möglich zu erkennen, ob ein möglicher Zugang existierte, der unter die Kammer der Königin führt. Zumindest die Radarmessungen bestätigten uns aber die Existenz von über 20 Meter langen Gang- und Aushöhlungsabschnitten, die zu einer weiteren Kammer führten.«

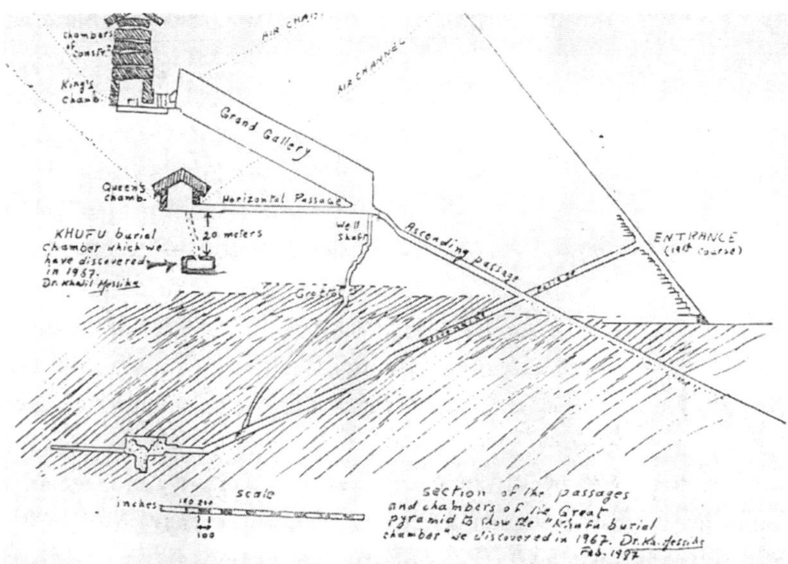

Abb. 129: Querschnittzeichnung der Großen Pyramide, angefertigt von Khalil Messiha

Schlamm in der Kammer der Königin? Wie ist der dort hineingekommen? Offenbar muß diese Kammer einst unter Wasser gestanden haben. So ist es kein Wunder, wenn man erneut ins Grübeln kommt und den Schlamm als wichtiges Indiz dafür wertet, daß die Pyramide vermutlich doch schon vor der Sintflut errichtet wurde. Wäre dem nicht so, hätte jemand den Schlamm in die Pyramide tragen müssen. Fragt sich nur: zu welchem Zweck? War die Große Pyramide vielleicht doch eine Art Wasserpumpe, wie es einige zeitgenössische Forscher ernsthaft annehmen? Messiha war jedenfalls von der »Wasserpumpentheorie« nicht überzeugt, doch der Schlamm wurde bereits entsorgt und kann daher nicht mehr anhand der organischen Inhalte verbindlich datiert werden. Messhia setzt seinen Bericht wie folgt fort:

»Nach dem Schlamm entfernten die Arbeiter auch einige Steinblöcke des Fußbodens, die völlig unterschiedlich groß waren und bis zu 30 Tonnen wogen. Wir fanden unter den Blöcken Kupferspäne, die vermutlich von den Werkzeugen stammten und die wir dann ins Labor nach Giseh schickten. Die Arbeiter fanden es extrem schwierig, die Steine über dem Eingang in den unteren Bereich zu verschieben. Einer der unterirdischen Steinquader erwies sich dann als besonders hartnäckig, sodaß wir unsere Untersuchungen nicht weiter fortsetzen konnten, ohne moderne Geräte einzusetzen. Daraufhin wurden Bohrungen durch die Quader vorgenommen und eine Leitung durchgesteckt, die sich sehr tief in den Pyramidenkörper hineinschieben ließ. Wir holten seltsam wirkendes Pulver aus den tieferen Bereichen hervor, das von rötlicher Färbung war. Auch das Pulver schickten wir ins Labor nach Giseh. Nach zehn Tagen mußten wir die Arbeiten wieder einstellen, weil ein großer Geldgeber aus Amerika kosmische Strahlungsmessungen an der zweiten Großpyramide durchführen wollte. Die Arbeiten an den Pyramiden wurden für die nächsten vier Jahre völlig blockiert. Eine derartige Untersuchungsmöglichkeit haben wir allerdings nie wieder bekommen, obwohl es uns offiziell versprochen wurde.«

Ohne es beabsichtigt zu haben, verhinderte der Computerriese IBM – der große Geldgeber – wahrscheinlich eine Sensation, die bis dahin niemand erwartet hatte. Die Arbeiten von Messiha wurden schließlich bis 1986 hinausgeschoben, bevor eine französische Expedition mit der Erlaubnis des Generaldirektors

Abb. 130: Zu den Geheimkammern

der Altertümer, Ahmed Kadry, neue Bohrungen vornehmen durfte. Die französischen Architekten Gilles Goidin und Jean-Patrice Dormion arbeiteten zudem mit elektronischen Detektoren, und konnten die von Messiha erwähnten Hohlstellen ebenfalls nachweisen und somit erneut bestätigen: Nach einer zweieinhalb Meter tiefen Bohrung wurde ein 3,01 x 5,05 Meter großer Raum direkt unter der Westwand der Kammer der Königin entdeckt sowie eine parallel verlaufende zweite Passage, die unsichtbar im Mauerwerk verläuft. Auch die von der Waseda-Universität in Japan im Januar 1987 durchgeführten Untersuchung konnten die Existenz von unsichtbaren Hohlräumen und Schachtpassagen innerhalb der Großen Pyramide bestätigen. Die Universität erwähnt in ihrem Bericht allerdings nicht nur einen Raum, sondern gleich mehrere. Überdies meinen die Japaner einen längeren Raum ausfindig gemacht zu haben als die Franzosen. In welcher Beziehung standen die Entdeckungen aber zur Kammer des Königs?

Ein Durchgang am oberen Ende der Großen Galerie führt in die Kammer des Königs. Auch wenn dieser Durchgang von architektonischer Seite her nichts weiter Bemerkenswertes besitzt, existieren an dieser Stelle ebenfalls einige Besonderheiten: Aus unerklärlichen Gründen ist die Passage für den Sarkophag, der in der Kammer steht, viel zu schmal. Das ist gleichbedeutend mit der Tatsache, daß der Sarkophag noch während der Bauphase dort aufgestellt worden sein muß, im Gegensatz zum Bestattungsbrauch, den die alten Ägypter über 3000 Jahre lang praktizierten.

Des weiteren führt der Durchgang in einen 1,08 x 1,05 Meter großen Vorraum mit drei tiefen Ausbuchtungen, die nach Ansicht der Ägyptologen vormals als Führung für massive Fallsteine gedient haben sollen. Sie sollten zum Versperren der Kammer dienen – so sie denn jemals vorhanden waren. Bislang fand man nämlich nicht die geringste Spur, daß ein derartiger Verschlußmechanismus tatsächlich dort existiert hat. Das führte zu der Theorie, die Pyramide sei zu einer sehr frühen Zeit gewaltsam geöffnet worden, vielleicht weil eine spätere Dynastie den Abraum entfernen wollte und die Pyramide anschließend wieder versiegelte. Interessanterweise konnten klassische Autoren, die über die Große Pyramide berichteten, das Bauwerk nicht betreten, dennoch behauptet die moderne Ägyptologie, daß die Abraumbeseitigung so gründlich vonstatten gegangen sein soll, daß sie mit archäologischen Methoden nicht mehr nachweisbar ist. Vor den Fallschlitzen befindet sich ein weiteres Merkmal, durch das hitzige Kontroversen ausgelöst wurden. Ein paar Granitflügel sind an der Decke des Vorraums in Rinnen angepaßt. Auf dem unteren Granitflügel, der zum Durchgang aufschwenkt, gibt es einen kleinen Vorsprung, der extra herausgearbeitet worden ist. Auf ihm findet sich weder eine Hieroglyphe noch ein anderes bekanntes altägyptisches Symbol, obwohl das Ganze durchaus wie ein Siegel auf dem Granit wirkt.

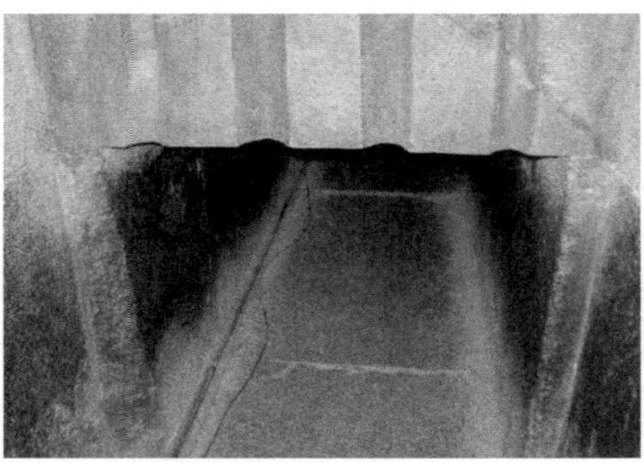
Abb. 131: Zugang

Der Vorraum verjüngt sich schließlich zu einem kurzen, engen Durchgang und öffnet sich dann in die Kammer des Königs, die vollständig aus Granit errichtet wurde und nach allgemeiner Auffassung die Grabkammer des Cheops darstellt. Die Araber haben dem Raum aber aus anderen Gründen diese Bezeichnung gegeben: Gemäß ihrer Sitte wurden Männer in Gräbern mit Flachdächern und Frauen in Gräbern mit Giebeldächern beigesetzt. Nicht den alten Ägyptern sind die Kammerbezeichnungen somit zu verdanken, sondern den Arabern, die in den Bauwerken ebenfalls nur Grabanlagen sahen. Verbirgt sich vielleicht auch hier ein besonderes Geheimnis?

Abb. 132: Bohrloch

Der Boden dieser Kammer ist ein Rechteck mit den Maßen 5,15 x 10,30 Meter. Die Seitenlängen verhalten sich wie eins zu zwei zueinander, wobei die Höhe der Kammer des Königs 5,80 Meter beträgt. Dieses Maß ist nicht etwa willkürlich gewählt, sondern entspricht der halben Länge der Bodendiagonale, die wegen der Verhältniszahlen mathematisch durchaus sehr bedeutsam ist. Illig und Heinsohn haben in bezug auf dieses Phänomen folgende Erklärung:

»Auch wenn sich Ägyptologen, wie Rainer Stadelmann, darüber negieren, ist dieses krumme Maß weder Zufall noch die Schlamperei eines ägyptischen Baumeisters. Es war eine wohlüberlegte Entscheidung des Architekten, der auch in einer geschlossenen Kammer absolute rechte Winkel erzielen wollte. Er wählte dafür ganzzahlig nicht die Höhe, sondern die Diagonale der Schmalseite mit 15 Ellen, wodurch ein gradzahliges Dreieck entstand, das präzise kontrollierbar ist und senkrechte Kanten garantierte.«

Interessanterweise liegt die Ebene des Fußbodens in der Kammer des Königs genau in derselben Höhe, wie sich die mit Kupferstiften versehenen Verschlußsteine der Schächte in der

Abb. 133: Kammer des Königs

Kammer der Königin befinden. Diese Erkenntnis bestätigt gleichzeitig noch einmal, daß die Kammer der Königin nicht aufgegeben worden ist, sondern ein fester Bestandteil der Planung war und daher auch laut dieser ausgeführt wurde. Es ist ebenfalls interessant, daß die Schachtenden in der Kammer des Königs über die gleiche Austrittshöhe verfügen.

Viele Pyramidenforscher, die sich über den Zweck der fünf sogenannten »Entlastungskammern« über der Kammer des Königs Gedanken machten, glauben noch immer, die Baumeister hätten sie nur deshalb eingebaut, um den Druck auf diesen Raum zu verringern. Das ist aber bei der Kammer der Königin und in der Hauptkammer der zweiten Großpyramide, der des Chephren, auf denen noch viel größere Steinmassen lasten, ohne diese Entlastungskammern erreicht worden. Irgend etwas stimmt hier also nicht.

Deshalb muß auch der Zweck der »Entlastungskammer« ein logisch nachvollziehbarer sein, der aber anderer Natur ist, als man bisher glaubte.

Mit dem bisher Dargestellten ist definitiv bestätigt, daß altägyptisches Wissen nicht bei simplen Streckenrelationen Halt machte, sondern auch Flächenbetrachtungen einschloß. Der – später wirkende – griechische Gelehrte Pythagoras drückte den Vergleich von Dreiecks- und Quadratsfläche so aus:

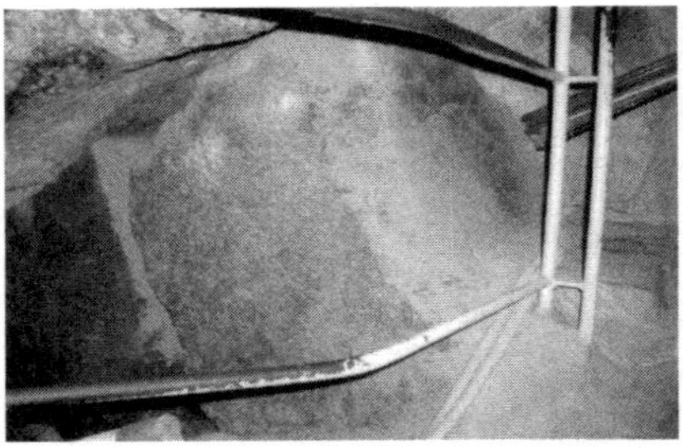

Abb. 134: Zugang zur Königinkammer

»Das Quadrat über der Höhe der Seitenfläche minus das Quadrat über der halben Grundseite ist gleich dem Quadrat über der Pyramidenhöhe.«

Neben der bedeutsamen Frage zu den Proportionen der Kammer der Königs ist es interessant zu wissen, daß die Wände aus fünf Steinlagen mit insgesamt 100 Blöcken errichtet worden sind, was sicherlich kein Zufall ist. Auch die neun riesigen 50-Tonnen-Monolithen, die die Decke bilden, erfüllen einen bestimmten Plan: Dieser wird erkennbar, wenn man sich über der Decke befindet in einem Hohlraum, der nicht für die Öffentlichkeit bestimmt ist und zum Komplex der sogenannten Entlastungskammern gehört. Mehrere grobbehauene, in vier Schichten verbaute Granitblöcke, die mit riesigen Kalksteinplatten überdacht sind, erheben sich hier. Dieser Raum wird »Davison-Kammer« genannt nach dem britischen Konsul Nathaniel Davison (1730–1780), der sie 1762 entdeckte. An ihrer südlichsten Stelle befindet sich eine Durchbruchstelle, die von dem Genuesen Giovanni Battista Caviglia (1770–1845) gegraben wurde. In dem Hohlraum haben mehrere Personen bequem stehend Platz. Der amerikanische Forscher Larry Hunter von der *Schor Foundation* betrat im Zuge von anderen Arbeiten, die in der Großen Pyramide durchgeführt wurden, 1996 diesen Bereich und machte dabei sonderbare Entdeckungen:

»In diesem Raum, den wir ›Isis-Kammer‹ nennen, können sich zehn Personen problemlos bewegen. Am südlichsten Ende des Raumes entdeckten wir ein Bohrloch und gleich daneben einen Schacht mit einem Durchmesser von etwa 22 Zentimetern, der von der Mitte der Pyramide direkt in die Kammer der Königin führt.«

Abb. 135: Der Autor in der Kammer der Königin

Hunter und sein Team fertigten im April 1996 diverse Fotos und ein Video an. Im Februar 1997 führten sie weitere, nicht offiziell genehmigte Nachuntersuchungen durch. Zwar konnte Larry Hunter mit seinen Leuten den Bereich der Entlastungsräume nicht mehr betreten, aber dafür machten sie merkwürdige Beobachtungen, wie zum Beispiel dicke Versorgungskabel, die in abgesperrte Bereiche führten. Im Juni 1997 gab es sogar auffällige Veränderungen in den Innenräumen: Dort befanden sich diesmal auffällige Leinensäcke, die mit feinstem weißen Gestein gefüllt waren, wie es sonst nur von den Schächten in der Kammer der Königin her bekannt ist. Die Beobachter schlußfolgerten aus ihren Beobachtungen, daß in der Großen Pyramide heimlich gearbeitet und das aus den Arbeiten resultierende Geröll in den Leinensäcken unauffällig hinausgeschafft wurde. Schließlich beschloß die Ägyptische Antikenverwaltung, die Große Pyramide ab Februar 1998 bis Juli 1999 für 17 Monate zu schließen. Die Westseite der Großen Pyramide sowie die naheliegende Umgebung der Sphinx wurden mit weißen Planen abgedeckt. Während dieser Zeit herrschte im Pyramidenumfeld absolutes Photographierverbot. Es wurde des weiteren beobachtet, daß ganze LKW-Ladungen von Steinen und Geröll aus der Pyramide abtransportiert wurden. Im Zuge der Nachforschungen wurde auch bekannt, daß die in der Pyramide arbeitenden Wissenschaftler zur Unterstützung zwei Hydraulikpumpen anforderten, die schließlich in das

Abb. 136: Gantenbrink-Block

Bauwerk getragen wurden. In einer offiziellen Presseerklärung ließen die Verantwortlichen verlautbaren, daß die registrierten Umstände und Merkwürdigkeiten nur Mißverständnisse seien. Tatsächlich habe man über 300 Risse im Gestein der Pyramide repariert. Im Jahre 2006 war ich zum letzten Male in der Großen Pyramide und wußte mit Bestimmtheit, daß sich in den Entlastungskammern befindlichen Deckenplatten Risse befanden, die vermutlich Howard R. W. Vyse im Jahre 1837 bei seinen Sprengarbeiten mit Schießpulver verursachte. Bei einer Reparatur hätten diese geschlossen werden müssen. Da sich die Risse aber auch noch 2006 im Gestein befanden, konnte ich die angeblich durchgeführten Reparaturen weder erkennen noch bestätigen. Die einzigen reparierten Stellen befinden sich zum Beispiel auf der Südseite oberhalb der Westwand in der Kammer der Königin (siehe Abb. 142). Diese Stelle wurde ganz offensichtlich so groß aufgebrochen, daß ein Mensch hindurchpassen konnte – zu welchem Zweck auch immer. Später wurde sie mit einem Kalksteinputz wieder verschlossen. Die Reparaturen unter dem Kraggewölbe im Bereich der Ostwand erwähnte ich bereits.

Abb. 137: Weg zur Kammer

Wenn wir uns mit all den seltsamen Eigenschaften des inneren Kammersystems der Großen Pyramide auseinandersetzen, so erscheint es schwer, sich vorzustellen, daß wir es hier mit einem Grabmal zu tun haben sollen. Viel wahrscheinlicher ist es, daß die Große Pyramide eine technische Meisterleistung ist, deren Zweck darin besteht, das größte Versteck der Welt darzustellen. Die Inhalte bestehen nicht nur aus in dem Bauwerk steckenden, verschlüsselten und klugen Informationen, sondern, wenn man den Berichten der Araber und einigen fragwürdigen Grabungsberichten glauben darf, auch aus Gegenständen, die einst den Göttern gehörten, wie biegsame Gläser, die nicht zerbrachen, nichtrostende Metalle, Sternenkarten, die über den Herkunftsort der Götter Auskunft gaben, und Antigravitationsapparaturen, die in dem Bauwerk deponiert wurden, als die Erde von einer unheimlichen Sintflut heimgesucht wurde. Was können wir an diesem Punkt unserer Pyramidenerforschung aber nun tun, um weiterzukommen?

Kapitel 9

Nicht für die Öffentlichkeit bestimmt

Wie man hört, will man der Großen Pyramide als einem der Sieben Weltwunder angeblich erneut mit modernster Technik zu Leibe rücken, doch sind die zu erwartenden Erkenntnisse von vornherein nicht für die Öffentlichkeit bestimmt. Die Archäologen wollen herausbekommen, warum die Mumie von König Cheops bis heute nicht entdeckt werden konnte. Lag es daran, daß unbekannte Räuber die Pyramide längst geplündert hatten oder ist das Ganze damit zu begründen, daß in dem Bauwerk ein ausgeklügeltes Versteck existiert, das allen Räubern bislang verborgen geblieben ist? Am 1. Dezember 2006 veröffentlichte die *Agence France Presse* (AFP) eine Pressemitteilung der SCA, daß man mit einem neuen Roboter in das tiefe Innere der Großen Pyramide vordringen wolle, um die letzten Geheimnisse des Weltwunders zu lösen. Zahi Hawass gab bekannt:

»Der neue Roboter wird dieses Mal hinunter, in einen sehr schmalen Durchgang in der Königinnenkammer, geschickt, in den der erste Roboter von 2002 nicht vordringen konnte.«

Das neue Forschungsteam setzt sich aus Fachleuten aus Ägypten, Singapur, Großbritannien und Hong Kong zusammen. Sie planten den Roboter im Februar 2007 in der Pyramide des Cheops in Giseh einzusetzen. Man verbindet damit die Hoffnung, daß hinter den mit zwei Kupferstiften versehenen Türen weitere Zugänge in das Innere der Pyramide existieren. Das neue Vehikel ist ausgerüstet mit kleinen Kameras und soll außer den Nord- und den Südschacht noch weitere Durchgänge des Raumes untersuchen. Doch ganz offensichtlich wird gelogen, denn wie be-

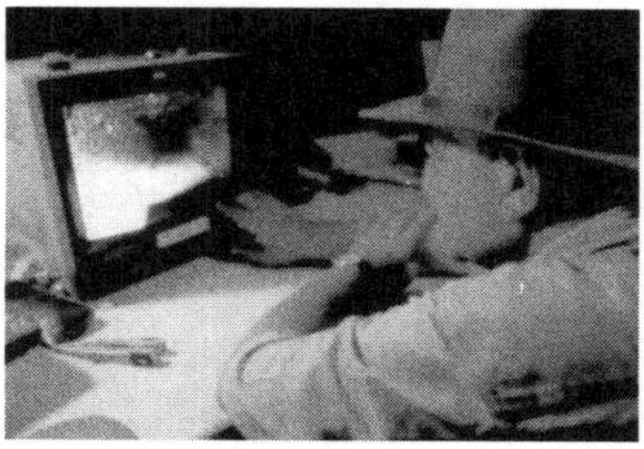

Abb. 138: Zahi Hawass

reits im vorherigen Kapitel erwähnt, fanden die Untersuchungen mit dem neuen Roboter aus Singapur schon längst statt – und zwar in den Jahren 2005 und 2006. Auch sind die Untersuchungen bereits ausgewertet worden. Das erklärt auch, warum im Juni 2007 der Singapur-Roboter immer noch nicht eingesetzt worden ist. Warum aber sollten die Ägyptologen lügen?

Schon nach den Untersuchungen des Jahres 1993, die mit einem Roboter durchgeführt wurden, war man sehr zurückhaltend, was die Informationspolitik gegenüber der Öffentlichkeit anging. Hawass schiebt heute den »Schwarzen Peter« dem Deutschen Archäologischen Institut in Kairo zu, dessen Leitung Rainer Stadelmann innehatte, und meint, daß die Deutschen ein derartiges Vorgehen ganz bewußt praktiziert hätten. Hawass erklärte auch, daß Stadelmann an einer Weitererforschung der Schächte nicht das geringste Interesse gehabt hätte und es deshalb ablehnte:

»Um mehr über den Zweck der Schächte in der Kammer der Königin zu erfahren, sollten die Arbeiten selbstverständlich gleich damals fortgesetzt werden. Das Deutsche Archäologische Institut in Kairo hatte allerdings kein Interesse und winkte ab. Mit Nachdruck fragte ich die Verantwortlichen und machte noch einmal Zugeständnisse – ohne Erfolg. Danach war es nicht mehr möglich, Rudolf Gantenbrink mit den Arbeiten der Untersuchungen zu beauftragen, weil er eine Einzelperson war und keinem Institut angehörte, das das gerechtfertigt hätte. Der Oberste Rat und die Allgemeinen Geschäftsbedingungen der Altertümerverwaltung erlaubten keine Zugeständnisse an Privatpersonen.«

Abb. 139: Roboter im Schacht

War das wirklich der Grund?

Bei den Untersuchungen im September 2002 wurde ein anderer Roboter, entwickelt von der Bostoner Firma *I-Robot,* in den Schacht hinaufgeschickt, der im Südbereich eine ein Zentimeter im Durchmesser messende Bohrung in den dortigen Blockierungsstein am Schachtende einbrachte. Danach führten die Forscher eine Miniglasfaserkamera durch das entstandene Loch hindurch, die einen weiteren, etwa 21 Zentimeter tiefen Hohlraum zeigte, der mit einem neuen, rauh bearbeiteten Steinblock verschlossen war. Hawass kommentiert dieses Untersuchungsergebnis wie folgt:

»Am 17. September 2002 konnte jeder Zuschauer live im Fernsehen einen Hohlraum sehen, der ganz offensichtlich von einer neuen Tür verschlossen ist, an der ziemlich eindeutig einige Meißelmarkierungen zu sehen waren. Auf mich wirkt dieser Block so, als ob jemand etwas versiegelt hat. Es scheint dort etwas wichtiges versteckt worden zu sein.«

Am 18. September 2002 wurde der *Pyramid-Rover* gemäß den TV-Dokumentationen, die später darüber berichteten, den Nordschacht hinaufgeschickt, wobei mittels der Roboterfernsteuerung vier schwierige Hindernisse überwunden werden mußten, da sich in dem Schacht Knickstellen befanden, die über die Große Galerie führten. Offiziell erfuhr die Öffentlichkeit aber erst am 23. September 2002 davon, daß ein solches Forschungsvorhaben überhaupt realisiert worden war. Am Ende des Nordschachtes hatten die Forscher nämlich eine weitere Tür entdeckt, die ebenfalls mit Kupferbeschlägen versehen war – und damit jener am Ende des Südschachtes glich. Am 18. September 2002 bemerkten Hawass und das Forschungsteam, daß beide mit Kupferstiften versehenen Türen exakt nach einem Verlauf von 211 Fuß installiert waren, was einen geplanten bautechnischen Hintergrund voraussetzen mußte und nicht mit dem Faktor »Zufall« erklärt werden konnte. Zwar bohrte der Roboter dieses Mal nicht durch die Steinplatte, aber Hawass erklärte, daß ein diesbezügliches Vorhaben zumin-

Abb. 140: Roboterforschung in der Großen Pyramide

dest in der Planung sei – selbstverständlich ohne Einbeziehung der Öffentlichkeit. Ob es sich bei den beiden Verschlußsteinen nun um Türen mit einem praktischen oder eher symbolischen Zweck handelt, ist nach wie vor strittig geblieben. Man kann allerdings auch von ägyptologischer Seite nicht gegen die Einzigartigkeit der kupfernen Beschläge argumentieren, die nahelegen, daß die Türen etwas Besonderes sind. Welchen Sinn hatten diese kupfernen Beschläge wirklich, und warum wurden sie in dieser Tiefe angebracht?

Die Untersuchungen an den Steinplatten befinden sich laut Hawass immer noch in einem Frühstadiun. Hawass versucht etwas unorganisiert zu erklären, daß die Schächte etwas mit der Seelenwanderung des Pharaos zu tun haben könnten. Was das genau gewesen sein soll, läßt er allerdings bei der Ausformulierung seiner Theorie aus und will sich dann doch nicht festlegen. Solange er und seine Kollegen aber keine alternative und nachvollziehbare Erklärung bieten, sollten wir berücksichtigen, daß alle der sogenannten vier »Luftschächte« einen Fingerzeig zum Sternenhimmel sowohl der nördlichen als auch der südlichen Hemisphäre darstellen und ganz offensichtlich den Schlüssel zur »Sirius-Strategie« bilden. Immerhin berichtet mindestens das Buch *Hitat* darüber, daß in »verborgenen Kammern« der Pyramiden von Giseh »Sternenkarten« versteckt wurden. Dabei muß es sich nicht zwangsläufig um Papyrusrollen gehandelt haben. Wie wir gesehen haben, waren die Sternenschächte in der Kammer der Königin bis zum Jahre 1872 noch völlig verborgen. Selbst nachdem sie entdeckt wurden, hielt man sie immerhin noch bis 1993 für einfache Belüftungsschächte. Erst durch die Arbeitsergebnisse des deutschen Ingenieurs Rudolf Gantenbrink wurde dann schließlich klar, daß es sich um astronomisch orientierte Architekturabschnitte innerhalb des Bauwerks handelte. Die Vermutung des britischen Ägyptologen Iorwet E. S. Edwards (1909–1996), daß sich hinter der Steintür ein »Serdab« mit der Statue des Pharao Cheops befinden würde, bestätigte sich weder im Süd- noch im Nordschacht. Das ist erneut ein Beweis dafür, daß wir es mit Bestimmtheit bei dieser Bauanlage nicht mit einem Grabmal zutun haben. Daran ändert auch die Tatsache nichts, daß der tschechische Ägyptologe Miroslav Verner von Anfang an der Serdab-Theorie widersprochen hatte. Das tat er wohl nur deshalb, weil sich die Türen seiner Ansicht nach zu tief im Inneren der Pyramide befinden, was bei einem Serdab seiner Ansicht nach keinen Sinn mache. Der amerikanische Ägyptologe Mark Lehner vertrat dieselbe Ansicht wie Hawass, daß nämlich die Steinblokkierungen in den Schächten einen Zugang zu einem anderen Bereich verriegeln würden.

Abb. 141: Von hier geht's unter die Kammer

Ob Lehners Ansicht deshalb derjenigen von Hawass ähnelt, weil beide miteinander befreundet sind und damit vertrauliche Untersuchungsergebnisse kennen, die anderen Ägyptologen vorenthalten werden, darüber darf spekuliert werden. Zumindest Rainer Stadelmann will von verriegelten verborgenen Bereichen in der Großen Pyramide nichts wissen und vertritt nach wie vor die Ansicht, daß die Steinblockierungen lediglich dazu dienten, den Weg für die Seele des Königs zu versperren, bevor sie nach der Überwindung der Sperren durch die Kupferstifte in den Himmel zu den »Unvergänglichen« geschleudert wurde:

»Die kupfernen Befestigungen sind magische Instrumente, die der König oder seine Seele nehmen kann, wenn sie aufsteigt. Sie benutzt sie, um diese Blöcke zu öffnen und durch die Steine zum Himmel zu schreiten.«

Daß die Steintüren derart technisch ausgeklügelt angelegt worden sein sollen, nur um als Scheintüren zu dienen, die keinerlei technischen Aspekt erfüllten, ist mehr als fragwürdig. Hawass übertrifft die Äußerungen Stadelmanns schließlich noch, indem er allen Ernstes behauptet, daß die Kupferstifte »stilisierte Schlangen« darstellen würden, die man aus den Totentexten der alten Ägypter kennt. Er meint, daß diese Texte von der Seele sprechen, wie sie eine Reihe von Türen ansteuert, die verschiedene Schlangen schützen würden. Auch wenn mit dem von mir entdeckten »Siegel« in der Großen Galerie zumindest eine sichtbare »Schlange« neuerdings möglicherweise vorhanden wäre, halte ich diese Spekulationen für Unsinn. Möglicherweise glaubt die Mehrheit der Ägyptologen, daß die Öffentlichkeit total verblödet sei – ich weiß es nicht!

Abb. 142: Nach Durchbruch wieder zugemauert

Bemerkenswerterweise hält der österreichische Ägyptologieprofessor Dieter Arnold die Äußerungen von Hawass für »eine aufregende Sache« und meint, daß sich alle darüber noch wundern werden, wenn sie erst sehen, was sich wirklich hinter dem Stein befindet:

»Man wird vor Aufregung betäubt sein.«

Was weiß der Ägyptologe Dieter Arnold, was die Öffentlichkeit noch nicht erfahren durfte?

Das Ablenkungsmanöver von »Hawass & Co.« würde möglicherweise funktionieren, wenn sie alle ihre Mitarbeiter im Griff hätten, sodaß keinerlei Informationen hinausdringen würden. Ungeachtet dessen werkelt an den Pyramiden scheinbar eine kleine Gruppe von Leuten herum, die nicht nur die Öffentlichkeit im Ungewissen läßt, sondern auch die eigenen Kollegen: Nur so ist die Äußerung der Engländerin Kate Spence zu erklären, die annimmt, daß die Verschlußsteine Teil einer strukturellen Blockierung waren, die nur deshalb in die Pyramide angebracht wurde, »damit der herunterfallende Schutt abgehalten werden konnte«.

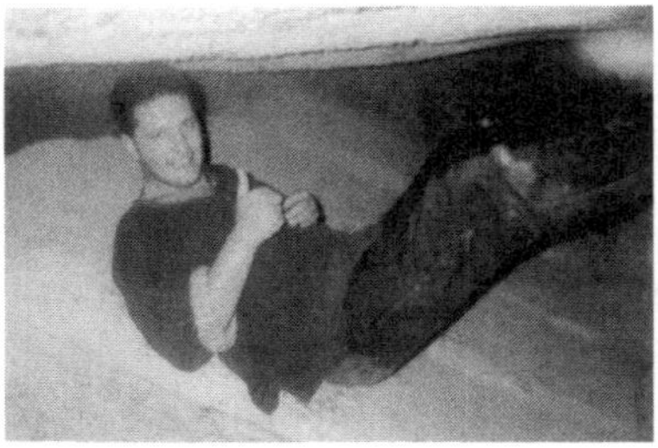

Abb. 143: Unterirdisch

Jeder Fachmann und jede Fachfrau behauptet also etwas anderes! Ganz offensichtlich findet kein interdisziplinärer Informationsaustausch über die geheimen Pyramidenforschungen statt.

Daß es noch mehr Meinungen gibt, die in diesem Zusammenhang unsinnig klingen, erkennt man an den Äußerungen von John Taylor vom Britischen Museum. Er erklärt in bezug auf den rauh bearbeiteten Steinblock, der ja überhaupt erst nach der Bohrung durch einen der Blockierungssteine und das Einführen eines Kamerasystems sichtbar wurde:

»Daran erkennt man, daß die Kammer der Königin zugunsten der Kammer des Königs aufgegeben worden ist.«

Da fehlen einem die Worte angesichts solch gelehrter Weisheit!

Der Archäologe Aidon Dodson von der Universität Bristol spekuliert sogar, daß der rauh bearbeitete Steinblock eine direkte Verbindung zu den Außensteinen der Pyramide darstellt, »die an dieser Stelle feucht geworden sind«. Und weiter: »Dahinter befindet sich nichts Geringeres als ›nichts‹! …« Dodson ist offenbar genauso uninformiert wie viele seiner Kollegen. Die Farbtafeln

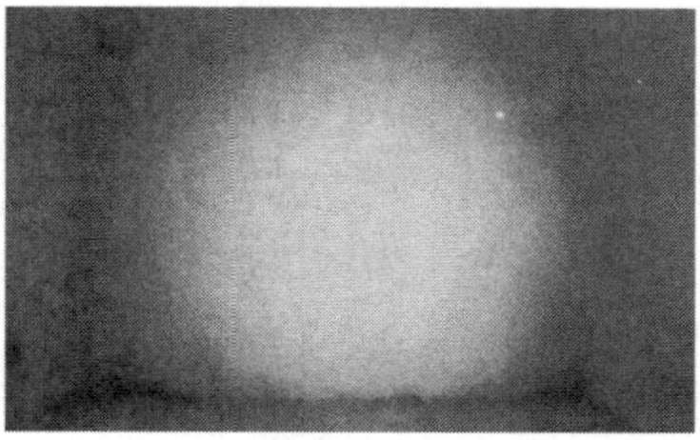

Abb. 144: Propfen im Südschacht

F2-2 und F3-2 (im Farbbildteil dieses Buches) zeigen die tatsächliche Struktur des Mauerwerks im Umfeld des Verschlußsteins: einmal vor der Bohrung im Jahre 2002 und ein weiteres Mal nach der Bohrung durch die *National Geographic Society*.

Neben den Strukturen sind auf den beiden Aufnahmen auch ganz deutlich Temperaturunterschiede zu erkennen, die nach dem Bohren deutlich größer geworden sind und momentan plus 5 °C betragen. Interessanterweise erkennt man auf den Aufnahmen auch das umliegende Mauerwerk des Südschachts, das offenbar aus westlicher Richtung aufgenommen wurde. Doch soviel ich weiß, waren alle bislang in die Schächte geschickten Roboterfahrzeuge nur an ihrer Frontseite mit einer Kamera ausgestattet und hätten also unmöglich Aufnahmen aus dieser Perspektive machen können. Entweder wurde dabei eine völlig neue Technik verwendet, oder es existiert ein Zugang, der diesen perspektivischen Einblick erst gestattet. Da die Singapur-Technologie erst im Herbst 2005 entwickelt worden ist und die Bohrung am Südblock bereits 2002 erfolgte, spricht alles dafür, daß es einen »neuen« Zugang im Inneren der Pyramide gibt, der zum Südblock führt. Was befindet sich am Ende der Schächte aber nun wirklich, und was ist der Zweck der merkwürdigen Kupferstifte?

Abb. 145: Granitflicken

Über 4600 Jahre nach Pharao Cheops konnte die Struktur der Pyramide noch immer nicht dahingehend ergründet werden, ihr größtes Geheimnis aufzudecken: die Geheimkammer des Cheops. Die architektonische Analyse des Bauwerks mit Bodendurchdringungsradar im Jahr 2004, durchgeführt von zwei französischen Amateurforschern, ortete eine Vielzahl von Hohlräumen in der Großen Pyramide. Die Forscher sind fest davon überzeugt, die genaue Stelle jener Geheimkammer lokalisiert zu haben, wo sich ihrer Ansicht nach noch immer der unversehrte Leichnam von König Cheops befinden soll, weil es nach ihrer Ansicht als sehr unwahrscheinlich gilt, daß irgendwelche antiken Grabräuber imstande waren, diese komplizierte Stelle im Bauwerk zu finden. Dennoch warnen die Forscher: Löcher, die sie bohrten, oder Hohlstellen, die sie vorfanden, wurden wieder fein säuberlich zugestopft. Man will nicht, daß jeder mitbekommt, was für Arbeiten in der Großen Pyramide im Gange sind. Wer steckt hinter dieser Geheimniskrämerei?

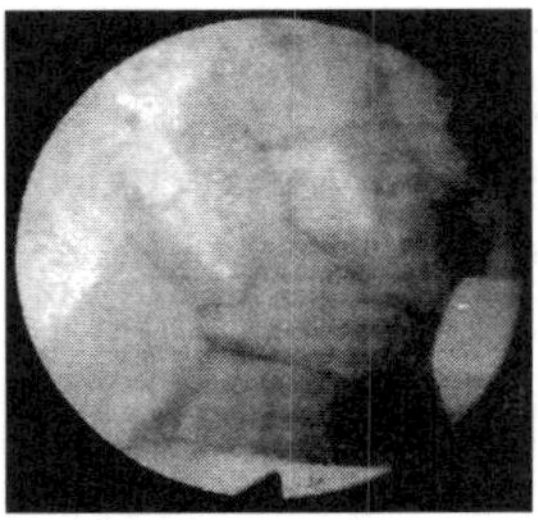

Abb. 146: Verborgene Kammern

Gilles Dormion und Jean-Yves Verdhurt, zwei pensionierte Architekten mit einer Leidenschaft für die Große Pyramide, hatten mit Eigenmitteln finanzierte Untersuchungen geplant, die ihnen jedoch von der SCA nicht genehmigt wurden. Dank dem Türöffner »Bakschich« führten die Architekten daraufhin heimliche Untersuchungen durch, und das mit beachtlichen Ergebnissen: Durch bereits vorhandene Bohrlöcher an wichtigen Brennpunkten im Inneren der Großen Pyramide, die Dormion seit 1986 bekannt waren, führten die Forscher ein fiberoptisches Kabel ein:

»Wir haben hinter die Portikullis und die Blöcke im Flur geblickt. Es wird notwendig sein, das Vorderteil des Flures abzutragen, um in den neu entdeckten Raum einzudringen. Darüber hinaus müssen Vorsichtsmaßnahmen getroffen werden, damit dieser Bereich nicht verschmutzen kann.«

Von welcher Stelle in der Großen Pyramide ist hier die Rede? Und was für ein neuer Raum ist entdeckt worden?

Die Franzosen haben unter anderem durch einen Schlitz im

Abb. 147: Neue Bereiche

Vorraum der Kammer des Königs ihr fiberoptisches Kabel eingelassen und neue Bereiche in der Pyramide erblickt, die bislang nicht für die Öffentlichkeit bestimmt waren. In diesem Abschnitt verläuft der südliche Sternenschacht von der Kammer der Königin aus. Weiter unten befindet sich nach Ansicht der Architekten westlich der Kammer der Königin ein neuer Raum, der als eine Art Doppelkammer (übereinanderliegend, worauf bereits Khalil Messiha aufmerksam gemacht hatte) angesehen werden kann. Sind die Untersuchungsergebnisse der »Rentner« wirklich ernstzunehmen?

Bereits im Jahre 2000 entdeckten die Hobbyarchäologen Dormion und Verdhurt mittels des Einsatzes eines fiberoptischen Kabels zwei »verborgene Kammern« in der Pyramide von Meidum, die Cheops Vater Snofru zugeschrieben wird. Den Ägyptologen, die das Bauwerk seit Jahrzehnten untersucht haben, war die Existenz der Kammern bislang entgangen. Schon damals wandten sich die Architekten jedoch nicht an Zahi Hawass und an die Antikenbehörde, um auf ihre Ergebnisse aufmerksam zu machen, sondern an den hochgeachteten französischen Ägyptologen Jean-Pierre Corteggiani vom Institut für Orientalische Archäologie in Kairo. Corteggiani war von den Ergebnissen der Architekten sehr beeindruckt. Es verwunderte den Archäologen nur ein wenig, daß es keine Ägyptologen waren, die dieses Geheimnis in der Pyramide von Meidum entdeckten, obwohl bereits unzählige Untersuchungen an dem Bauwerk durchgeführt worden waren. Der Lehrstuhlinhaber beauftragte daraufhin Jean-Pierre Baron von der *Société Anonyme Française d'Etudes et de Gestion* (SAFEGE) in Paris, der sich auf die Untersuchungen von geologischen Schichten mit Radar spezialisiert hatte, die Ergebnisse der beiden Nichtägyptologen zu überprüfen (Baron galt als Spezialist auf diesem Gebiet, hatte er doch mit seiner Firma die geologischen Eigenschaften der Eisenbahnstrecke Paris–Straßburg begutachtet, bevor dort auch nur eine einzige Schiene verlegt werden durfte). Corteggiani kommentierte den Auftrag an die SAFEGE wie folgt:

»Wenn einer die Eigenschaften dieser Hohlräume richtig einschätzen kann, dann ist das Jean-Pierre Baron.«

Baron bestätigte dem Archäologen schließlich, daß es sich bei den Hohlräumen in der Pyramide von Meidum um künstlich hergestellte Strukturen handelte, die von den altägyptischen Baumeistern absichtlich »verborgen« angelegt worden waren. Daraufhin informierten die Architekten den Archäologen auch über ihre Ergebnisse zu den Untersuchungen in der Großen Pyramide. Tatsächlich verliehen die Untersuchungsergebnisse aus der Pyramide von Meidum auf einmal der Annahme mehr Gewicht, daß sich im Zentrum der Großen Pyramide weitere »verborgene Strukturen« befänden, die offiziell niemand zur Kenntnis nehmen möchte. Jean-Pierre Corteggiani bezog den Ägyptologen Nicolas Grimal vom *College de France* in die Untersuchungsergebnisse von Dormion und Verdhurt mit ein.

Der Ägyptologe war von den Arbeiten der Architekten so sehr beeindruckt, daß er für das Buch *La Cambre de Cheops* (*Die Kammer des Cheops*) sogar eine Einleitung schrieb. Nicolas Grimal erklärte im Herbst 2004:

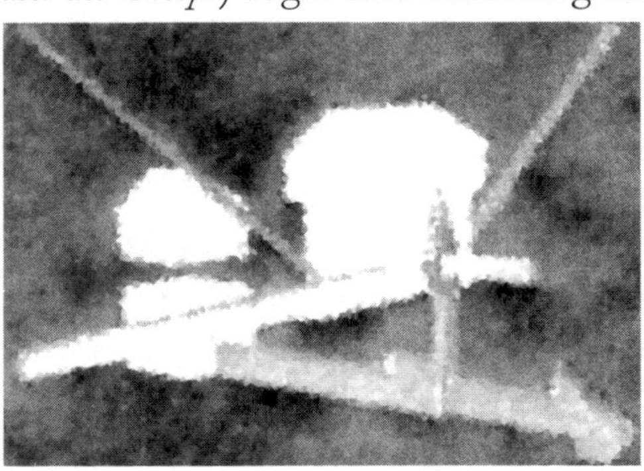

Abb. 148: Radarbild der tatsächlichen Kammersystem-Situation

»Sollten die Messungen bestätigt werden, stellen sie ohne Zweifel eine der größten Entdeckungen innerhalb der Ägyptologie dar.«

Bei dem Ägyptologentreffen im französischen Grenoble, bei dem das Buch von Dormion und Verdhurt und einige neue Untersuchungsberichte vorgestellt wurden, war von Anfang an mehr Skepsis gegenüber ihren Ergebnissen anzutreffen, als es den Architekten lieb sein konnte. Einer der größten Skeptiker war der Bristoler Ägyptologe Aidan Dodson, der sich so äußerte:

»Die Idee, daß die Grabkammer des Cheops in der Pyramide noch gefunden werden soll, finde ich nicht nur als völlig aus der Luft gegriffen, sondern nach allem vorgelegten Material unglaubwürdig! Architektonisch gibt es keinen Grund, warum es einen weiteren Flur unter dem Raum der Königin geben sollte. Alle Grabkammern der Großen Pyramide sind der Ägyptologie schon immer bekannt.«

Abb. 149: Neue verborgene Kammer

Darüber hinaus äußerte sich Dodson dahingehend, daß die »zwei Franzosen« mit einer populären Theorie über die Große Pyramide an die Öffentlichkeit getreten seien, nur um ihr Buch besser zu vermarkten. War das wirklich der einzige Grund?

Definitiv nicht! Dormion und Verdhurt hatten ihr Arbeitsleben bereits hinter sich gebracht. Finanziell waren sie längst unabhängig, und die Sache mit dem Buch hatte sich nur deshalb ergeben, weil einige Verlage auf eine Buchveröffentlichung hin drängten und die Architekten schon aufgrund ihres Berufes daran gewöhnt waren, der Welt etwas zu hinterlassen, was sie mit ihrem Buch denn auch tun wollten. Ihr Ziel war also keine riesigen Verkaufszahl, sondern die Übermittlung von Informationen an die Öffentlichkeit in Form eines Buches, das noch von ihnen kündet, wenn die Herren Architekten längst das Zeitliche gesegnet haben. Das Problem ist möglicherweise völlig anders gelagert und hat etwas mit dem in Ägyptologenkreisen oft anzutreffenden wissenschaftlichen Starrsinn zu tun.

Die Strahlenuntersuchungen haben ziemlich klare Strukturen aufgezeigt, wonach sich unter der Königinnenkammer neben einem Gang, der etwas länger als 20 Meter ist, an dessen Ende zwei übereinanderliegende Kammern befinden, von denen die untere über ein Flach- und die obere über ein Giebeldach verfügt. Man erreicht diesen im westlichen unter der Königinnenkammer liegenden Bereich über einen Durchgang in der näheren Umgebung des Kraggewölbes. Mir liegt ein Photo von diesen Kammern vor, die an die Kammer der Königin erinnern und wie sie ebenfalls über ein Kraggewölbe und zwei gleichgroße, über dem Bodenniveau liegende, Zugänge verfügen. Dennoch ist es schwierig, genau abzuschätzen, wie die Form dieser neuen Räume aussieht. Ganz offensichtlich sind sie aber da und wurden längst entdeckt. Laut den mir vorliegenden Informationen waren sie ebenfalls leer, so daß von Cheops weit und breit immer noch jede Spur fehlt. Was soll man von all dem halten?

Eigenartig ist in diesem Zusammenhang auch noch etwas anderes: Immer dann, wenn jemand über eine phänomenale Entdeckung berichtet, dauert es in aller Regel nicht sehr lange, bis auch andere Menschen von demselben Gegenstand oder Ereignis berichten. Auffällig ist nun, daß binnen kurzer Zeit dann ein mit der Entdeckung verbundener »fake« oder »hoaxing« auftaucht. Das sind extra vorbereitete Fälschungen, mit denen echte Wissenschaftler ganze Forschungsgruppen auf eine falsche Fährte locken wollen, nur wegen dem damit angeblich verbundenen »Jux« und der dann entstehenden »Dollerei«. Meist werden bei diesen Fälschungen bewußt Fehler eingebaut, die sich durch Fachleute entlarven lassen, wobei das Ganze so strukturiert ist,

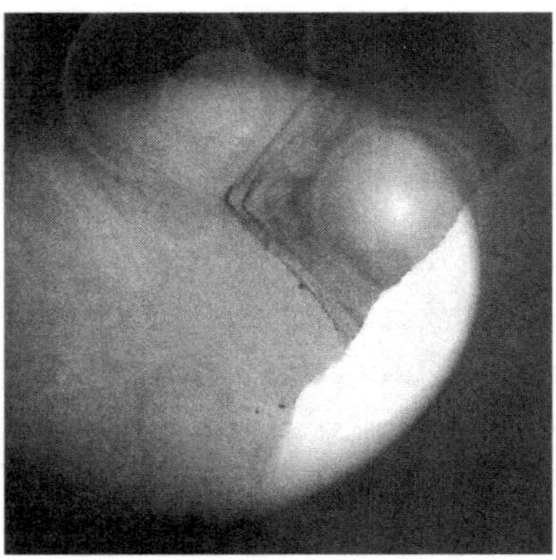

Abb. 150: Neuer Brunnen in der Großen Pyramide

daß mit der Entlarvung der Fälschung auch die echte Entdekkung diskreditiert wird. Weder mit dem Thema befaßte Forschungsgruppen noch die Öffentlichkeit wissen dann, was nun richtig oder falsch ist. Was ist aber nun wirklich dran an dem Gerücht über verborgene Kammern, die den offiziellen Stellen längst bekannt sind?

Das Thema läßt sich nicht mehr so einfach wegdiskutieren. Immerhin existieren umfangreiche Fotodokumente. Darüber hinaus muß man bedenken, daß nicht jeder Betrüger gleichzeitig ein verachtenswerter Mensch ist, sondern auch oftmals ein Opfer widriger Umstände, die ihn erst zum Betrüger werden ließen. Zahi Hawass bezweckt mit seinen Irreführungen gleich mehrere Ziele: Einerseits ist er bemüht, das Interesse an der alten Nilkultur lebendig zu halten, andererseits versucht er, als seriös bewertete Einrichtungen – seine ständigen »Geldquellen« – ebenfalls zufriedenzustellen. Deshalb kommt es hin und wieder vor, daß man gewisse Theorien von Quereinsteigern in die Ägyptologie gerne mit viel Spott behandelt, widerlegt oder »entlarvt«, um danach nur noch darüber zu polemisieren. Die Forscher Gilbert und Bauval konnten dies am eigenen Leib erfahren, obwohl sie mit ihrer Orion-Theorie einen entscheidenden Beitrag zur Ägyptologie geleistet haben. Mit einer ähnlichen Vorgehensweise wollte man die französischen Architekten kurz und bündig als »alte Tattergreise« abqualifizieren, damit die Ernsthaftigkeit ihrer Arbeit allgemein bezweifelt würde. Ich selbst habe auch so meine Erfahrungen machen müssen, ich wurde nicht nur als Plagiator, sondern sogar als Dieb bezeichnet, aber glücklicherweise noch nie als »Spinner«. Doch wer die Vorgehensweise der Gelehrten durchschaut hat, braucht ihren Anwürfen auch nicht mehr zu erliegen. Wozu aber überhaupt die ganze Heimlichtuerei in bezug auf die Große Pyramide?

Möglicherweise liegen die wahren Geheimnisse der Pyramiden gar nicht in der Großen Pyramide verborgen, sondern in der Pyramide des Chephren. Wie alle anderen Pyramiden von Giseh

Abb. 151: Eingang 2 und 3 der Chephren zugeschriebenen Pyramide

ist der Bauherr dieses Bauwerks anonym, und die Zuordnung erfolgte willkürlich nach den Angaben von Herodot. Merkwürdigerweise wird eine an der Chephren-Pyramide außen angebrachte Inschrift von Ramses II. von den Ägyptologen nicht zum Anlaß genommen, dieses Bauwerk statt Chephren ihm zuzuordnen. Auch in ihrem Inneren trägt die Pyramide des Chephren keinerlei Inschriften: Nicht einmal Steinmetzmarkierungen, wie man sie an der Cheops-Pyramide identifiziert haben will, konnten an diesem Bauwerk nachgewiesen werden. Interessanterweise ist die Pyramide des Chephren jenes Bauwerk, von dem das altarabische Buch *Hitat* behauptet, in ihm würden verborgene Kammern existieren, die neben Sternen- und Himmelskarten auch nicht rostende Metalle und biegsame Gläser enthalten würden.

Abb. 152: Hauptkammer der Chephren-Pyramide

Seit die Pyramide des Chephren von Professor Luis Alvarez in den 1960er Jahren Strahlenuntersuchungen ausgesetzt wurde und er nach den Auswertungen seiner Ergebnisse bekanntgab, daß sich innerhalb des Bauwerks keinerlei Räume befinden würden, hat kein Ägyptologe noch einmal den ernsten Versuch unternommen, nach unbekannten Räumen in diesem Bauwerk zu suchen. Dabei zeigten die Strahlenaufnahmen bereits 1968 das Bildnis einer Anomalie, die nahe der Spitze des Bauwerks die Existenz eines Hohlraums vermuten ließ. Doch wurden die damaligen, mit dieser Anomalie in Verbindung stehenden Vermutungen wieder zerredet, bis Gras über die ganze Sache gewachsen war. Tatsächlich sieht die Situation der Hohlräume innerhalb der zweiten Großpyramide so aus, daß sich eine weitere, westlich ausgerichtete enge unterirdische Kammer gleich rechts von dem Schacht des heute benutzten Eingangs für die Touristen befindet, der offiziell gesperrt ist. Neben dem Touristeneingang befinden sich noch zwei weitere Eingänge 15 Meter über dem Boden auf der Nordseite, die jeweils mit einem Gittertor verschlossen sind. In einem Winkel von 25° 55' führt ein schmaler Gang in den gewachsenen Felsen hinab und setzt sich ab dort horizontal bis zur Hauptkammer fort, die aus Kalkstein besteht. Eine besondere Anomalie an dieser Stelle ist der Umstand, daß die Wände des abfallenden Abschnitts und ein Teil des horizontalen Abschnitts mit Rosengranit verkleidet sind. Zwar findet man auch außerhalb dieser Pyramide verarbeiteten Granit, doch bis auf den Sarkophag fehlt er innen völlig.

Wenn man von den bautechnischen Belangen der Pyramide einmal absieht, kann es sich bei diesem Bauwerk eigentlich nur um ein Initiationszentrum gehandelt haben, in dem für uns heute unbekannte Riten abgehalten wurden, die auf den Vorstellungen der alten Ägypter vom Leben, vom Tod und vom Kosmos basierten. Der Pyramidenforscher Peter Tompkins meint dazu:

»Einige Forscher glauben, daß die Pyramide in ihrer Formgebung die Lehre zum Ausdruck bringt, die in den Totenbüchern der Ägypter aufgezeichnet ist. Die Steine und Maßverhältnisse zeugen danach in allegorischer und symbolischer Form von dem geheimen Wissen der Eingeweihten oder den Gesetzen, die im Kosmos wirken. Dadurch soll dem Eingeweihten bewußt gemacht werden, wo der eigentliche Ursprung seines Lebens liegt.«

Sind die mit Granit verkleideten Gangabschnitte der entscheidende Hinweis für die Lösung des Rätsels um die Rituale?

Das könnte sein. Denn warum gerade bei dieser Pyramide alleine auf der Nordseite drei Eingänge existieren, lassen die Ägyptologen ebenso unbeantwortet wie die Frage nach dem Sinn der spärlichen Granitausstattungen innerhalb des Bauwerks. Sie vertreten die Ansicht, daß es sich bei dem linken Gittertor (Abb. 151 links) um den eigentlichen Eingang handelt und das rechte Gittertor (Abb. 151 rechts) lediglich einen »Blindkorridor« versperren soll, den vermutlich Al-Mamuns Gefolgschaft in das Bauwerk gebrochen hat. Doch ist das wirklich die Wahrheit?

In den letzten zehn Jahren konnte ich immer wieder beobachten, daß über diese Zugänge Unmengen von Zement in die Pyramide gebracht wurden. Ganz offensichtlich gab es innerhalb des Bauwerks Bauarbeiten, von denen aber die unteren Bereiche, in die die Touristen eintreten dürfen, scheinbar nicht betroffen waren. Tatsächlich existieren alte Zeichnungen, die vor Jahrhunderten angefertigt wurden, aus denen hervorgeht, daß sich in der sogenannten Hauptkammer ebenfalls Luftschächte befunden haben müssen, die wie in den zwei Kammern in der Großen Pyramide nach Norden und Süden ausgerichtet waren. Der einzige Unterschied zu den Schächten in der Großen Pyramide ist, daß diese Luftschächte in der Pyramide des Chephren viel höher angelegt wurden, so daß man ohne Leiter überhaupt nicht die Gelegenheit hatte, sie zu untersuchen oder mit ihnen irgendwelche Sterne zu beobachten. Irgendwer muß diese Schächte allerdings wieder verschlossen haben, weil sie heute optisch nicht mehr vorhanden sind. Aber warum?

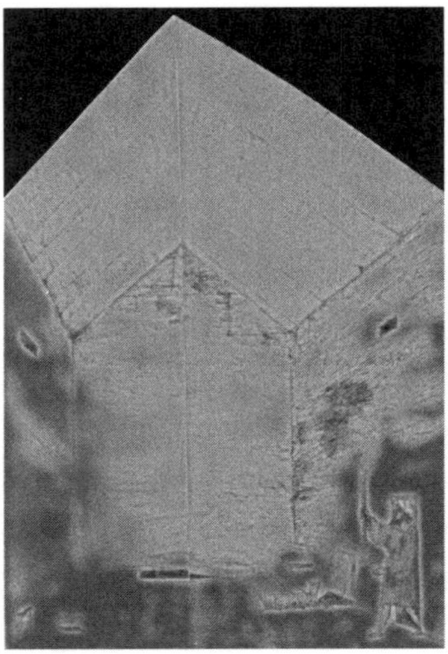

Abb. 153: Auch hier gibt es Luftschächte

Die Hauptkammer der Chephren-Pyramide hat die Abmessungen 14,19 x 5,01 x 6,92 Meter und wurde aus dem natürlichen Felsen gehauen. Die auf dem Giebeldach verlegten Kalksteinplatten sind in einem Winkel von 53° 07' 48" verlegt worden, was exakt der Außenkante des Bauwerks entspricht. Bauingenieure haben bestätigt, daß die Giebelplatten in das Kernmauerwerk der Pyramide eingesetzt worden sind und das gesamte Gewicht tragen. Warum das bei diesem Bauwerk ohne Entlastungskammern funktioniert, diese Frage konnten sie nicht beantworten. Einige Bauingenieure vermuten, daß es im Inneren der Pyramide »statische Abweichstellen geben muß, die das Gewicht auf eine größere Stelle verteilen«. Das bedeutet im Klartext, daß auch diese Pyramide schon allein aus bautechnischer Sicht über weitere Hohlräume verfügen muß, die ganz offensichtlich den Ägyptologen bekannt, aber nicht für die Öffentlichkeit bestimmt sind. Seltsamerweise fühlen sich viele Leute, die dieses Bauwerk betreten, darin nicht wohl. Woran das liegt, vermochte bislang noch niemand zu sagen. Fakt ist aber, daß sich die Atmosphäre in der Pyramide des Chephren stark von der positiven in der Großen Pyramide unterscheidet. Existieren in der Pyramide des Chephren beweisbar Geheimkammern, die der Öffentlichkeit vorenthalten werden?

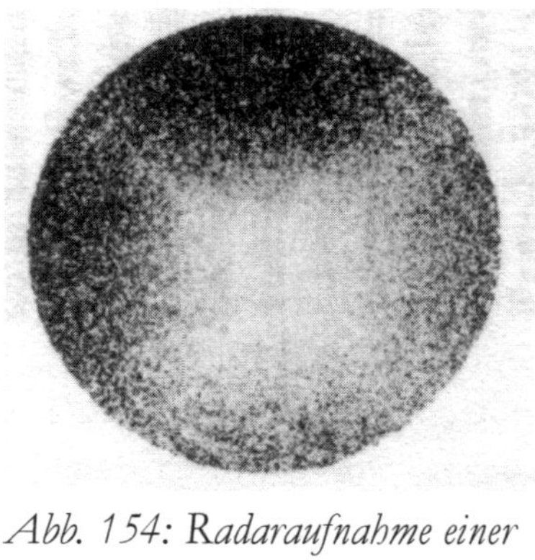

Abb. 154: Radaraufnahme einer verborgenen Kammer in der Pyramide des Chephren

Anscheinend! Denn bereits 1977 wurden nach akustischen Untersuchungen mit Schallwellen Hohlraumstrukturen unter dem Bauwerk nachgewiesen, die sich in einer Tiefe zwischen 20 und 35 Meter verteilen. Zwar konnte nicht mit Bestimmtheit die Aussage getroffen werden, ob es sich bei diesen Anomalien um künstliche oder natürliche Formationen handelte, aber ihre Existenz wurde mit Sicherheit angegeben. Sie befinden sich im südlichen Bereich und sind durch Kanäle oder schmale Schächte miteinander verbunden. Auch kurz vor dem Eintreten in die Hauptkammer befindet sich ein Bereich mit einem vertikalen Schacht, der zu einem Hohlraum in einer Tiefe von vier Metern verläuft. Warum liest man in keiner offiziellen archäologischen Abhandlung über diese neuen Erkenntnisse?

Abb. 155: Sargwanne

Gilles Dormion und Jean-Yves Verdhurt untersuchten zwischen September und November 2000 auch die mit hoher Wahrscheinlichkeit vorhandenen Hohlräume in der Pyramide des Chephren. Die Architekten berichteten:

»Infolge unserer Entdeckungen in der Pyramide von Meidum hat die Ägyptische Altertümerverwaltung uns die Genehmigung erteilt, die Pyramide des Chephren zu untersuchen. Wir konnten dasselbe architektonische Prüfverfahren anwenden wie jenes, das wir erfolgreich in Meidum und in der Großen Pyramide eingesetzt haben. Tatsächlich konnten unsere Abschlußergebnisse erhebliche Anomalien in der Pyramide von Chephren hervorheben, die interessante Neuigkeiten enthielten.«

Auch in diesem Fall wurden die Architekten von Jean-Pierre Baron unterstützt. Mittels Georadarapparaturen wurden mikrogravimetrische Messungen vorgenommen, die folgende Ergebnisse lieferten:

1) In der unmittelbaren Umgebung des geglätteten, in den Boden eingelassenen Granitsarkophag wurden Massendefizite gemessen, die dort einen Hohlraum vermuten lassen.
2) Die mikrogravimetrischen Auswertungen des Georadars bestätigten eine punktuelle Anomalie, die einem Zugang entsprechen könnte.

Abb. 156: Hauptkammer des Chephren und ein weiterer Raum

Mit ihren Auswertungen in der Tasche begaben sich die Architekten voller Freude nach Kairo, um einen Verantwortlichen mit den Ergebnissen zu konfrontieren:

»Wir haben daraufhin sofort Professor Gaballa Ali Gaballa, den Generalsekretär des höchsten Rates der ägyptischen Altertümer, über das Ergebnis unserer Arbeiten informiert.«

Wer nun glaubt, die beiden Franzosen seien mit offenen Armen empfangen worden, sieht sich getäuscht. Nein, Ali Gaballa bedankte sich nicht einmal, sondern warf die Franzosen raus und untersagte ihnen jede weitere Forschung. Was ist nun in den letzten Jahren seit 2000 passiert?

Selbstverständlich wollte ich den eben geschilderten Ereignissen nachgehen und selbst Forschungen anstellen, um den Wahrheitsgehalt dessen, was da alles berichtet wurde, zu überprüfen. Wie immer wollte ich über Istanbul in Kairo einreisen, um dem offiziellen Charakter meines Besuches mehr Gewicht zu verleihen. Schwierig war es allerdings, den Ägyptern meinen deutschen Begleiter zu erklären.

Im November 2006 war es schließlich soweit: Ich konnte mit Unterstützung des Ingenieurs Herbert Gross und mit Hilfe des »Elektromagnetischen Reflexionverfahrens« (EMR) eigene Untersuchungen an dem Sarkophag in der Hauptkammer des Chephren und seiner nähren Umgebung durchführen. Weil das Meßgerät wie eine ganz normale Fototasche aus Aluminium aussieht, schöpften die Pyramidenwächter und die Mitarbeiter des SCA keinen Verdacht. Wir gaben an, daß wir lediglich ein paar professionelle Aufnahmen für eine Studentenarbeit an einer Universität machen wollten, und gaben ein nettes Trinkgeld. So erkannte keiner, daß wir neben geoelektrischen Oberflächenmessungen auch Auswertungen der seismischen Energiequelle vornahmen und Hohlräume mit hoher Auflösung bestimmen konnten. Auch wenn Herbert Gross noch nicht alle Meßdaten seiner Arbeit reproduzieren konnte, ließ sich bereits nach kurzer Zeit das neue Kammersystem feststellen und lokalisieren: Die Franzosen hatten Recht, und wir konnten das bestätigen! Nach den vorliegenden Auswertungen erstreckt sich direkt unter dem Sarkophag ein drei Meter tief gelegener waagerechter Schacht, der sich – wie im Fall der Kammer der Königin in der Großen Pyramide – unter der Westwand der Hauptkammer des Chephren in einem Bereich von zwölf Metern erstreckt und mit einem etwa drei Meter hohen, senkrechten Schacht in einen neuen Raum führt. Die Ostwand dieses neuen Hohlraumes liegt von der Westwand der Hauptkammer lediglich 2,50 Meter entfernt, und der Fußboden befindet sich auf demselben Bodenniveau wie die Hauptkammer. Seltsamerweise verfügt dieser Raum über eine Flachdecke mit einer Höhe von nur 2,80 Metern. Ob sich über diesem Raum, wie bei der Kammer des Königs in der Großen Pyramide, ebenfalls Entlastungskammern befinden, konnte von uns nicht festgestellt werden. Gross meinte jedoch:

Abb. 157: Verborgene Kammer

»Der festgestellte Hohlraum ist eine künstliche Einrichtung, die mit großer Wahrscheinlichkeit nicht natürlich entstanden ist. Auch bei den unter der Westwand verlaufenden Strukturen handelt es sich definitiv um keine Felsauswaschungen durch Grundwasser, sondern ebenso um künstlich angelegte Strukturen, die zu einem bislang verborgenen Raum führen.«

Besser kann man eine Neuentdeckung meines Erachtens nicht formulieren. Interessanterweise hörte ich dann etwas später von Gerüchten über die SCA, wonach sie die Strukturen längst kennen würde und auch schon untersucht haben solle. Wenn man dann vor Ort ist, wird aber nicht nur hinter vorgehaltener Hand gesprochen, sondern man zeigt auch einiges: So wurde mir Abb. 157 zugespielt, die ich dann später unter kuriosen Umständen an mich genommen habe. Angeblich soll sie den neuen Raum neben der Hauptkammer des Chephren zeigen. Er ist mit einem zentrierten, sozusagen umgekehrten Kraggewölbe versehen, das recht tief unter die Pyramide zu führen scheint. Das Foto, das für Abb. 157 im Original benutzt wurde, hat einen schwarzen Hintergrund, während die sichtbaren Strukturen bzw. Striche blau abgebildet sind. (Vielleicht ist es jene »Schwarze Kammer«, die Charles Piazzy Smith noch bis zu seinem Tode vergeblich suchte?) Rechts oben im Bild sieht es so aus, als ob ein Schacht oder Korridor in den Raum hineinführen würde, der vom Format an den Gantenbrink-Stein erinnert. Außerdem befinden sich dort zwei Schlitze, die offenbar einen weiteren Bereich im Pyramideninneren mit diesem Raum verbinden. Darüber hinaus sind deutlich genau zehn Kragen zu erkennen, die dort eingelassen wurden. Scherzhafterweise könnte man annehmen, daß das Foto eine Art »Badewanne« zeigt und aus den Schlitzen das »Badewasser« eingelassen worden ist. In Wirklichkeit könnte es hierbei um den sogenannten »Allesverschlinger« aus den Unterweltsbüchern handeln, der den Verstorbenen wie in einer Art »Sternentor« zu seinem Bestimmungsort führte. Sind die Pyramiden also doch nur Wegweiser zu den Gesetzmäßigkeiten des Kosmos? Vielleicht der »Schlüssel zur Sirius-Strategie«?

Nunmehr sind die Ägyptologen gefordert, eine Erklärung abzugeben, warum wir über die Existenz weiterer Räume in den Pyramiden bis jetzt offiziell nichts erfahren durften. Was versucht man uns vorzuenthalten? Oder hat es mit dem zu tun, was ich schon seit Jahren erzähle: Daß der Mensch eine erst im Labor, also künstlich erschaffene Art ist, die einst von »Göttern« aus dem Sirius-System erschaffen wurde und im »Garten Erde« ausgesetzt worden ist? Und will man uns diese Erkenntnis verheimlichen, die auch in den Totentexten – und möglicherweise in den Pyramiden – bewahrt wurde? Doch um was geht es beim Sirius-Geheimnis der Ägypter überhaupt?

Kapitel 10

Das Sirius-Geheimnis der Ägypter

Hatte der Ägypter sein irdisches Leben hinter sich gebracht, mußte er vor das Totengericht des Osiris treten. Dieser saß in der Halle der beiden Rechtsgöttinnen, bei denen sich auch die 42 messerschwingenden Dämonen mit furchterregenden Namen befanden, denen kein Verstobener begegnen wollte. Die gräßlichen Wesen nannten sich »Blutfresser«, »Flammenauge« oder »Schattenfresser«. Sie alle standen gleichzeitig für die möglichen irdischen Sünden Pate, die ein Mensch zu Lebzeiten begehen konnte. Es war allein die Sache des Verstorbenen zu beweisen, daß er während seines irdischen Lebens keine Sünden begangen hatte, damit er verschont werden konnte. In diesem Fall hatte er nämlich von den Dämonen nichts zu befürchten und wurde von ihnen auch nicht attackiert. Als »Unschuldiger« wurden ihm göttliche Ehren zuteil, worauf statt den Dämonen Horus kam und die Hand des Neuankömmlings nahm, damit er ihn seinem Vater

Abb. 158: Totengericht

Osiris als neues Mitglied der Unterwelt vorstellen konnte. Diese Szenarien sind uns zumindest aus den Pyramidentexten, Tempelinschriften und zahlreichen Papyri erhalten geblieben. Doch welches Geheimnis verbirgt sich hinter dem Totenkult der Ägypter tatsächlich?

Bei den Pyramidentexten handelt es sich um die älteste Spruchsammlung, die aus Ägypten erhalten geblieben ist. In wechselnder Auswahl wurden diese Schriften seit Unas, dem letzten König der fünften Dynastie, in allen Königspyramiden des Alten Reiches aufgezeichnet. Nach wie vor ist die richtige Reihenfolge dieser Sprüche unklar und bei den Übersetzungen auf Seiten der Ägyptologen willkürlich vorgenommen worden. Wenn wir uns die Pyramidentexte etwas genauer anschauen, scheint es auf den ersten Blick optisch zwischen diesen und den Texten des *Amduat* keinerlei Verbindung zu geben, doch der Eindruck täuscht. Die älteste Version des *Amduat* stammt aus dem Grab von Thutmosis I. (1512–1508 v. Chr.), die allerdings recht bruchstückhaft sind. Vollständig erhaltene Versionen zieren die Wände der Gräber von Thutmosis III. und Imenhotep II. Doch was für Informationen enthalten diese Texte überhaupt?

Viele Ägyptologen von heute behaupten, daß sie die Pyramidentexte verstehen und daß sie sie für komprimierte Versionen der Unterweltsliteratur, wie beispielsweise des *Amduat*, halten. Es ist zwar richtig, daß der Text des *Amduat* alt ist, aber ebenso richtig ist, daß sich der Text in Wahrheit von den Pyramidentexten herleitet. Deshalb taucht auf den Wänden häufig das Wort »gemush« auf, das auf eine Lücke innerhalb der Hieroglyphenauflistung hinweist, die der Kopist schon im Originaltext fand, was wiederum auf den älteren Ursprung dieser Niederschrift hindeutet. Hans Bonnet vertritt in seinem *Reallexikon* die Ansicht, daß innerhalb der Ägyptologie:

»Eine kritische Bearbeitung des *Amduat* fehlt!«

Oft werden die Texte als »Wanderwege der Sonne« in den Tag- und Nachtstunden beschrieben, wobei die Erklärungen der

Abb. 159: Totenkult

Ägyptologen auf den ersten Eindruck zwar recht klar aussehen, aber bei näherer Betrachtung dennoch verwirrend wirken. Bevor wir zum Ursprung der Texte vordringen, wäre es allein aus der Verwirrung heraus vernünftiger, die Kompositionen in den alten Texten als »Reiseführer« oder besser als »spirituelle Anweisung« zu verstehen, die der Verstorbene in einer ihm bereits zu Lebzeiten bekannten und vorgegebenen Route in der Ewigkeit durchlaufen mußte. Bonnet erklärt das an einem Beispiel wie folgt:

»Der große Unterschied zum *Zweiwegebuch* besteht darin, daß im *Amduat* der Zeitgeist entsprechend dem Unterweltscharakter durchgehend betont wird, während in jenem die Anleihen aus der alten Himmelstopographie allzu deutlich stehen bleiben.«

Die Duat ist einerseits kein realer Ort und andererseits das endlose Weltall, wo sich die Zirkumpolarsterne befinden und mit dem Verstorbenen eine Art der Transformation stattfindet. Bonnet führt ergänzend hierzu aus:

»Die Bezeichnung Duat wird von der Unterwelt auch auf die

Grabstätte sowie auf dunkle, verborgene Räume des Tempels übertragen.«

Wer im Alten Ägypten die Schwelle des Todes schon überschritten hatte, bewegte sich nach den Vorstellungen der Ägypter unter Göttern, weil er einer von ihnen wurde. In den Darstellungen der Unterweltsbücher lassen sich die »echten« Götter durch Götterbart und Attribute von den seligen Toten unterscheiden, aber an anderen Stellen sind unterschiedslos die Bewohner des Jenseits gemeint. Daher schreibt der französische-russische Ägyptologe Alexandre Piankoff (1897–1966) in seiner *Litanei über Ra* und über das solare Prinzip:

»Hier ist Ra, der sich in seinen zahlreichen Körpern manifestiert, das kosmische Prinzip der Energie.«

Abb. 160: Die Ägypter starben auch nach einem dualen Prinzip

Wie ist aber die Bemerkung des Ägyptologen zu verstehen?

Die Überlieferungen im *Amduat* (*Schrift des verborgenen Raumes*), das schon immer die Überlieferungen der Bewegungen im »dunklen Weltall« meint, sind in drei Register unterteilt und befinden sich außer in den genannten Königsgräbern auch auf riesigen Papyrusrollen. Das mittlere Register beinhaltet einen Bericht über den »Himmelsfluß«, über den die »Himmelsbarke« fahren mußte und an seinen »Himmelsufern« im oberen und unteren Register anhalten konnte. Nur das zentrale Register wird von Personifikationen der Gottheiten bevölkert, die an den aufeinanderfolgenden Stufen der Transformation des Verstorbenen beteiligt sind. Das obere und das untere Register enthalten hingegen die Personifikationen der »Kräfte«, welche die Durchfahrt der »Himmelsbarke« fördern, und solche, die sich dagegen stemmen. Auch wenn viele Ägyptologen heute gerne behaupten, daß sie den Transformationsgedanken aus diesen Texten klar verstehen, begreifen sie weder die »fremdartigen Funktionen« auf den

Tableaus, noch kennen sie die »fremdartigen Wesenheiten« darauf, weil sie mit einer Voreingenommenheit an ihre Untersuchungen gehen und beispielsweise in ihren Überlegungen mögliche »Reisebeschreibungen durch das Weltall« völlig unberücksichtigt lassen. Die Beschreibung und damit das Verständnis des Textes wird noch dadurch erschwert, weil die von uns selbst verwendete Sprache (egal welche) nicht in der Lage ist, die verschiedenen Bedeutungsebnen, die während der Fahrt stets simultan mitlaufen, einzufangen. Ra ist hier zwar die physische Sonne, die durch die zwölf Nachtstunden reist, gleichzeitig ist Ra aber auch der »fleischlich inkarnierte Gott«, der durch den König symbolisiert wird und bereits während seiner Reise in seiner ursprünglichen Form »aufersteht«. Genau mit dieser Erkenntnis und den daraus resultierenden Folgen haben viele Forscher ihre Schwierigkeiten, weil sie bei einer logischen Schlußfolgerung eine für sie phantastische Welt betreten müßten, die mehr an Science Fiction erinnert statt an Ägyptologie. Diese Beschreibungen muß man nämlich symbolisch verstehen, wie den Skarabäus, der mit dem Umrollen der Mistkugel ebenfalls den Lauf der Sonne symbolisierte, aber aus biologischer Sicht etwas ganz anderes tat.

Abb. 161: Amduat, *zweite Stunde*

Die Beschreibungen im *Amduat* sind zwar etwas komplizierter, aber vom Prinzip her beschreiben die Texte ebenfalls nur kosmische Vorgänge wie der »versinnbildlichte« Skarabäus. Die endlos wiederholten Anspielungen auf Begriffe wie »Geheimnis« und »verborgenes Wissen« im *Amduat* machen deutlich, daß die Ägypter nicht die Absicht hatten, die komplexen Beschreibungen einfach zu gestalten und für jedermann verständlich zu machen. Nur die Sonnenbahn von ihrem Aufgang im Osten und ihrem Untergang im Westen am Tage und dann die astronomische Nachtwanderung der Sonne zu beschreiben wäre gewiß nicht so kompliziert ausgefallen, was auch der Einführungstext im *Amduat* beweist:

»Die Schrift des verborgenen Raumes. Die Standorte der Ba und der Götter, der Schatten und Ach, und was getan wird. Der Anfang ist das Horn des Westens, das Tor des Westhorizontes; das Ende ist die Urfinsternis, das Tor des Westhorizontes. Zu kennen die Unterweltlichen Ba, zu kennen die Geheimen Ba, zu kennen die Tore und die Wege, auf denen der Größte Gott wandelt. Zu kennen, was getan wird, zu kennen, was in den Stunden ist, und ihre Götter, zu kennen den Lauf der Stunden, und ihre

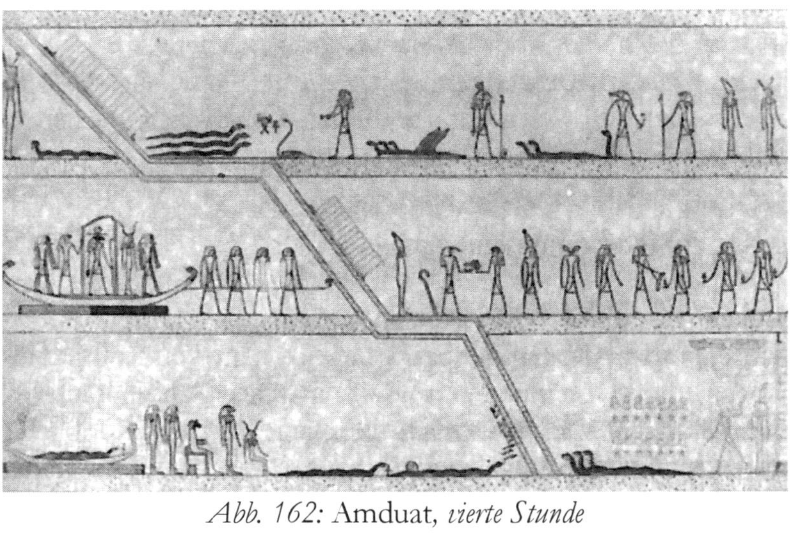

Abb. 162: Amduat, *vierte Stunde*

Götter. Zu kennen ihre Verklärung für Ra, zu kennen, was er ihnen zuruft, zu kennen die Gedeihenden und die Vernichteten. Dieser Gott tritt ein in den westlichen Torweg des Horizontes. Seth steht am Ufer. Es sind 120 Göttermeilen, fahrt durch diesen Torweg, ehe die Himmelsbarke die Unterweltlichen erreicht: Er zieht danach zum Wernes.«

Die ägyptischen Ortsnamen wie zum Beispiel »Horn des Westens« oder »Tor des Westhorizontes« sind offenkundig Metaphern, die uns wenig oder gar nichts sagen. Und die exakten Entfernungsangaben mit den ausgewählten Begriffen erklären sich auch nicht von selbst: Auch den Begriff »Göttermeilen« (»jtrw.ntr«) müßte man nach meiner Auffassung von den Hieroglyphen wörtlich mit dem Begriff »Licht« (»ntr« oder »ra«) und »Entfernung« (»jtrw«) übersetzen, was ich schon in früheren Publikationen richtig dargelegt habe. Dennoch meinen die Ägyptologen darin nur den Verlauf der Sonne zu erkennen, wenn sie nämlich, nachdem sie im Osten aufgegangen ist, am »Westhorizont untergeht«. Denn während man meine Interpretationen für »abenteuerlich« hält, greift zum Beispiel der Ägyptologe Christian Leitz auf die Angabe 309 »jtrw« zurück und multipliziert diesen Wert völlig willkürlich mit den zwölf Stunden des *Amduat*, wonach er 3708 »jtrw« (12 x 309) erhält, die seinen Schlußfolgerungen zufolge 38 934 Kilometer entsprechen. Anhand einer erneuten willkürlichen Methode ermittelt Leitz eine Nord-Süd-Ausdehnung Ägyptens auf dem 27. Breitengrad mit 3814 jtrw (39 894 Kilometern), woraus er nicht nur ableitet, daß die alten Ägypter die Kugelform der Erde kannten, sondern auch die Messungen des Erdumfangs um tausende Jahre vor Eratosthenes kannten. Das ist aber nicht alles: Der zweite Ägyptologe im Bunde, der ebenfalls zu seinen Ergebnissen völlig willkürlich gelangt, ist Jürgen Zeidler. Er ermittelt für die 3708 + 2 x 120 + 14 »jtrw« sogar 41 443 Kilometer für den Erdumfang, der tatsächlich 40 030 Kilometer beträgt. Argumentiert wird in erster Linie mit den Worten »wenn man annehmen will ...«, was doch stark an Erich von

Däniken erinnert, wenn er sagt: »Mit ein wenig guten Willen sehen wir hier einen Astronauten.« Bei von Däniken weiß ich aber, wie er das meint, im Gegensatz zu den zitierten Ägyptologen: Erich sagt, er sei ein »Sonntagsforscher«, während die Ägyptologen mit dieser Methode unsere Lehrmeinung gestalten dürfen. Ich weiß wirklich nicht, was in diesem Fall abenteuerlicher ist. Müssen wir wirklich diesen Unsinn von Leitz und Zeidler akzeptieren?

Daß das Jenseitsland erst mit der Zeit zu dem wurde, was es war, und die tatsächliche Lokalisierung am Himmel wieder in Vergessenheit geriet, umschrieb beispielsweise Hans Bonnet bereits vor Jahrzehnten wie folgt:

»Zu den Stätten, an denen die Toten verweilen, zählt die Dat oder Duat, wie eine ältere Nebenform lautet. Schon die ältesten Texte reden von ihr, und mit der Zeit wird sie mehr und mehr zum eigentlichen Jenseitsland. Ihre Lokalisierung ist dabei immer die gleiche, erst mit dem Neuen Reich wird sie eindeutig.«

Dem Orion (»Sah«) als Hauptstern des Südhimmels kam bei den alten Ägyptern nicht zufällig eine besondere Bedeutung zu. Die Anordnung seiner Sterne im Gürtel legte es nahe, die Umrisse einer menschlichen Gestalt in das Himmelsbild hineinzuinterpretieren. Schon aus dem Pyramidentext § 959 ist zu entnehmen, daß Orion »mit ausgestrecktem Bein« und »mit gespanntem Schritt im oberägyptischen Lande gebietet«. Interessanterweise steht auf vielen Särgen neben dem Bild des Orion: »wende dein Gesicht, dass du Osiris sehest«. Bonnet fügt hinzu, daß »der Herrscher des Nachtreiches der Duat und der Sternenkönig« eins sind. Der Ägyptologe meint:

»Osiris ist selbst Orion. Die Gleichsetzung ist alt, und sie ist verständlich.«

Ist das nicht ein Hinweis auf einen antiken Sternenkult, bei dem sich keiner der Priester in Wahrheit für den Lauf der Sonne interessierte?

Ganz offensichtlich! Weil wir uns auch nach wie vor nicht

wirklich sicher sind, was die Ägypter mit Ka, Ba oder Ach meinten, läßt sie beispielsweise Erik Hornung in seinen Übersetzungen im Originalwortlaut stehen. Später werden wir noch sehen, daß, wenn wir dieser Reisebeschreibung folgen, nahezu jeder Gott, jeder Ka, jeder Ba und jedes Ach einen anderen Namen hat und über individuelle Funktionen verfügt. So meint die Mehrheit der Ägyptologen auch die Entitäten dieser mystischen Traditionen zu verstehen, obwohl deren unendliche Feinheiten sich ihnen ganz offensichtlich entziehen, die sie möglicherweise nie adäquat erklären werden können.

Abb. 163: Amduat, *fünfte Stunde*

Daß das aber im Neuen Reich nicht einmal mehr die Ägypter selbst verstanden, zeigt Hans Bonnet in seinem *Reallexikon:*

»Die Gleichsetzung des Orion mit Osiris hat der späteren Zeit Anlaß gegeben, den Orion, dessen Name an das Wort für Mumie anklang, als auf einer Bahre liegende Mumie darzustellen.«

Die erste Stunde ist in allen Versionen des *Amduat* in vier anstatt in drei Register unterteilt. Die altägyptischen Gelehrten haben sich nicht die Mühe gemacht zu erklären, warum das so ist. Einige Ägyptologen vermuten, daß das mittlere Register in der ersten Stunde in zwei geteilt worden ist, um die separate Identität der »Zwillingsprinzipien« von Ra und Chepri darzustellen, die erst in den nachfolgenden Stunden verschmolzen sind. Wenn wir Ra und Chepri physisch betrachten als das, was sie danach in erster Linie sind, treffen wir hier auf eine der frühesten Überlieferungen einer »Doppelsonne«. Was hat das aber zu bedeuten?

Der deutsche Astronom Friedrich-Wilhelm Bessel (1784–1846) entdeckte 1834, daß der Zirkumpolarstern Sirius merkwürdige Pendelbewegungen machte, die ihn vor ein Rätsel stellten. Nach intensiver Forschungen entschloß sich Bessel, erst 1844 die Existenz eines sehr schweren Begleiters dieses Sternes zu bestätigen, der anfänglich nur auf seinen Berechnungen beruhte. Der Astronom hatte durch seine Arbeit herausgefunden, daß beide Sterne mit einer Umlaufzeit von 50 Jahren einen gemeinsamen Schwerpunkt umkreisen.

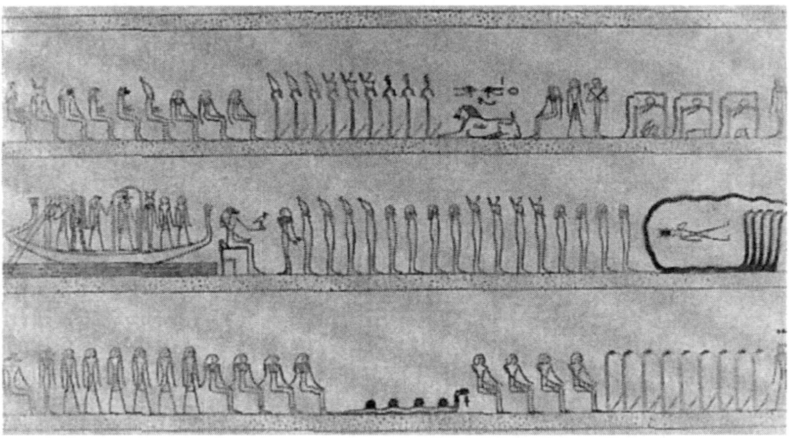

Abb. 164: Amduat, *sechste Stunde*

Auch der amerikanische Optiker und Instrumentenbauer Alvan Graham Clark (1832–1897) arbeitete daran, den Sirius zu erforschen. Im Jahre 1862 gelang es ihm schließlich, mit dem größten Teleskop seiner Zeit einen winzigen Lichtpunkt zu sehen und die Berechnungen von Friedrich-Wilhelm Bessel zu bestätigen. Genauere Untersuchungen vom Sirius-System wurden danach erstmals 1915 von dem amerikanischen Astronomen Walter

Sidney Adams (1876–1956) mit Hilfe des Riesenteleskops im Observatorium auf dem Mount Wilson ermöglicht. Mit dem erst 1970 gemachten Foto war es schließlich »sonnenklar«, daß wir es beim Sirius mit einer »Doppelsonne« zu tun haben, die unsere Astronomen als Sirius A und Sirius B bezeichnen. Die Astrophysik entwickelte eigens für den Sirius B die heute bestätigte Theorie der »Weißen Zwerge« – Sterne, von denen heute einige hundert weitere bekannt sind und wahrscheinlich Tausende existieren. Sie entstehen aus »zusammengebrochener« oder »entarteter« Materie, wobei die Elektronenhüllen ihrer Atome nicht mehr vorhanden sind und die Atomkerne dicht beieinander liegen, sodaß die Elektronen selbst nur ein entartetes Elektronengas bilden. Solche Sterne besitzen eine unvorstellbare Dichte von einigen Kilogramm je Kubikzentimeter, sodaß wir es schwer haben, mit diesen Vorstellungen umzugehen. Inzwischen wissen wir, daß die »Weißen Zwerge« die Endstation der Entwicklung nicht allzu massereicher Fixsterne darstellen. Ist der nukleare Brennstoffvorrat im Inneren eines Sternes erst einmal verbraucht, kollabiert die Gaskugel aufgrund der Schwerkraft zu einem superschweren Ball, der nur noch seine aufgespeicherte Wärmeenergie abstrahlt, bis er schließlich erkaltet und zu einem unsichtba-

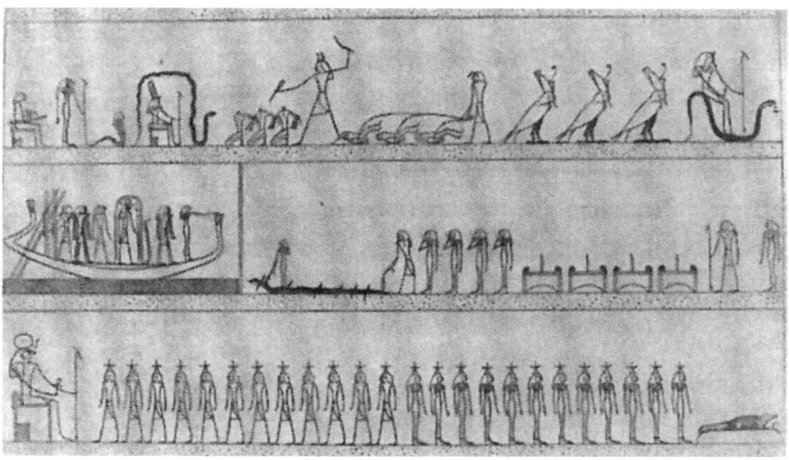

Abb. 165: Amduat, *siebte Stunde*

ren »Schwarzen Zwerg« wird. Es ist eine beachtliche wissenschaftliche Leistung unserer modernen Astronomie und Astrophysik, das Wissen über die Natur der »Weißen Zwerge« erkannt und es auf die »Doppelsonne« Sirius B ausgelegt zu haben. Doch kann es wirklich sein, daß die alten Ägypter dieses komplizierte Wissen schon vor 5000 Jahren ebenfalls hatten?

Im oberen Mittelregister begibt sich die Himmelsbarke auf die Reise durch den finsteren Raum der Duat: Ra trägt Hörner als widderköpfige Gottheit und steht unter einem Schrein, worin das Zeichen ihn »Fleisch« nennt. Der wolfsgestaltige Gott Upuaut ist »Der Öffner der Wege« und gehört wie Osiris, Horus und andere Götter zu seinem Gefolge, das einem unsichtbaren Ziel folgt. Voran schreitet eine namenlose Schlange, die den Weg weist. Auch der Gott, der durch die Stunden geht, hält eine Schlange in der Hand, um aufzuzeigen, daß er den Weg zum Bestimmungsort kennt. Bestimmte Elemente liefern Hinweise auf wichtige Themen der Komposition, während andere im Dunkel bleiben. Die Ägyptologen können zwar erklären, daß hier ein spiritueller Prozeß abläuft, doch darüber hinaus sind die Erklärungen kaum nachvollziehbar. Zum Beispiel sind die »Herrin der Himmelsbarke« sowie der »Stier der Wahrheit« nicht ganz einfach zu erklären. Auch sind die Ägyptologen nicht in der Lage, zu erläutern, welchen Grund es dafür gibt, daß Maat, Osiris und Sechmet in der Himmelsbarke voranschreiten und nicht andere Götter wie Ra, der eigentlich an erster Stelle stehen müßte. Erik Hornung meint:

»Die Formulierung in unserem Text, wonach die Sterne ihr vorausziehen, erinnert an die Vorstellung, daß die Sonnenbarke zu den ›Unermüdlichen‹ und den ›Unvergänglichen‹ (zirkumpolaren) Sternen dahingezogen wird.«

So wird die namenlose Schlange, die sich auf ihrem Schwanz in die Höhe reckt, ebenfalls nicht ausreichend erklärt. Dabei wird auch für die Ägyptologen aus den Begleittexten ganz offensichtlich erkennbar, daß gewisse Schlangen ähnlich den »Schlangensteinen« »Lampen« symbolisieren, um die Finsternis der Unterwelt zu erhellen. Auch Erik Hornung kommentiert die siebente Szene in der ersten Stunde in dieser Art:

»Zwölf aufgebäumte Uräus-Schlangen, die in den älteren Versionen Feuer aus dem Maul speien. Ihre Aufgabe ist es, die finstere Unterwelt für den Sonnengott zu erleuchten.«

Darüber hinaus beinhaltet der Schlußtext der ersten Stunde eine ausführliche Wechselrede zwischen Ra und den anderen Gottheiten, wobei es in erster Linie um die Bewältigung der Wegabschnitte geht, die voller Tücken und Gefahren sind. Um sich durch die verschiedenen Tore zu bewegen und zurechtzufinden, helfen Ra verschiedene Gestalten, die alle eine besondere Aufgabe haben:

»Die Götter dieses Torweges (sagen) zu Ra, wenn sie den Größten preisen: Geöffnet ist dir das Verborgene, mit geheimen Gestalten, aufgetan sind dir die Türflügel der (20) Größten Stadt! Erleuchtet ist dir das Verfinsterte, daß du atmen lassest die Vernichtungsstätte, daß du dich näherst in deinem Namen Ra dem Ort, an dem Osiris-Chontamenti ist.«

Der Name der ersten Stunde ist »Welche die Stirne Ras zerschmettert«, und mit »Osiris-Chontamenti« beinhaltet der Vers gleichzeitig einen entscheidenden Hinweis, daß die erste Region in der Urfinsternis der »Duat« zum unvergänglichen Orion führt. Bereits die zweite Stunde des *Amduat* ist meines Erachtens von den Ägyptologen an dieser Stelle willkürlich und völlig falsch plaziert. Wenn wir die Reihenfolge der Entfernungsangaben in Vers zweite Stunde 23–27 betrachten, behandelt dieser in Wahrheit nicht den Lauf des Ra zu seinem Bestimmungsort hin, sondern eindeutig den Lauf von dort zurück. Anders formuliert: Hier wird schon über die Rückreise gesprochen, die nach der ersten Stunde noch überhaupt nicht zur Debatte steht. Wie konnte den Ägyptologen ein solcher Irrtum unterlaufen?

Bereits der französische Philologe Jean-François Champollion erwähnt das *Amduat* in seiner Beschreibung des Grabes von Imenhotep III., in dem ihm die kursive Ausführung in den Texten

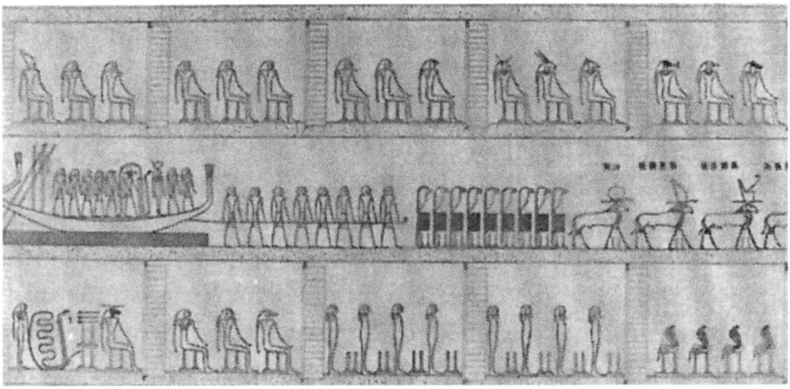

Abb. 166: Amduat, *achte Stunde*

auffiel. Im Jahre 1879 tauchte dann ein erster *Amduat*-Papyrus aus Turin auf, den Ridolfo Vittorio Lanzone (1834–1907) vorlegte. Erst 1888 galt es dann innerhalb der Ägyptologie als bahnbrechend, daß der Franzose Gaston Camille Maspéro (1846–1916) eine zwar unvollständige, aber erste Übersetzung des *Amduat* vorlegen konnte. Interessanterweise bedienten sich Ägyptologen wie E. A. W. Budge, Edouard Henri Naville (1844–1926) und Alfred Wiedemann (1856–1936) an Maspéros Werk, als sie ihre eigenen Arbeiten fertigstellten und sie dann der Öffentlichkeit vorlegten. Selbst die neue französische Übersetzung des Ägyptologen Gilles Roulin von 1894 war noch unvollständig, weil die Gräber von Thutmosis III. und Imenhotep II. erst 1898 entdeckt wurden. Mit den Texten aus dem Grab von Ramses VI. steuerte Alexandre Piankoff 1954 zwar dem *Amduat* einen weiteren Teil bei, doch auch seine englische Übersetzung des *Amduat* ist bis heute nicht ersetzt worden. Und auch die erste vollständige deutsche Übersetzung, die 1967 durch den Schweizer Erik Hornung erfolgte, wurde 1987 sowie 1994 von dem gleichen Verfasser – als synoptische Edition des Neuen Reiches – nochmals aktualisiert und veröffentlicht. Unter Berücksichtigung aller Ägyptologen, die zu den Interpretationen und Übersetzungen des *Amduat* etwas beigetragen haben, sollten wir bei unserer

Betrachtung nicht vergessen, daß die Reihenfolge der Handlungen sowie ihre Zuordnungen willkürlich vorgenommen worden sind. Das Schlimme dabei ist, daß diese »Willkür« von den Ägyptologen kritiklos übernommen wurde, obwohl sich darin mehr als »ein Fehler« eingeschlichen und etabliert hat. Auch die Tatsache, daß die Besatzung der Himmelsbarke gegenüber der ersten Stunde um die beiden Göttinnen Isis und Nephthys vermehrt auftritt, die als rot gefärbte Schlangen ausgewiesen sind und am Bug der Barke dargestellt werden, ist ein kryptographischer Hinweis auf eine Rückreise von »Wernes«, dem Wassergefilde, zur Erde. Deshalb werden in einigen Versionen die Namen der Figuren weggelassen, weil sie von vornherein etwas ganz anderes darstellen und aussagen sollten.

Abb. 167: Amduat, *neunte Stunde*

Das wird auch in einer älteren Darstellung des *Amduat* ersichtlich, in der eine anonyme, kniende Göttin sich zwischen zwei stehenden »Korngöttern« befindet, wonach eine Barke folgt, bei der der Bug in einer oberägyptischen und das Heck in einer unterägyptischen Krone endet. Interessant wird das Ganze, wenn man die ägyptischen Kronen von oben betrachtet: Beide haben die unauffällige ovale Form einer Königskartusche. Fügt man jedoch die Weiße Krone Oberägyptens in die Rote Krone Unterägyptens, erhält man die richtige Darstellung des Diagramms der Umlaufdaten von Sirius A und Sirius B, was wir neben den modernen astronomischen Bildern auch schon bei den Dogon kennengelernt haben. Tatsächlich folgt dieser Himmelsbarke eine weitere, die das symbolische »Wernes« zwischen Isis und Nephthys trägt, die gemäß den Ausführungen des amerikanischen Orientalisten Robert K. G. Temple den Sirius A und B symbolisieren. Selbst der Wächter dieser Region der Duat mit Namen »Der von der Doppelflamme« ist ein Hinweis auf Sirius, wie auch die »Jahresrispen«, die ihn begleiten. Denn auch die »Jahresrispen« symbolisieren zwar das Kalenderjahr, meinen aber nicht das von uns heute verwendete Sonnenjahr mit 365,242 Tagen, sondern eindeutig das um zwölf Minuten kürzere Siriusjahr mit 365,250 Tagen. Meines Erachtens schildert die dritte Stunde ab Vers 44 ebenfalls die Rückkehr der Reinkarnation des Verstorbenen.

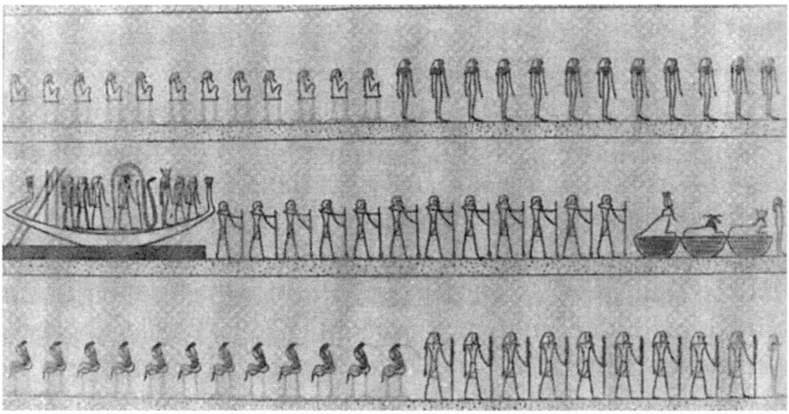

Abb. 168: Amduat, *zehnte Stunde*

Zwar hat die Himmelsbarke die gleiche Besatzung wie in der ersten Stunde, doch einige Versionen lassen Ra und andere Götter zum Beispiel fort, die aber später wieder auftauchen. Das ist erneut ein Beweis dafür, daß die Reihenfolge willkürlicher Natur ist und dieser Reiseabschnitt nicht die Hinfahrt zum »Wernes«

beschreibt, sondern die Rückkehr. Auch die vier Götter, die den Himmelsbarken voranschreiten und dabei die Arme anwinkeln, bestätigen mit dieser Haltung eher eine Anreise zur Erde. Deshalb verfügen sie vermutlich über Namen wie »Der Herr des Gewässers«, »Der die Erde lenkt«, »Der die Grenzen festsetzt« und »Der die Grenzen gesehen hat«. Diese Namen zeigen, daß alle vier Gestalten eine Ordnungsfunktion in der Unterwelt ausüben. Schließlich gelangt die Himmelsbarke im unteren Register zu dem widderköpfigen Gott Chnum, der hier als »Hüter der Erde« verehrt wird. Die dritte Stunde Vers 60–63 berichtet:

»Dein Ba gehört zum Himmel, Osiris, dein Leichnam gehört zur Erde, Vorsteher des Totenreiches. Deine Götter sind hinter dir und dein Ach vor dir, verwandelt haben sich deine Abbilder, in denen du bist!«

Erst die vierte Stunde beschreibt wieder die Reise nach »Wernes«, die über »Rosetau« führt und ganz offensichtlich die Fortsetzung der ersten Stunde darstellt:

»Die geheimnisvollen Wege von Rosetau, die abgeschirmten Straßen der Imhet, und die verborgenen Tore im Lande Sokars, der auf seinem Sand ist. Gemacht ist dieses Bild, das gemalt ist, im Verborgenen der Dat, auf der Westseite des Verborgenen Raumes.«

Die Pforte, die den Sandweg in diesem Register öffnet und wieder verschließt, heißt »Messer des Landeplatzes«. Bei dem Weg steht die kurze Beischrift »Weg, der zu Rosetau gehört. Dieses Tor.« Im Gegensatz zu den ersten drei Stunden haben die ab hier dargestellten Wesen jetzt eigene Beischriften, die sie kurz erklären. Eine menschenköpfige Schlange mit vier Füßen ist zum Beispiel der ständige »Hüter dieses Weges«, ohne von dieser Stätte jemals wegzugehen. Es handelt sich also erneut um eine kryptographische Mitteilung von einem Wächter eines bestimmten Tores, der den entscheidenden geheimnisvollen Weg nach »Wernes« und von dort zurück zur Erde regelt im Reich des Sokar. Auch dieser Gott wird von einer dreiköpfigen Schlange mit Flügeln begleitet. Dank ihrer Flügel ist diese Schlange frei beweglich und nicht wie die anderen Schlangen dieser Unterweltsregion an einen Ort gebunden.

Abb. 169: Amduat, *zwölfte Stunde*

Die Schlange »Wamemti«, die auch »Allesverschlinger« genannt wird, ist der neue Bereich, in den die Himmelsbarke eintreten muß. Es ist ein seltsamer Ort in der Unterwelt, der auch nach Ansicht von Erik Hornung an ein »Schwarzes Loch« im Universum erinnert. Hier erhält das Schiff schließlich einen neuen Namen und wird zur »Sonnenbarke, die sich den Weg bahnt«. Erik Hornung beschreibt die Eigenschaften der Himmelsbarke folgendermaßen:

»Steuermann und Steuerruder sind hier im Sandreich überflüssig und daher fortgelassen worden, während die Besatzung sonst unverändert bleibt. Die wichtigste Funktion kommt jetzt den feuersprühenden Schlangenköpfen der Barke zu, die mit ihrem leuchtenden Feuer eine Bahn in die undurchdringliche Finsternis ›stechen‹.«

Des weiteren erzählen die Texte, daß selbst nach dem Leuchten Ra und die Wesen dieser Region einander nicht sehen können, sondern nur akustisch miteinander kommunizieren. Der Text im Vers vierte Stunde, 68–70, lautet daher:

»Dieser große Gott fährt an ihnen vorbei in dieser Weise. Die Flammen im Maul seiner Barke sind es, die ihn auf diesen geheimnisvollen Wegen leiten, ohne daß er ihre Bilder sieht. Er ruft ihnen zu in ihrer Nähe, und nur seine Stimme ist es, die sie hören.«

Die Szenerie der nachfolgenden fünften Stunde ist erneut nicht in der richtigen Reihenfolge, wie sie von den Ägyptologen bestimmt worden ist, sondern ursprünglich mit der vierten Stunde verwoben gewesen. Während die Ägyptologen nach ihrer Auffassung die Himmelsbarke in der fünften Stunde »aus dem Ei des Sokar« als »solares Prinzip« hervortreten lassen, schlüpft sie in Wahrheit hinein, um in andere Bereiche der Unterwelt zu gelangen. Es ist quasi ein Sprungbrett in andere Dimensionen, in denen die Zeit still steht. Erik Hornung beschreibt diesen Bereich so:

»Die Zeit erscheint dort als endlos gewundener, blau bemalter Schlangenleib, umgeben von zwölf Stunden der Nachtfahrt, die hier als Frauengestalten abgebildet sind, aber im Text auch als zwölf Schlangen erwähnt werden.«

Was bedeutet das alles wirklich?

Den Pyramidentexten zufolge steigt der König zur Himmelskönigin Nut auf und hinterläßt dabei »einen Horus«, was einem neuen Körper entsprach. In der Vereinigung mit den unvergänglichen Sternen wird der König schließlich zu »Ach«. Das wird oft mit »Geist« oder »geistiger Zustand« übersetzt, doch der Name stammt tatsächlich von dem Wortstamm für »strahlendes Licht«, dessen Schriftzeichen der »Haarschopf des Ibis« ist, als verkläre der Schopf den gewöhnlichen Ibis des »ba«. Hornung empfiehlt in diesem Fall:

»Es empfiehlt sich daher, keinen der ägyptischen Begriffe wie ba, ka, oder ach mit Seele zu übersetzen, sondern sie unübersetzt stehen zu lassen.«

Als Teil des Sternenhimmels, den die Pyramidentexte und das Totenbuch »ach-ach« nennen, kann sich der König frei auf und

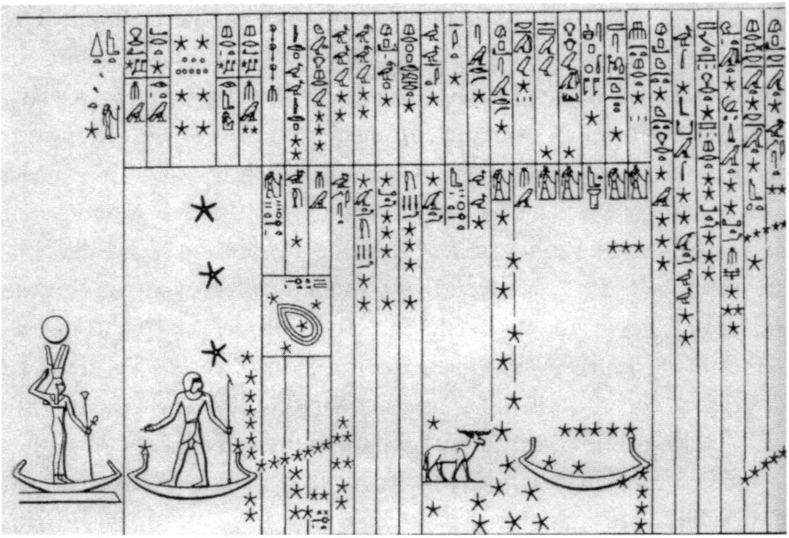

Abb. 170: Reisewegbeschreibungen

über der Erde bewegen. Das erinnert in den Beschreibungen daran, als ob jemand sich in der »Schwerelosigkeit« des Weltalls aufgehalten hat, seine ersten Erfahrungen sammelte und das dabei Erlebte danach niederschreiben durfte. Das kann aber natürlich nicht sein, weil wir die Raumfahrt erst seit knapp 40 Jahren beherrschen. Oder stimmt vielleicht auch das nicht?

Als die Verkörperung des Himmels stellte man Nut sich über die Erde beugend vor, wo sie die aufgehenden Sterne im Westen »verschluckte« und wo sie diese Sterne in ihren Lenden im Osten wieder gebar. Im Neuen Reich wurde daher auf die Unterseite der Sarkophage ein Bild der Nut eingeschnitzt, wie sie die Seiten ka-ähnlich umarmt. Das Königsgrab war danach ein »kosmischer Mutterleib«, wie es auch die Pyramidentexte besagen, woraus gedeutet werden kann, daß auch die »abfallenden Pyramidengänge« als zu Nut »aufsteigend« empfunden wurden. Darüber hinaus zeigte Nut in den Darstellungen die Welt der Sterne als »gekrümmten Raum«, was auch unsere moderne Astrophysik bestätigt hat: Die Physiker sprechen von einer Kugel, deren Ausdehnung zwar endlich, aber unbegrenzt ist. Das scheint sich auf den ersten Blick zwar zu widersprechen, läßt sich aber dennoch erklären: Ein sich im Weltall bewegender Körper stößt somit zwar an keine Grenzen, kommt aber eines fernen Tages an seinen Ausgangspunkt zurück. Alle Sterne bewegen sich nach dieser Vorstellung im Inneren einer Riesenkugel, aus der es kein Entrinnen gibt. Erschwert wird dieses Vorstellungsbild jedoch, weil dieser kugelförmige Raum nicht dreidimensional ist, wie wir es aus dem Alltagsleben von allen Körpern gewohnt sind, die über eine bestimmte Höhe, Breite und Tiefe verfügen, sondern vierdimensional. Albert Einstein (1879–1955) begründete die vierte Dimension in seiner Relativitätstheorie, in der er die Zeit als viertes Faktum mit einschließt.

Abb. 171: Raumkrümmung und Hyperspace

Ergänzend zu dieser Theorie entwickelten Albert Einstein und Nathan Rosen (1909–1995) eine erweiterte Theorie, die sie »Einstein-Rosen-Brücke« nannten. Darin stellen sie das Modell für quantenmechanische Wahrscheinlichkeitsaussagen vor, in dem sich kosmische Reisevorhaben von einem Punkt A nach B in kürzerer Zeit realisieren lassen, als es mit der Lichtgeschwindigkeit möglich wäre. Dazu bewegen sie sich in ihrem Modell in dem Nullpunkt von Raum und Zeit, den die Astrophysiker »Singularität« nennen. Den Zugang in diese »zeitlose Passage« denken sie sich über ein sogenanntes »Schwarzes Loch« zu verschaffen. Ein Eintreten in die »zeitlose Passage« wäre theoretisch nur dann zu realisieren, wenn man mit der Rotationsgeschwindigkeit des »Schwarzen Lochs« dort hineinfliegen könnte. Nach den heutigen Berechnungen liegt diese Geschwindigkeit bei 200 000 km/s. Nur dann würde sich nach Ansicht der Wissenschaftler ein »600 Meter hohes, rechteckiges Tor« zu einem anderen Bereich des Universums öffnen.

In dem Augenblick, in dem das Raumschiff dieses »Tor« erreicht, wird es für seine Beobachter unsichtbar. Diese zeitlose Passage, die die verschiedenen Bereiche des Universums verbinden soll und in der die Raumschiffe sich nur »rückwerts bewegen« können, ist dann eben die bereits genannte »Einstein-Rosen-Brücke«. Nach eingehender Beschäftigung mit dem Jenseitskult der alten Ägypter scheinen sie genau das zuvor erklärte Wissen unserer modernen Astrophysik »unverstanden« bewahrt zu haben, das ihnen – wie auch die »Sirius-Strategie« – einst fremde Besucher aus dem Weltall hinterlassen haben. Denn die Transfiguration eines Verstorbenen führte zwar immer in die »Unterwelt«, doch die Reisebeschreibung fand überwiegend entlang der Hemisphäre statt. Deshalb schrieb der griechische Philosoph Plutarch (46–122) in Kapitel 44, 61 seiner *Peri Isodis* genauso »unverstanden«:

»Unter Anubis versteht man den horizontalen Kreis, der den unsichtbaren Teil der Welt – sie bezeichnen ihn als Nephthys – vom sichtbaren trennt, dem sie den Namen Isis geben, und da der Kreis sowohl den Bereich des Lichtes als auch den des Schattens berührt, kann er als beiden zugehörig gelten, woraus sich in ihrer Vorstellungswelt eine Ähnlichkeit zwischen Anubis und dem Hund ergibt, denn man beobachtete, auch Hunde wachen ja tagsüber ebenso wie nachts.«

Abb. 172: Was war das Vorbild für den Totenkult?

Offensichtlich beschreibt Plutarch hier die astrophysikalische Eigenschaften des Sirius, die ihm seine Lebensgefährtin, die eine ägyptische Tempeldienerin war, erzählt haben muß. Der Orientalist R. K. G. Temple sagt über Plutarch:

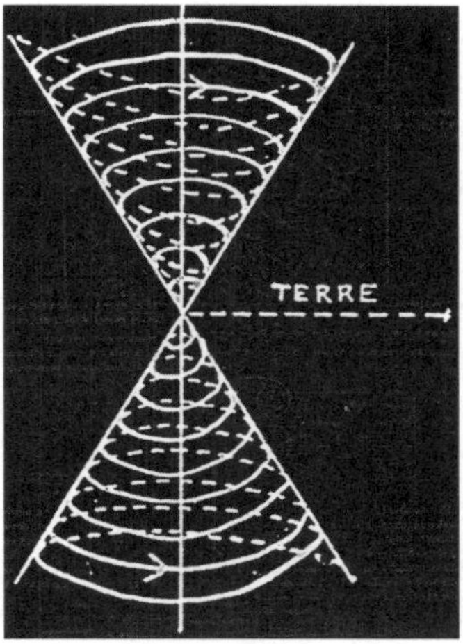

Abb. 173: *Weltenbaum*

»Man könnte die Schilderungen als Beschreibung des Siriussystems auffassen und außerdem stoßen wir hier auf einen Versuch, die Hundesymbolik zu deuten, die stets auf Sirius hinweist, der zu allen Zeiten den Namen Hundsstern besaß.«

In Abbildung 173 sehen wir »die innere Bewegung des kosmischen Baumes«, die nach Ansicht der Dogon die Rotation der Sterne oberhalb und unterhalb der Erde um die Pole zeigt. Tatsächlich erinnert diese Darstellung jedoch an das Diagramm in Abbildung 174, bei dem die »Zeitsprünge« nach Einstein-Rosen von Astrophysikern dargestellt sind, die Reisen durch »Wurmlöcher« oder vergleichbare Möglichkeiten dem Laien versinnbildlichen wollen. Die Ägypter selbst haben diese kosmischen Reisemöglichkeiten in einer Form dargestellt, wie man sie auf Abbildung 170 sehen kann, wo sich rechts über dem Kopf von Orion/Osiris eine Art »Tor« befindet, über das man quasi durch eine »Abkürzung« zum sich auf der linken Seite befindlichen Sirius/Isis gelangen konnte. Die Abbildung 175 ist eine Darstellung aus dem *Amduat,* die das duale Prinzip und den Eingang zur »Wamemti«, jener zeitlosen Passage des Weltalls, die die Astrophysik »Singularität« nennt, zeigt.

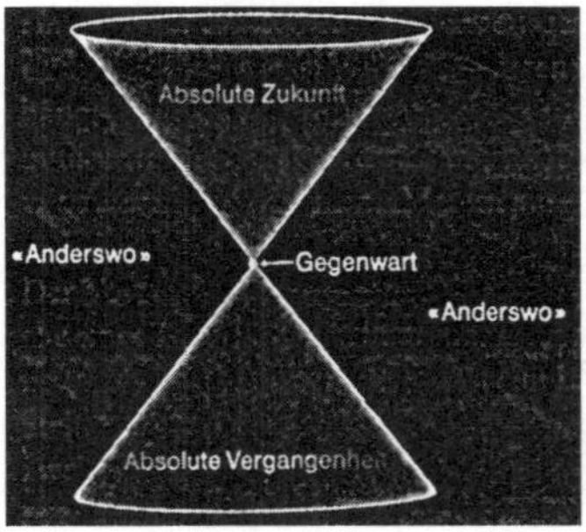

Abb. 174: Modernes Diagramm für Zeitsprünge

Der Ägyptologe Erik Hornung spricht in seinen Arbeiten jedenfalls immer davon, daß »die Zeit im *Amduat* als endlos gewundener Schlangenleib« erscheint. Tatsächlich bezeichneten die

Astronomen der alten Ägypter den »Himmelsäquator«, auf dem sich die drei Gürtelsterne des Orion befinden, die den Nord- und Südhimmel teilten, als »Mehen-Schlange«. In anderen Fällen haben wir gesehen, wie sie zum Beispiel den Asteoridengürtel als »Apophis-Schlange« titulierten. Überhaupt war die Schlange bei den alten Ägyptern nicht nur ein Machtsymbol, sondern die »Vergöttlichung« schlechthin. Erst die Hebräer machten aus der Schlange ein »Symbol des Teufels« und aus dem Widdergott Chnum das »Opferlamm«, als sie aus Protest ihre »Gegenreligion« zu der Religion der Ägypter erfanden. Alles, was den alten Ägyptern lieb und teuer war, verteufelten sie, und alles, was den alten Ägyptern »heilig« erschien, wurde geopfert oder mit negativen Einflüssen zerredet. Mit zwei Ausnahmen: Beim Verzehrverbot von Schweinefleisch, das bei den Ägyptern galt, konnten sich selbst die Hebräer nicht überwinden, das Gegenteil zu praktizieren, sodaß sie es ebenfalls nicht aßen. Dasselbe gilt für die Beschneidung. Das altägyptische Verbot, Schweinefleisch zu essen, ist erst entstanden, nachdem Seth seinen Bruder Osiris getötet hatte. Weil das Schwein mit Seth gleichgesetzt wurde, wollte keiner mehr etwas damit zu tun haben. Doch ungeachtet dieser Tatsachen, wie war es bei den alten Ägyptern nun wirklich: Kannten sie auch die richtige Entfernung zum Sirius?

Das *Amduat* schildert in der vierten und fünften Stunde, wie Ra die irdische Welt über ein »Tor« immer wieder aufsuchen und verlassen konnte, das sich in einer Entfernung von 120 »jtrw« befand und nur von »befugten« Göttern benutzt werden durfte. Dieser Ort lag in »Rosetau« im Reich des Sokar, wo sich auch »das Messer des Schneideplatzes« befand. Ich vertrete die »abenteuerliche« Ansicht, diesen Ort in einer Entfernung von 2,4 Lichtjahren in Richtung Orion lokalisiert zu haben. Nun, wie komme ich überhaupt auf diesen »Unsinn«?

Das ist schnell erklärt: Weil sich die Schilderungen des *Amduat* in Wahrheit nicht in einer anonymen Unterwelt abspielen, sondern am Sternenhimmel, habe ich für die Ermittlung der »Göttlichen Meilen« (»jtrw.ntr«) auch den Sternenhimmel zur Grundlage genommen: Multipliziert man nämlich den Wert 360° 38' der Hemisphäre als Einheit mit einer gewöhnlichen ägyptischen Elle von 0,525 Metern, erhält man den Wert 189,1995 für ein »jtrw«. Da es im *Amduat* jedoch um kosmische Einheiten geht, die unmittelbar mit dem Sirius in Zusammenhang stehen sollten, mußte das für mich ebenfalls als Grundlage dienen bzw. in meine Betrachtungen einfließen. Das beste, was mir dabei geeignet erschien, war die »heilige 50«, die die Umlaufdauer in Jahren von Sirius B um Sirius A beschreibt. Wenn man nämlich den aus der Himmelswölbung der Hemisphäre ermittelten Wert von 189,1995 mit 50 multipliziert, ergibt das den neuen Wert von 9459,975. Im Vergleich dazu entspricht die Angabe von 9,45975 Billionen Kilometern exakt einem »Lichtjahr«. Das »Lichtjahr« ist bekanntermaßen die Streckenmaßeinheit, die ein Lichtstrahl bei einer Geschwindigkeit von rund 300 000 km/s in einem Jahr im Weltall zurücklegt. Meinetwegen ist es purer Zufall, daß sich beide Zahlen bis auf die Kommastelle gleichen. Wenn wir uns aber noch einmal den Bestimmungsort anschauen, wohin der Verstorbene sich aufmachte, war dieser Ort ein »Wassergefilde« in einer Entfernung von 429 »Göttlichen Meilen«, der »Wernes« genannt wurde. Sollte mein Rechenbeispiel richtig sein, und sollten 50 »jtrw.ntr« ganz offensichtlich einem »Lichtjahr« entsprechen, so wäre der Bestimmungsort »Wernes« rasch und völlig unkompliziert lokalisiert. 429 geteilt durch 50 ergeben exakt 8,58 »Lichtjahre«. Das entspricht »abenteuerlicherweise« der astronomisch richtigen Entfernung zwischen Erde und Sirius. Selbstverständlich kann das erneut nur ein dummer Zufall sein, der aber in jedem

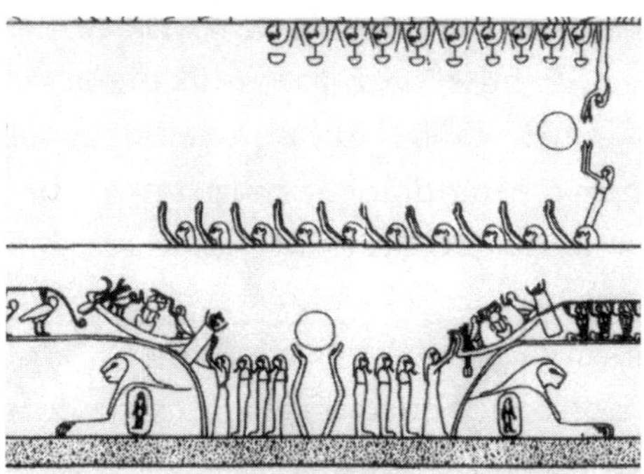

Abb. 175: Schwarzes Loch der Ägypter

Fall vorhanden ist. Stellt sich nun die Frage: Woher sollten die Ägypter die Entfernung zum Sirius gekannt haben?

Meiner Meinung nach wird die ganze Sache noch interessanter, wenn man sich den genauen Reiseweg anschaut, worüber ich schon mehrfach publiziert habe: Der erste Abschnitt, den Ra mit dem Verstorbenen unternimmt, befindet sich 120 »jtrw.ntr« beziehungsweise 2,4 »Lichtjahre« von der Erde entfernt in »Rosetau«. Während dieser ersten Reise befinden sich alle Gestalten in der »Himmelsbarke« in einem mumifizierten Zustand. Nur die »Jaru« (»Göttliche Ruderer«) sind nicht mumifiziert, weil sie die Himmelsbarke zu ihrem Bestimmungsort in »Rosetau« steuern müssen. Hier befindet sich der »Allesverschlinger«, in den die »Himmelsbarke« eintreten möchte. Doch vorher wird für den zweiten, dreimal so langen Reiseabschnitt die gesamte Mannschaft aufgeweckt, was etwas widersprüchlich klingt, wenn es sich hierbei tatsächlich um Verstorbene handeln sollte. Meiner Ansicht nach beschreibt der »Allesverschlinger« (»Wamemti«) entweder ein »Schwarzes Loch« oder eine Art »Wurmloch«, womit man in Manier der »Einstein-Rosen-Brücke« in die verschiedenen Bereiche des Weltalls gelangen konnte. Das würde auch erklären, warum die gesamte Mannschaft für den längeren Reiseabschnitt von 6,18 »Lichtjahren« nicht mehr in einen Schlafzustand versetzt zu werden brauchte. Tatsächlich beschreiben Vers 50 und 69 des *Amduat*, daß sich die »Himmelsbarke« selbst wie eine »Schlange« ausdehnte und sich ab hier nur noch »rückwärts« fortbewegen konnte. Eine Eigenschaft, die Einstein und Rosen für die Fortbewegung innerhalb der »Singularität« ebenfalls voraussagen. Wenn man in diesem Zusammenhang darüber hinaus noch berücksichtigt, daß der Mensch innerhalb der Mythologie seit den Anfängen immer als ein »Arbeitswesen« der Götter angesehen worden ist, findet sich noch ein Baustein, der sich in dieses Gedankengebäude integrieren läßt. Die Sumerer, Ägypter und auch die späteren Völker der Bibel sahen sich immer als »Sklaven der Götter« an, für die sie arbeiten mußten. Aus einer einstmaligen

Erfahrung antiker Raumfahrt wurde schließlich Mythologie. Deshalb ist es bislang auch noch keinem Paläanthropologen gelungen, das »fehlende Glied« bei der Menschwerdung zu präsentieren, um den Sprung vom Affen zum »vernunftbegabten Wesen« nachvollziehbar werden zu lassen. Das konnte – und wird wohl auch künftig – deshalb nicht gelingen, weil der Mensch eine erst im Labor von »außerirdischen Fremden« gefertigte künstliche Spezies ist, die in dieser Form in der Natur gar nicht vorkommt. Während die Paläanthropologen das »fehlende Glied« zur Menschwerdung immer noch suchen, meinen die Genetiker Roy J. Britten vom Carnegie-Institut in Washington und sein Mitarbeiter David E. Kohne, daß sie in der Erbsubstanz des Menschen bereits 1964 »eine Botschaft von Außerirdischen« entdecken konnten. Doch erst nach ihrer Pensionierung 2005 haben die renommierten Wissenschaftler gewagt, mit dieser Information an die Öffentlichkeit zu gehen. In unserem Erbgut befinden sich laut Britten und Kohne Bausteine, »die nicht natürlich entstanden sind, sondern künstlich eingesetzt worden sein müssen«. Es ist der Schlüssel zur Sirius-Strategie.

Kapitel 11

Bauanweisungen des Osiris

Der Ort Abydos, den die alten Ägypter »Abodu« nannten, war der Hauptkultort des Osiris, der Herr der Unterwelt beziehungsweise der Duat war. Gemäß Plutarch brachte Osiris die ursprünglichen Bewohner Ägyptens von ihrer barbarischen Lebensweise ab, lehrte sie die Landwirtschaft, stellte Gesetze auf und unterwies sie in der Verehrung der Götter. Daher war dieser Ort schon seit den Anfängen Ägyptens – neben Sakkara, mit dem es untrennbar verbunden war – ein Bestattungsort altägyptischer Herrscher und der Söhne des Horus. Gerade die umfangreichen Grabungen in Abydos und die nachfolgenden Auswertungen verhalfen den Archäologen zu einem Großteil ihrer Kenntnisse über die dunklen prädynastischen und protodynastischen Jahrhunderte der Pharaonen. Unter anderem spiegelt sich im Osiris-Mythos, der von Seth und seinen 72 Verschwörern sowie Isis, Horus und dem Göttertribunal handelt, das Sirius-Geheimnis der Ägypter wider.

Der Osiris-Tempel mit seinem Sinn für Details, wie zum Beispiel den 42 Stufen, die zweifellos auf die 42 Besitzer der Duat oder die 42 ägyptischen Gaue anspielen, ist von den Archäologen originalgetreu rekonstruiert worden. Der Vorhof, der in der Hauptsache von Ramses II., dem Sohn von Sethos I. (1303–1292 v. Chr.), angelegt wurde, ist jedoch stark zerfallen. Der zweite Hof ist gleichfalls das Werk von Ramses II. und birgt, wie der erste Hof, einige Kriegsszenen. Von ihm führt im hinteren Bereich eine Rampe zum Haupttempel.

Ursprünglich hatte der Tempel sieben Türen, die sich jeweils auf einem Weg zu den Sanktuarien öffneten. Neben den falschen

Abb: 176: Tempel

Gewölben, die das Herz des Tempels bilden, befinden sich an einem Deckenpfeiler seltsame Hieroglyphen, die sich vermutlich durch die Überlappung unterschiedlicher Schriftzeichen ergaben, die an moderne Helikopter, Unterseeboote oder einen Panzer erinnern. Die kuriosen Hieroglyphen zeugen aber auch davon, daß hier jeder König, der von seinen Priestern Hand anlegen ließ, gerade seinen eigenen Namen verewigt wissen lassen wollte, wodurch es durchaus schwierig wird, die Bauwerke richtig zuzuordnen. Daß nämlich weder Sethos I. noch Ramses II. die Bauherren dieser Tempelanlage waren, bezeugt eine seltsame Inschrift.

Unterhalb des dritten Nil-Kataraktes befindet sich die antike Ortschaft Nauri, die ein ganz besonderes Zeugnis birgt. Dort ist unter König Sethos I. ein Gedenkstein in einen etwa 100 Meter hohen Felsen eingemeißelt worden. Lange Zeit blieb dieser Gedenkstein unbekannt, bevor er 1924 entdeckt und seine Inschriften unter schwierigsten Bedingungen abgeschrieben worden sind. Die Entzifferung dieser Arbeit ergab eine aus mehreren Teilen bestehende literarische Komposition, die vom Verfasser – ähnlich wie bei anderen Werken, die auf Papyrus niedergeschrieben wurden – unmittelbar aneinandergereiht worden sind. Außer den Eintragungen über die guten Beziehungen des Königs zu den Göttern und anderen Lobpreisungen berichtet der Verfasser ab Zeile fünf über den Osiris-Tempel von Abydos. Dieser Bericht ist insofern ungewöhnlich, als er im vierten Regierungsjahr von Sethos I. verfaßt worden ist und bereits von einem fertig errichteten Tempel erzählt, der nach Ansicht der Ägyptologen aber zu dieser Zeit unmöglich fertiggestellt sein konnte. Die Ägyptologen vertreten sogar die Theorie, daß Sethos I. nach elf Jahren Amtszeit verstorben ist und erst sein Sohn Ramses II. das Bauwerk vollenden konnte, womit sie die Eintragungen in den Tempelwänden und in den Höfen erklären. Ramses II. errichtete jedoch nicht alle Bauwerke, die seinen Namen tragen, auch tatsächlich, wie es die Ramses-Inschrift auf der Pyramide des Chephren beweist. Wie aber sieht die Situation im Fall des Osiris-Tempels aus?

Der Gedenkstein ist genaugenommen ein dokumentierter Beweis dafür, daß diese Tempelbauanlage weder von Sethos I. noch von Ramses II. erbaut wurde und in Wahrheit ein archaisches Bauwerk ist, das von den eben genannten Königen vielleicht lediglich restauriert wurde. Bezüglich der Felsinschrift wenden die Ägyptologen zwar ein, daß der Verfasser des Gedenksteins den in Planung befindlichen Tempel beschrieben habe, doch muß man diesen Einwand eigentlich kaum kommentieren, wenn man die Inschrift liest. Denn normalerweise sprachen die alten Ägypter von einem »Per« (»Haus«), wenn sie über einen zeitgenössischen Tempel berichteten. Beim Osiris-Tempel hingegen ist von einem »het Neter« die Rede, was so viel wie »Gehöft des Gottes« bedeutet, womit Osiris gemeint war. In keiner der 45 Tempelbestimmungen existieren Berichte darüber, daß Sethos I. der Bauherr dieser Anlage gewesen ist. Das einzige, worauf sich die Ägyptologen beziehen, steht ab Zeile 13 geschrieben, in der es heißt:

Abb. 177: Kultobjekt, das an Stierhörner erinnert

»Das Herz des Königs Men-Maat-Ra ist zufrieden in Abydos.«

Seltsamerweise wird diese sich einige Male wiederholende Zufriedenheit des Königs von den Ägyptologen mit »sein Eigentum« interpretiert. Dabei geht aus den Zeilen sechs bis sieben ganz etwas anderes hervor:

»Freudig ist das Herz des Herrn des Friedhofs, wenn er dich auf dem Thron sieht wie Ra, während du auf der Erde bist und die beiden Länder einrichtest und die Tempel festlich machst. Du bist geboren, damit du Abydos wiederum schützest und die sich in ihm befinden, indem sie gedeihen durch das, was du befohlen hast.«

Abb. 178: Ramses

Aus diesen Zeilen geht unmißverständlich hervor, daß sich in dem Tempel bereits andere befinden und König Sethos I. diesen himmlischen Ort unter seiner Herrschaft erneut schützen soll. In Zeile sieben heißt es weiter »du verschönerst Abydos« und »du erneuerst den Tempel des Osiris«. Das bedeutet folgerichtig, daß König Sethos I. lediglich Restaurierungen an einer bereits existierenden Bauanlage vorgenommen hat. In Zeile 27 wird die Zuordnung dieser Tempelanlage, wie sie durch die Ägyptologie erfolgt, noch einmal als eindeutig falsch aufgezeigt:

»Ich (der König!) habe den Tempel des Osiris wiederhergestellt. Ich (der König!) habe das ehrwürdige Gehöft gereinigt Millionen Male.«

Dieser Textabschnitt ist ein eindeutiger Beweis dafür, daß der Osiris-Tempel von König Sethos I. und später von Ramses II. lediglich verschönert wurde, um ihn für die nachfolgenden Generationen zu erhalten. Das erklärt auch die Teilrestaurierungen eines Enkels von Sethos I., der sich über 70 Jahre nach dem König dort verewigt hat.

Ein weiteres Bauwerk des Alten Ägypten, das ebenfalls dem Totengott zugeschrieben wird, befindet sich nur etwa acht Meter vom Osiris-Tempel entfernt: das Osireion von Abydos. Plutarch berichtet in Kapitel 20 seiner *Peri Isidos*, daß dort noch immer der Leichnam des ägyptischen Gottes liegen soll. Auch der griechisch-römische Geograph Strabon besuchte im ersten Jahrhundert v. Chr. das Osireion in Abydos und schrieb im 17. Buch seiner *Geographica* in Kapitel 44 darüber:

»Oberhalb von dieser [Stadt Ptolemäeos] liegt die Stadt Abydos, wo sich der Königsbau Memnoneion (Osireion) befindet, der in bewunderungswürdiger Weise gebaut ist, ganz aus Stein in derselben Ausführung, wie wir sie von dem Labyrinthos angegeben haben, jedoch nicht so vielfach verschlungen. Man findet in der Tiefe ferner eine Quelle, sodaß man zu ihr hinabsteigen muß durch unterirdische Gänge, die in Windungen hinabführen und durch Monolithen von gewaltiger Größe und Bauart gebildet werden.«

Abb. 179: Osireion

Des weiteren benannte Strabon den Erbauer dieser Anlage als Ismandes oder nur Mandes, unter dem auch das sagenumwobene Labyrinth konstruiert wurde. Unsere Ägyptologen identifizierten diesen König schließlich mit Imenhotep III., von dessen Familie wir bis jetzt einiges erfahren konnten. Doch was ist an dieser Behauptung des römisch-griechischen Gelehrten wirklich dran?

Die früheste Untersuchung durch Abenteurer oder Archäologen am Osireion wurde erst im Jahre 1726 von dem aus Dijon stammenden Franzosen Tourtechot Granger (1686–1734) vorgenommen. Grangers Tagebuchaufzeichnungen ist zu entnehmen, daß der gesamte Tempelkomplex unter dem Wüstensand der Sahara verborgen lag und nur einige Pfeiler, die nicht umgestürzt waren, eine Anlage vermuten ließen. Durch eine Seitenöffnung, die sich nordöstlich an der Bauanlage befand, gelangte der Franzose schließlich in den Tempel. Doch die Entdeckung geriet wieder in Vergessenheit, bis ein anderer Franzose auf das Bauwerk aufmerksam wurde. Es war kein geringerer als Auguste Mariette, der den Tempelkomplex im Jahre 1859 von den Sandmassen befreien ließ. Als dann 1903 eine erste richtige Ausgrabung von den Briten M. F. Petrie und Margaret Alice Murray (1863–1963) vorgenommen wurden, erwartete niemand dort wirklich das Osireion zu finden, weil der Sandhügel, unter dem es sich befand, ursprünglich von Bäumen umgeben war, die jegliche Art einer archäologischen Stätte verdecken konnten. Später identifizierten Petrie und Murray die Halle sowie ein weiteres unterirdisches Gebäude mit dem von Strabon erwähnten »Brunnen« und meinten, nur auf ein »Scheingrab« gestoßen zu sein.

Im Jahre 1912 stieß der Schweizer Edouard Naville vom *Egypt Exploration Fund* zu dem Ausgrabungsteam, wo unter seiner Leitung ein 128 Meter langer Gang zum Vorschein kam, der bei der Krypta endete und wo auch ein aus Rosengranit gehauenes Steintor entdeckt wurde. Ein weiterer Gang führte in Richtung Osten zu einem 20 x 6 Meter großen Quergang, der ursprünglich ein-

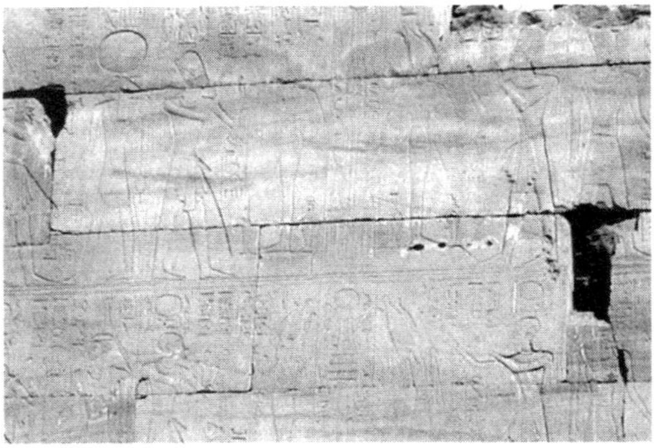

Abb. 180: Inschriften zur Sirius-Strategie

mal überdacht gewesen sein soll. Nach einer zweijährigen Untersuchungsphase gelangte Naville letztendlich zu der Auffassung, daß das Osireion aus einer sehr frühen Epoche stammen mußte, in der auf jegliche Ornamentik verzichtet wurde und die Erbauer in der Lage waren, über 100 Tonnen schwere Steinblöcke zu verbauen. Naville vertrat sogar die Ansicht, das Osireion als das älteste ägyptische Bauwerk anzusehen. Bis 1933 blieb die Ansicht von Edouard Naville »über das älteste ägyptische Bauwerk« auch unangetastet. Doch sein Nachfolger Henry Frankfort (1897–1954) ordnete mit widersprüchlichen Indizien den gesamten Komplex der 19. Dynastie (1305–1193 v. Chr.) zu – und dabei blieb es dann auch. War die zeitliche Neuordnung dieser Bauanlage aber wirklich notwendig und richtig gewesen?

Abb. 181: Das Bauwerk reicht recht tief

Das Osireion vollkommen auszugraben hat sich bislang als unmöglich erwiesen. In erster Linie lag das wohl daran, daß sich das Fundament einige Meter unter dem Grundwasserspiegel befindet. Allein in den letzten 3000 Jahren ist das Grundwasser etwa um drei Meter gestiegen, sodaß bei jedem Versuch, in die tieferen Schichten des Bauwerks vorzudringen, mehr Wasser nachströmte, als die Bauleute der Archäologen abpumpen konnten. Einige Forscher nehmen allerdings an, daß der Wassergraben, der die gewaltige Insel mit dem Sarkophag des Osiris umfließt, von einem unterirdischen Kanal gespeist wird, der technisch ausgeklügelt angelegt wurde und noch nicht enträtselt ist.

Allein aus Gründen des Baustils wäre es erforderlich, die Chronologie des Bauwerks noch einmal zu überdenken, weil sich das Osireion ganz eindeutig von anderen Bauwerken des Neuen Reiches unterscheidet.

In dem bereits erwähnten, nach Süden ausgerichteten Quergang, der heute für den Tourismus nicht freigegeben ist, entdeckten Archäologen eigentlich völlig unbedeutungsvolle Inschriften von Sethos I. und seinem Enkel Merenptah (1225–1215 v. Chr.), die aber für Frankfort sehr klar erschienen – weil sie ihm ins Konzept paßten – und eine Zuordnung des Bauwerks in das Neue Reich ermöglichten. Auch der vollständige Text des *Amduat* sowie des Pfortenbuches sprechen davon, daß diese Inschriften erst im Neuen Reich angebracht worden sind – was aber niemanden unter den Fachleuten zu interessieren scheint. Nach Ansicht der Ägyptologen soll der eben erwähnte Quergang von Sethos I. begonnen und von Merenptah vollendet worden sein, den man für den Pharao des Exodus hält. Letzterer Gedanke ist gar nicht so abwegig, hat doch der Ägyptologe Rolf Krauss in seinem Buch *Das Moses-Rätsel* akribisch nachgewiesen, daß ein Sohn des Sethos mit dem Namen Amun Masesa die Vorlage für die Biographie des Moses darstellte. Prinz Amun Masesa lehnte sich gegen seinen Vater auf, rebellierte und wurde nach Kusch ins Exil verbannt, wo er, wie Moses im Alten Testament, zehn Jahre verbrachte, eine kuschitische Frau heiratete und nach seinem Auf-

Abb. 182: Amun Masesa

enthalt im Exil als General einer großen Armee gegen den eigenen Vater in den Krieg zog. Doch darauf wollen wir an dieser Stelle nicht weiter eingehen, sondern beim Thema Osireion und seiner Falschdatierung bleiben. Ein Grund dafür war auch eine mit astronomischen Szenen verzierte Decke in diesem Komplex, die ebenfalls den Namen Sethos I. enthielt, was dann unwiderruflich dazu führte, dieses Bauwerk diesem König zuzuordnen. Daß diese Zuordnung durch die moderne Ägyptologie allerdings falsch ist, hatte ich bereits erläutert. Denn sollte das Osireion wirklich von Sethos I. erbaut worden sein, würde die architektonische Abweichung dieser Anlage eine außergewöhnliche »Verirrung« darstellen, die bislang kein Ägyptologe zu erklären vermag.

Allein schon der Grundriß des Bauwerkes ist völlig anders als bei anderen Tempelanlagen Ägyptens. Auch die gewaltigen Rosengranitsäulen aus Assuan, die über 100 Tonnen wiegen und mindestens genauso schwere Architrave tragen mußten, wirken megalithisch und stellen ein Rätsel dar. In der Mitte der Anlage befindet sich eine erhöhte Plattform als aus dem Wasser steigender Urhügel, der von einem mit Wasser gefüllten tiefen Graben umgeben wurde und den Leichnam des Osiris beherbergen soll. Daß hier ganz offensichtlich ein ständiger Kult praktiziert wurde, bezeugen die an beide Enden der Plattform führenden schmalen Treppen, die nach unten gehen. Die Außenwände des Tempels bestehen aus rotem Sandstein, und von den dort vorhandenen beiden Seitengängen zweigen zwei Kammern ab, die heute noch unter Wasser stehen. Das Bauwerk ist scheinbar absichtlich in eine Vertiefung gebaut worden und mit einem Höhlensystem unter dem Sand im bröckeligen Felsen verbunden, das bis heute offiziell nicht untersucht worden ist. Vielleicht liegt das daran, daß die oberen abbröckelnden Schichten des Felsens in Wahrheit Nilschlick sind, der sich dort nach einer großen Überschwemmung angelagert haben muß. Da der gegenwärtige Meßstand des Überschwemmungspegels etwa zehn Meter unter dem vor 3000

Jahren liegt, folgt daraus, daß sich der Nilschlick rund um das Osireion zu einer Zeit hier ablagerte, als die Fluten des Nil viel höher standen, als es um 6000 v. Chr. der Fall gewesen ist. Ist das Osireion somit 8000 Jahre alt?

Alleine die Tatsache, daß der Rand des Osireion unter dem augenblicklichen Bodenniveau liegt, ist eine völlig neuartige Abweichung von den im allgemeinen bekannten architektonischen Geflogenheiten der alten Ägypter. Es existiert kein zweiter Tempel in Ägypten, der wie das Osireion »unterirdisch« gebaut worden ist, wohl aber ein Bauwerk, das über dieselben megalithischen Steinverarbeitungen verfügt. Dabei handelt es sich um den Taltempel in Giseh, der teilweise aus dem anstehenden Felsen geschlagen wurde und dann wie das Osireion mit Rosengranit verkleidet wurde. Der Fußboden ist mit hellen Alabasterplatten bedeckt und wirkt mit den schlicht gebauten Megalithpfeilern nahezu perfekt.

Abb. 183: Das ist Megalithkultur

Als die flachen Dachplatten die Architrave überspannten, muß der Eindruck, der auf den Betrachter im Inneren des Bauwerks wirkte, unbeschreiblich gewesen sein, wenn das Sonnenlicht durch die Ritzen brach und von dem fast weißen Alabaster reflektiert wurde. Die beiden Torkammern verbindet ein querliegender Korridor, aus dem ein zentrales Portal in Form eines umgekehrten T in die Halle führt. Die im Bauwerk verarbeiteten 200 bis 400 Tonnen schweren Rosengranitpfeiler müssen bereits zu der Zeit verarbeitet worden sein, als die Pyramiden errichtet wurden, und stammen großenteils aus dem Graben der Sphinx. Das könnte wiederum bedeuten, daß auch dieses Bauwerk chronologisch gesehen weit in die archaische Zeit zurückreicht. Denn wie bei den Obelisken aus Kalkstein, kann man auch beim Taltempel erkennen, daß an beiden Seiten die ursprünglichen Kernblöcke aus Kalkstein während einer jüngeren Periode mit Mantelsteinen aus Rosengranit verkleidet worden sind. Interessanterweise weisen die Kernblöcke Erosionen auf, die ganz offensichtlich von Regen verursacht wurden, den es aber in Giseh in dieser Ausprägung nur um 6000 v. Chr. gegeben hat. Von der Seite betrachtet, zeigen die härteren Lagen eine plane Oberfläche, die den Anschein hat, als wäre die ursprüngliche Wand aus stark verwitterten Kalksteinen so weit geglättet worden, daß beide Seiten später mit Rosengranitblöcken belegt werden konnten. Bautechnisch ergibt es nämlich keinen Sinn, zyklopengleiche Kernblöcke aus Kalkstein mit Granit zu verkleiden, wenn man in der Lage war, die Kernblöcke von vornherein aus Rosengranit zu fertigen. Weder Materialersparnis noch eine bauliche Vereinfachung waren für diese bautechnische Besonderheit ausschlaggebend, sondern nur ein beschädigter antiker Kern, an dessen Erhaltung der König und seine Priester interessiert waren. Die Verwitterungsspuren sind ein Beweis für die sehr frühe Entstehung des Bauwerks, auch wenn es vielleicht von Chephren restauriert wurde. Wie sieht es mit weiteren Beweisen für die frühe chronologische Zuordnung des pharaonischen Ägypten aus?

Seit den 1950er Jahren ist sich die Ägyptologie geschlossen einig, daß die Sphinx von Pharao Chephren erbaut worden ist. Dabei birgt auch diese These seit langer Zeit ein gravierendes Problem und hält inzwischen der faktischen Beweislage ebenfalls nicht mehr stand. Vordergründig ist in diesem Fall auch die Verwitterung des Gesteins am Bauwerk und in seiner Umgebung. Es existieren zwei Arten der Verwitterung, zum einen die durch Wind und Sand verursachte, zum anderen die durch Niederschlag und Wasserfluten hervorgerufene. Das Problem bezüglich der Ero-sion durch Wasser ist allerdings, daß zu Zeiten von König Chephren überhaupt nicht die Regenmenge in Ägypten zu verzeichnen war, um das Gestein auf diese Weise erodieren zu las-

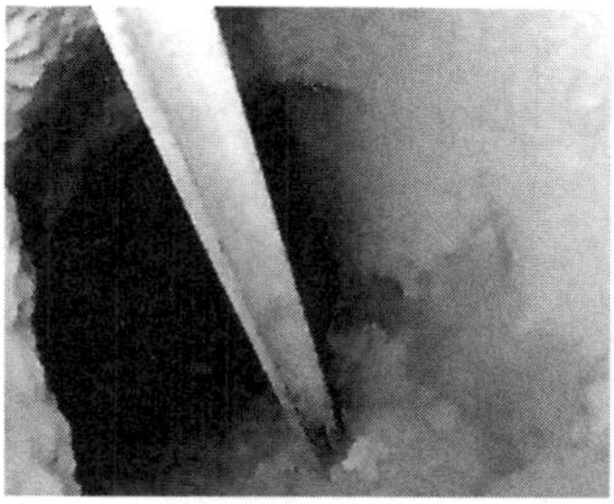

Abb. 184: Hohlraum im Körper der Sphinx

sen. Entweder wurden die Bauwerke zu einem wesentlich früheren Zeitpunkt erbaut, als in Ägypten noch ein völlig anderes Klima vorherrschte, oder aber die Theorie darüber, daß das Gestein durch Wasser angegriffen werden konnte, ist falsch und damit unhaltbar.

Der Historiker Cajus Plinius Secundus berichtet in Kapitel 17 seiner *Naturgeschichte* als einziger antiker Gelehrter über das Bauwerk:

»Vor den Pyramiden steht die Sphinx, eine Gottheit der dortigen Bewohner, welche noch weit mehr Bewunderung verdient, aber von den Schriftgelehrten fast mit Stillschweigen behandelt wird. In ihr soll der König Haramis begraben liegen, sie selbst aber anderswoher gebracht worden sein.«

In den Königslisten der alten Ägypter existiert allerdings kein König mit diesem Namen, wohl aber eine Variante der ägyptischen Gottheit Thot: Hermes Trismegistos, der Lehrer von Imhotep. Ist die Sphinx wirklich das Grabmal von Imhoteps Lehrer?

Der deutsche Reisende Johann Helffrich weilte 1566 in Alexandria und im Sinai zu einer Pilgerfahrt, als er von den vom Sand verschütteten Kornspeichern in Giseh erfuhr. Allerdings gelang es ihm erst 1579, noch einmal Ägypten zu besuchen, um sich von dem Anblick in Giseh einen persönlichen Eindruck zu verschaffen. Dabei stieß er auf die Skulptur der Sphinx, von der er nur den gewaltigen, über vier Meter hohen Kopf erblicken konnte. In seinem 1581 verfaßten Bericht schrieb Helffrich schon damals, daß die Sphinx hohl sei. Tatsächlich konnten die Giseh-Forscher Andreas von Rétyi und Manuel Strapatin in ihrem 2005 erschienenen Buch *Geheimakte Gizeh-Plateau* mit zwei Fotos eindrucksvoll belegen, daß die Hohlräume in der Sphinx existieren. Helffrich schreibt:

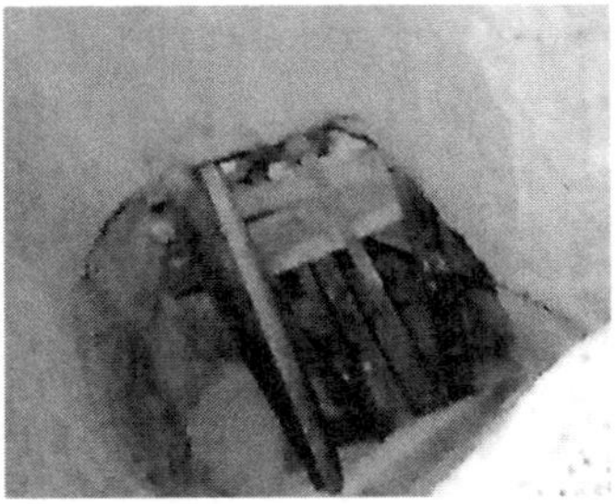

Abb. 185: Ein weiterer Hohlraum am Kopf

»Es scheint, daß die heidnischen Priester vom Gang aus in den Kopf gelangten und von dort zum Volk sprachen, um es auf diese Weise glauben zu machen, daß die Statue spreche.«

Weil Helffrich nur den durch die Sandmassen herausragenden Kopf der Sphinx erblickte, hatte er anscheinend nicht die geringste Vorstellung davon, was für ein Monumentalbauwerk mehrere Meter tief unter seinen Füßen sich dort tatsächlich befand. Wir wissen, daß die Sphinx 20 Meter hoch ist und eine Länge von 72 Metern aufweist. Heute beschäftigen Forscher aus aller Welt allerdings ganz andere Fragen: nämlich wie alt das Bauwerk nun wirklich ist und wer es tatsächlich erbauen ließ. Robert Bauval und Graham Hancock konnten 1996 in ihrem Buch *Der Schlüssel zur Sphinx* eindrucksvoll und für jeden nachvollziehbar darlegen, daß die bauliche Anordnung der Sphinx nach astronomischen Gesichtspunkten erfolgte und dem Spiegelbild des Sternenhimmels um 10 500 v. Chr. entspricht. In diesem Jahr war der Blick der Sphinx exakt zum Sternbild Löwe ausgerichtet. Das Erstaunliche hierbei ist der Aufgang des Sternbildes des Löwen, der in der Zeitepoche 10 500 v. Chr. zusammen mit dem Aufgang der Sonne und dem des Sirius in 14° Ostsüdost genau in der Mitte zwischen dem Tag der Sonnenwende und dem Frühlingsäquinoktikum erfolgte.

Abb. 186: Sphinxgraben

Bemerkenswerterweise befinden sich unter der Sphinx Bauanlagen, die in eine Tiefe von bis zu 40 Metern reichen und jedem Nichteingeweihten das Gefühl vermitteln, das wohl auch Johann Helffrich hatte: nämlich die Sphinx zu besuchen und über alles andere, insbesondere seine wahre Beschaffenheit, ahnungslos zu sein. Doch um welche baulichen Strukturen geht es hierbei?

Da ist beispielsweise ein dem Gott Osiris gewidmeter Bereich, den die alten Ägypter schon vor einigen tausend Jahren angelegt haben müssen und der aus verästelten Gängen besteht, die sich etwa sechs Kilometer unter das Giseh-Plateau erstrecken. Der Eingang zum Osiris-Komplex befindet sich unmittelbar unter dem Aufweg zur Pyramide des Chephren. Nachdem man ein kleines Gittertor überwinden muß, betritt man über eine senkrecht an den natürlichen Fels montierte Leiter den in einer Tiefe von etwa fünf Meter befindlichen 4,11 x 9,97 Meter großen Raum, der über eine Deckenhöhe von etwas mehr als drei Metern verfügt. Dieser Raum ist grob bearbeitet und besitzt keinerlei Hieroglyphen oder andere Einritzungen, die etwas über seinen Zweck verraten könnten. Kurz vor der Nordwand folgt ein weiterer, 2,05 x 2,05 Meter großer Schacht, in dem dieses Mal zwei Leitern angebracht sind, mit denen man eine zweite Ebene in einer Tiefe von 10,40 Metern erreicht. Hier befinden sich sieben Magazine oder Nischen, die an die Magazine in der Pyramide des Menkewre erinnern. Sie sind mit einem Aufmaß von jeweils 2,71 x 2,22 Metern und einer Höhe von 2,22 Metern nur viel größer als die Magazine in der Pyramide des Mykerinos.

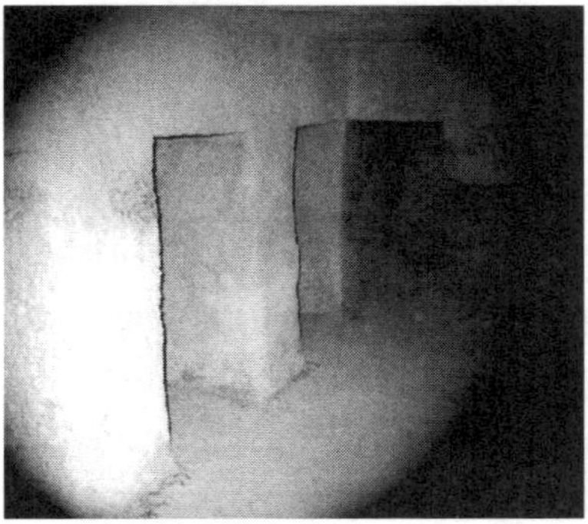

Abb. 187: Eine zweite Ebene

Auch die Nischen sind grob bearbeitet und wirken in ihren Proportionen eher etwas rundlich statt eckig. Zwei der sieben

Abb. 188: Dioritsarg

Magazine enthalten jeweils einen tonnenschweren Sarkophag, wobei der erste minderer Qualität scheint, während der zweite aus schwarzem Diorit hergestellt worden ist. Auch die Bauformen der Sarkophage unterscheiden sich voneinander, wie man anhand der Abbildungen 188 und 189 genau erkennen kann. Der erstgenannte ist leider total verschmutzt, wobei sich im Gestein sogar Ölreste festgesaugt haben. In der zweiten Ebene befinden sich weder in den Gängen, noch in der Kammer oder den Magazinen Inschriften, die etwas über diesen Bau verraten. Auch die Sarkophage enthalten keinerlei Inschriften, sodaß man auch als Archäologe nur raten kann, wem diese Bauanlage zugeordnet werden soll. Das einzige, was bisher gelang, war die Rekonstruktion aufgefundener Keramiken und anderer Utensilien, die ganz offensichtlich aus dem Jahre 1650 v. Chr. stammen und somit über 3650 Jahre alt sind.

Abb. 189: Kalksteinsarg

Hinter dem Magazin mit dem Dioritsarkophag befindet sich ein Gang, der in östliche Richtung zur Sphinx führt. Man gelangt auf diesem Weg zur Deckenkonstruktion der Hauptkammer unter der Sphinx, in der aber der Zugang durch ein Gittertor leider versperrt ist. Ohne schweres Werkzeug oder den passenden Schlüssel ist ein Weiterkommen nicht möglich. Auch der ägyptische Wächter geht eigentlich ein sehr großes Risiko ein, wenn er einem Besucher überhaupt den Zugang in diesen Bereich des Giseh-Plateaus ermöglicht. Ein handwerklicher Arbeitseinsatz würde zu viele Spuren hinterlassen und die Mitarbeiter der Altertümerverwaltung einer unnötigen Gefahr aussetzen.

Will man die zweite Ebene verlassen, um in die dritte Ebene zu gelangen, muß man sich in das im Zentrum der Kammer befindliche Magazin begeben, wo erneut ein 2,05 x 2,05 Meter großer Schacht in eine Tiefe von 15 Metern führt. In 30 Metern Tiefe des Schachtsystem gelangt man erneut in einen Raum, in dem sich ein Sarkophag befindet, der von Wasser und Säulen umgeben ist – was an den Bericht des griechischen Historikers Herodot erinnert. Wie wir wissen, berichtet der Grieche in seiner Beschreibung vom Grab des Cheops, das sich in einer gewölbten, von Wasser umgebenen Kammer befinden soll, doch ein derartiger Raum konnte in der Großen Pyramide noch nicht nachgewiesen werden, sodaß der Verdacht entsteht, daß ihm die Priester um 450 v. Chr. über diesen Bereich der Plateauebene erzählten, was er dann aber irgendwie mißdeutete und so leider auch in seine *Historien* schrieb.

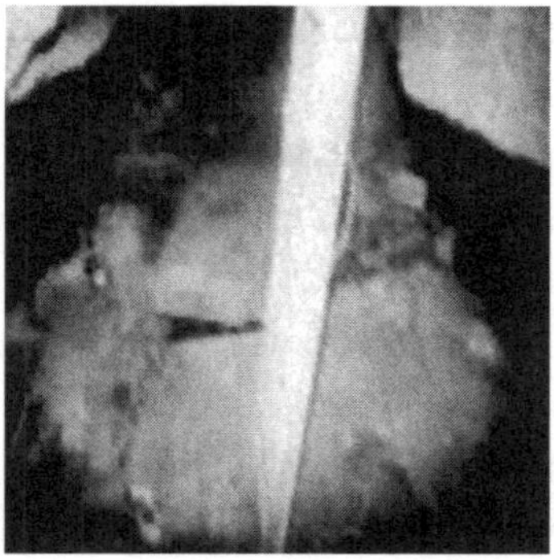

Abb. 190: Zu weiteren verborgenen Bereichen

In der Mitte des Raumes, der sich in dieser dritten Ebene befindet, gibt es tatsächlich einen Sarkophag, der völlig von Wasser umschlossen ist. Offenbar befand sich auf der Ostseite des Sarkophags ursprünglich eine Mauer, mit der man das eindringende, sieben Grad kalte Wasser zurückhalten wollte, sodaß das Wasser in Hufeisenform den Sarkophag umfließen konnte, ohne ihn zu zerstören. Interessanterweise erinnert die optische Form des Sarkophags an eine Königskartusche oder auch an das »Tor« Sokars aus dem *Amduat*. Vermutlich symbolisieren die sieben Magazine den Orion und die Hauptkammer den Übergang vom Reich des Sokar Rosetau in das Wasserreich Wernes. Hawass berichtete, daß er auf dem Sarkophag die Hieroglyphe »Per« entdeckt habe und sich daneben eine Osiris-Inschrift befinde. Ich konnte 2006 weder die eine noch die andere Inschrift feststellen. Vielleicht lag das daran, daß meine Forschungen von dem vorhandenen Wasser beeinträchtigt wurden. Hawass hatte für seine Untersuchungen das Wasser mit einer modernen tragbaren Pumpe wegsaugen lassen, obwohl es glasklar ist.

Abb. 192: Osiris wacht über seinem Grab

Woher das Wasser unter die Plateauebene gelangt, ist unter den Ägyptologen umstritten: Man versucht, das gleichmäßig temperierte und saubere Wasser als »zufällig eingedrungenes Grundwasser« zu erklären. Das stünde aber im Widerspruch zu den Untersuchungen von Zahi Hawass, der eindeutig erklärte, daß er den Sarkophag des Osiris trockengelegt habe. Herodot berichtet schon in seinem antiken Bericht, daß das Nilwasser über einen künstlich angelegten unterirdischen Kanal vom Nil bis unter die Große Pyramide geleitet wurde. Und tatsächlich spricht einiges für die Kanaltheorie, auch wenn ein solcher Kanal aus archäologischer Sicht noch nicht nachgewiesen werden konnte. Um das Vorhandensein einer Kanalkonstruktion abzuklären, wäre meines Erachtens ein Bauingenieur erforderlich, der mit Bestimmtheit das ausgeklügelte System der Steinkonstruktion enträtseln könnte. Darüber hinaus enthält das Giseh-Plateau ein Labyrinthsystem, das sich über sechs Kilometer erstreckt und bei dem es gleich mehrere Stellen gibt, zu denen das Wasser durch den Kanal geleitet wird. Zum Teil erreichen das Labyrinthsystem und das Wasser Tiefenwerte, die über 65 Meter unter der Plateauebene liegen.

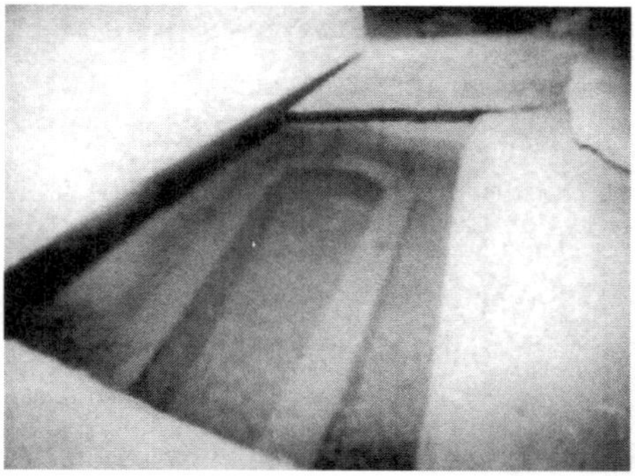

Abb. 193: Osiris-Grab

Als Hawass über die Entdeckungen unter dem Giseh-Plateau in der Umgebung der Sphinx 1999 berichtete, beanspruchte er diese für sich und verkaufte das Ganze der Öffentlichkeit als sensationelle »Neuentdeckung«. Doch der sich bereits in den nackten Felsen eingefressene Schmutz und die Motoröle zeugen davon, daß hier seit Jahren, wenn nicht sogar seit Jahrzehnten, gearbeitet wird. Davon kann sich jeder überzeugen. Von einer »Neuentdeckung« kann also keine Rede sein.

Zudem berichtete der amerikanische Ägyptologe Mark Lehner bereits 1987 von Forschungen in diesem Bereich des Giseh-Plateau, und der ägyptische Archäologe Selim Hassan (1886–1961) publizierte sogar schon im Januar 1935 einen Grabungsbericht, aus dem hervorgeht, daß er mit seinem Mitarbeiter Mohamoud Darwisch über sieben Jahre lang das unterirdische Labyrinth erforscht hatte. Über dieser Arbeiten, die zum Teil auch von M. F. Petrie begleitet wurden, berichtete die Londoner Tageszeitung *The Daily Telegraph* nur einige Monate nach Hassans Veröffentlichung. Weshalb gibt Hawass aber dann in seinen offiziellen Presseerklärungen bekannt, daß zwischen November 1998 und März 1999 »massive Absicherungsarbeiten und ein aufwendiges Auspumpen des

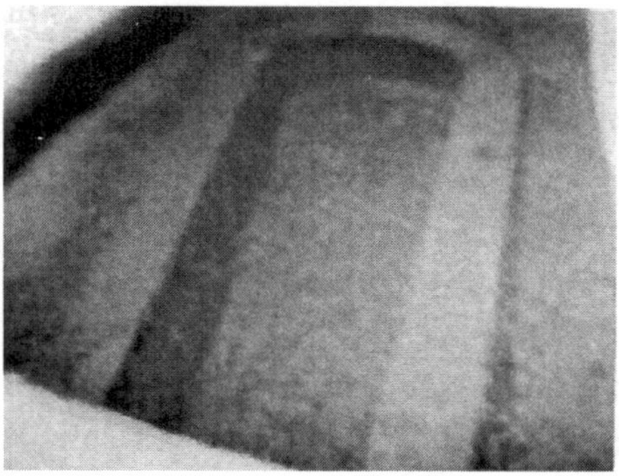

Abb. 194: Osiris-Grab-Detail

Grundwassers erfolgen mußten«, um die Bauwerke vor dem Zerfall zu retten?

Abb. 194: Verschlossene Bereiche im Untergrund

Jeder kann sich zudem vor Ort leicht davon überzeugen, daß die vorhandenen Rohrleitungen in den letzten Jahren eher mit Wüstensand als mit Wasser gefüllt waren. Es ist ganz offensichtlich, daß die Verhältnisse vor Ort und das, was Hawass vollmundig behauptet, in massivem Widerspruch zueinander stehen. Warum hat er aber überhaupt von einer sensationellen Neuentdeckung und umfangreichen Bauarbeiten gesprochen?

Ganz offensichtlich ging es ihm um die 16 Millionen Euro für die Restaurierungen an der Sphinx und am Untergrund, auf dem sie steht. Allein über 14 Millionen Euro von dem bereitgestellten Geld hat die Europäische Union getragen. Weil die Gelder nur spärlich nach erfolgten Bauarbeiten freigegeben wurden, mußte schnell eine Sensation herhalten, die es in Wirklichkeit aber gar nicht gab, um das Gesamtvolumen der angeblich gemachten Ausgaben von über 16 Millionen Euro zu rechtfertigen. Und obwohl Leute wie Rainer Stadelmann oder Mark Lehner (und viele andere) ziemlich genau wußten, was Zahi Hawass mit seiner schildbürgerhaften Haltung gegenüber der Europäischen Union da schillernd fabrizierte, bat keiner um Einhalt oder korrigierte Zahi Hawass. Auch wies niemand auf die lange Tradition der Entdekkung des Osiris-Schachtes hin. Erklärt werden kann die ganze Situation nur mit den gegenseitig existierenden Abhängigkeiten der Ägyptologen, die schon immer bestanden haben und noch heute bestehen.

In Wirklichkeit hat es übrigens nur Außenreparaturen und

Konservierungsarbeiten des Kalksteins gegeben, wobei eine chemische Lösung in bestimmte Stellen des Gesteins der Sphinx gespritzt wurde, die zwar teuer ist, aber längst keine 16 Millionen Euro ausmacht. Ich unterstelle mal an diesem Punkt meines Buches, daß das europäische Geld nicht nur für die Restaurierung der Sphinx verwendet wurde, sondern auch andere Zwecke bediente, die alles andere als der Erhaltung von Gestein zugeordnet werden können. Wie ich darauf komme?

Ich komme aus dem Orient und weiß, daß ein ägyptischer Handwerker im Monat nicht mehr als 100,– Euro verdient. Wie viele Sphingen man in Ägypten mit 16 Millionen Euro Restaurieren könnte, kann sich jeder selbst ausrechnen. Darüber hinaus existieren im Osiris-Schacht weitere Geheimnisse, von denen die Öffentlichkeit offiziell noch immer nicht in Kenntnis gesetzt wurde. Wenn man nämlich dem Verlauf des Wassers in östliche Richtung folgt, endet man in einem riesigen Vorraum eines weiteren Gewölbes. Dort befindet sich eine etwas über fünf Meter hohe Felsspalte, die auch den Ägyptologen bekannt sein sollte, da sie dort ein riesiges Gittertor anbringen ließen, damit keiner die Möglichkeit bekommt, hinter dieses Rätsel zu schauen. Pech nur, daß alles irgendwann ans Tageslicht gelangt, auch wenn man es lange Zeit im Dunkeln hielt. Folgt man dem Spalt und den weiteren Weg, gelangt man direkt zu den Kammern, die sich unter der Sphinx befinden. Vermutlich liegt dort ein weiterer Schlüssel zur Sirius-Strategie.

Anhang: Dynastien der Pharaonen

Schauen wir heute auf die vordynastische Zeit der Pharaonen als Ganze zurück, erweist es sich, daß weder die Archäologen noch die Ägyptologen mit Bestimmtheit sagen können, wie lange sie gedauert hat und vor allem, wann sie anfing. Der Brite Flinders Petrie war stets bemüht, dieser vordynastischen Zeit der alten Ägypter einige ihrer Geheimnisse zu entlocken. Zum Beispiel war er der Ansicht, daß die in der Umgebung der Oase Faijum gemachten Funde eine deutliche Sprache sprachen, und datierte sie in das Jahr 9000 v. Chr., was allerdings heutige Archäologen oder Ägyptologen als zu »großzügige Anschauungen« einstufen. Ähnlich verhielt es sich bei den Badâri-Funden, die von Petrie auf 7471 v. Chr. datiert wurden. Bei der ersten ägyptischen Dynastie, die durch Menes initiiert wurde, gingen Petries Anschauungen sogar auf das Jahr 4326 v. Chr. zurück, was somit über 1200 Jahre vor den heutigen Rekonstruktionen liegt.

Gerade wenn heutige Ägyptologen über die vergangenen ägyptischen Dynastien berichten, handelt es sich aber meistens nur um Rekonstruktionsversuche aus den Annalendaten des Palermo-Steins, den Daten der Königslisten von Sakkara, Karnak, Abydos sowie dem *Turiner Königspapyrus*. Im Gegensatz zu unserer kalendarischen Zählweise existierte im Alten Ägypten keine amtliche Zählung von königlichen Regierungsjahren, sondern lediglich das Aufzählen von Ereignissen, die mit dem jeweiligen Herrscher in Verbindung gebracht wurden. Das waren meistens sagenhafte und mythische Erinnerungen an bestimmte Geschehnisse der Vergangenheit, die von den weisen Priesterschreibern und Beamten in den Tempelarchiven aufbewahrt wurden. All diese Erinnerungen berichten über ein »Goldenes Zeitalter«, in dem auf der Erde Götter herrschten, die vom Himmel kamen. Dabei ist auffällig, daß über eine erste Begegnung mit diesen Göttern aus allen vergangenen Kulturen ebenfalls Berichte vorzufinden sind und darüber auch Zeitangaben vorliegen, die bis zu 600 000 Jahre in die Vorzeit zurückreichen, in der es laut unserer Lehrmeinung noch gar keine Zivilisationen gegeben habe. Wenn dem so ist, müssen wir alle alten Chronisten für verrückt erklären und alle existierenden Berichte vergessen. Die Gelehrten gehen dabei allerdings etwas anders vor und selektieren die Berichte: Sie unterscheiden zwischen denen, die vernünftig klingen, und denen, die als Märchen abgetan werden können. Die griechischen und römischen Schriftsteller der Antike, deren Berichte auf ägyptischen Quellen aus erster oder zweiter Hand beruhten, nannten für die Zivilisation Altägyptens riesige Zeitspannen zwischen 24 000 und 36 000 Jahren, mit denen heute kein moderner Ägyptologe etwas anfangen kann. Dabei berichtet bereits der griechische Historiker Herodot, was ihm sein ägyptischer Priesterinformant über das Alter des Nillandes erzählte: daß nämlich die Sonne dort aufgegangen sei, wo sie unterging. Diese Behauptung wird von den Wissenschaftlern leider im allgemeinen als Unsinn abgetan. Der Archäologe Rene Aor Schwaller de Lubicz vermutete jedoch, daß es sich bei diesen Hinweisen um Bezüge auf die Präzession der Äquinoktien handeln könnte, womit Herodot die Taumelbewegung der Erde erklärte, die für die Zeitalter des Tierkreises verantwortlich ist. Wie wir bereits in den vorangegangenen Kapiteln sehen konnten, hat die Präzession zur Folge, daß die Sonne etwa alle 2160 Jahre vor einem Tierkreis aufgeht. Und wenn die kryptische Bemerkung des Priesters sich tatsächlich auf dieses Phänomen bezieht, bedeutet das, daß die Ägypter ihre Geschichte mindestens anderthalb Zyklen zurückzählten, was einem Zeitraum von rund 36 000 Jahren entsprechen würde. Warum will man solchen Hinweisen also nicht folgen?

Chronologie des Alten Ägypten

Ptah-Dynastei, um 20 970–11 970 v. Chr.

Sowohl im Königspapyrus von Turin als auch bei Manetho beginnt der älteste Gott mit Ptah. Diese Dynastie wird allerdings nicht wirklich »Ptah-Dynastie« genannt, sondern »Goldenes Zeitalter«, als die sogenannte »Erste Zeit« begann. Die Ptah-Gestalten waren kleinwüchsige Wesen, die eine Größe von unter 1,40 Meter hatten. Sie besaßen ein grünes Antlitz wie Geb und Osiris.

Ra-Dynastie, um 11 970–10 970 v. Chr.

Obwohl die Gottheit Ra im *Großen Papyrus Harrys I.* als »Erbauer des Menschen« bezeichnet wird, erfahren wir über die genauen Schöpfungsabläufe erst durch andere Quellen. Im Schöpfungsmythos ist es Ra, der Thot den Auftrag für die Erbauung der Pyramiden erteilt. Die Menschen lehnen sich im 363. Regierungsjahr gegen Ra auf und werden durch Hathor beinahe ausgerottet. Die Gottheit erbarmt sich und gibt den Menschen eine zweite Chance.

Schu-Dynastie, um 10 970–10 270 v. Chr.

Auch wenn die Dynastie des Schu, der ein Sohn des Ra war, mit 700 Jahren Dauer angegeben wird, spielte die Gottheit innerhalb der ägyptischen Mythologie eher eine untergeordnete Rolle. Schu tritt bei der Götterkonferenz einmal für den Anspruch des Horus ein und scheint mit dem zwölften unterägyptischen Gau Sebennytos im Delta eng verknüpft gewesen zu sein. Bereits als junger Prinz regierte Schu neben seinem Vater Ra den Himmel.

Geb-Dynastie, um 10 270–9770 v. Chr.

Über die Dynastie des Geb, die nach den Annalen 500 Jahre gedauert haben soll, existiert aus ägyptischen Quellen nur dürftiges Material. Man weiß lediglich, daß Geb mit der Himmelsgöttin

Nut vermählt war und er selbst in der jüngeren ägyptischen Theologie als Sinnbild der Erde symbolisiert wurde. Wenn Geb in personaler Gestalt dargestellt wurde, verfügte er nicht wie Ra, Schu und Seth über ein rotes Antlitz, sondern wurde wie Ptah und Osiris ebenfalls grün dargestellt.

Osiris-Dynastie, um 9770–9320 v. Chr.

Dem deutschen Philologen Kurt Heinrich Sethe (1869–1934) zufolge könnte der Mythos um Osiris den tragischen Tod eines frühen ägyptischen Königs beschreiben, um den diese Sage entstanden ist. Doch außer den Pyramidentexten und dem Gedankengut der Unterweltsbücher läßt sich über Osiris nicht die geringste Spur finden. Auch über seine Taten ist wenig zu ermitteln. Das einzige, was immer wieder hervortritt, sind sein Wirken als Richter der Toten sowie die Entwöhnung des Menschen aus seinem wilden Dasein.

Seth-Dynastie, um 9320–8970 v. Chr.

Anders als der dritte Sohn des Adam, Seth, der die bessere Menschheitslinie repräsentierte, stellt die ägyptische Gottheit Seth die Personifizierung des Bösen dar. Er beging einen Brudermord, hatte aber auch gute Eigenschaften: Er galt als Schutzgott der Wüsten und Oasen, und er war dem Obersten Ra treu ergeben. Seth entsprach dem Donnergott und wurde gleichzeitig mit einer globalen Sintflut in Verbindung gebracht. Er entspricht nicht nur den Gottheiten Enli, Baal und Jahwe, sondern wurde auch mit einem Esel gleichgesetzt.

Horus-Dynastie, um 8970-8670 v. Chr.

Die Griechen setzten ihren Apollon mit dem ägyptischen Gott Horus gleich, der aus Sicht der ägyptischen Mythologie gleichzeitig den letzten Gott darstellte, mit dem die Menschen eine Verbindung hatten. Horus war in der ägyptischen Theologie ein Himmelsgott in Gestalt eines Falken, der nur 300 Jahre über

Ägypten herrschte. Der *Papyrus Hunifer* beschreibt, daß Horus erst, nachdem er die Gottheit Seth besiegte, vom Götterrat die Macht und Herrschaft über die Erde erhielt.

Thot-Dynastie, um 8670–7100 v. Chr.

Die 1570 Jahre andauernde Dynastie des Thot wurde wahrscheinlich nicht nur von dieser Gottheit selbst regiert, sondern von einer eigens dafür begründeten Priesterkaste des Thot. Während dieser Zeit scheint es zu einer Umbruchstimmung unter den Göttern gekommen zu sein, weil die Mehrzahl der Gottheiten die Erde verlassen hatte. Thot entspricht dem biblischen Henoch und dem Hermes Trismegistos der Griechen. Thot galt immer als engster Vertrauter des Ra und Ziehvater des Horus.

Heroen-Dynastie, um 7100–5000 v. Chr.

Manetho beschreibt nach den Göttern eine Reihe von Königen, die er als »Halbgötter« bezeichnet. Die Gestalten verfügten im Gegensatz zu den Menschen über ungewöhnlich lange Lebenserwartungen. Ganz offensichtlich handelte es sich bei ihnen um Kreuzungsprodukte zwischen Göttern und Menschen, die mit der Sintflut wieder ausgestorben sind.

Schemsu-Hor-Dynastie, um 5000–3450 v. Chr.

Bei dieser Herrscherkaste, die um 5000 v. Chr. die Halbgötter abgelöst hatte, handelte es sich mit großer Wahrscheinlichkeit um eine Priesterschaft, die ein jahrtausendealtes Gedankengut repräsentierte, das sie direkt von den Göttern bezogen hatte. Die Priesterschaft besaß bereits eine ausgeformte Kunstfertigkeit, kannte schon eine vollwertig entwickelte Schrift und stellte die Erbauer der Sphinx. Die Angehörigen dieser Kaste trugen neben dem Horus-Titel auch Titel des Ra und des Seth. Darüber hinaus standen sie mit dem Schlangengott Edjo in Verbindung.

Dunkle Epoche, um 3450–3100 v. Chr.

Während dieser Zeit verfiel das Reich der Horus-Verehrer. Es herrschte eine längere Dürreperiode und Hungersnot. Auch wenn innerhalb dieser 350 Jahre neun unterägyptische und sechs oberägyptische Könige nachgewiesen sind, war es eine unruhige Zeit mit unterschiedlichen Idealen.

1. Dynastie, um 3100–2868 v. Chr.

Obwohl es laut den Ägyptologen während dieser Zeit keine Pyramiden gegeben haben soll, existiert auf der Siegestafel des Menes eine Pyramidenabbildung, die durchaus eine Hieroglyphe sein könnte. Laut Adolf Erman hat es darüber hinaus eine Pyramidenpriesterschaft während der ersten Dynastie gegeben, die jedoch ohne das Vorhandensein entsprechendern Bauwerke völlig sinnlos gewesen wäre.

2. Dynastie, um 2868–2644 v. Chr.

Während der zweiten Dynastie beschließt der dritte König, daß ab diesem Zeitpunkt auch Frauen das Königsamt bekleiden dürfen. Des weiteren heißt es über den fünften König, daß er eine Körpergröße von 2,85 Meter gehabt haben soll. Darüber hinaus hinterließ der erste König in den Annalen, daß sich während seiner Regentschaft der Abgrund in Bubastis geöffnet habe, in dem viele Ägypter umkamen.

3. Dynastie, um 2644–2505 v. Chr. (Altes Reich)

Auf einem Relief in der Stufenpyramide des Djoser ist eine Zeremonie festgehalten, die eine besondere Beziehung zu Letopolis aufzeigt, das einige Kilometer nordwestlich von Kairo lag. Aus Unterlagen der dritten Dynastie wissen wir, daß die vielen Gaue des Deltas von einem reichen Adligen namens Metjen verwaltet wurden. Imhotep war es schließlich, der die Pyramiden von Giseh kopierte und wieder das Bauen mit Steinen einführte.

Die anderen sechs Könige, die ebenfalls in der dritten Dynastie regierten, haben kaum Zeugnisse hinterlassen.

4. Dynastie, um 2505–2348 v. Chr.

Während dieser Dynastie wurden die Totenzeremonien eigentlich in kleinen Kapellen aus Ziegeln vollzogen, obwohl in der vorherigen Dynastie bereits das Bauen mit Steinen wiedereingeführt wurde. Die Kapellen wurden zudem an Mastabas angebaut und nicht an Pyramiden. Hinzu kommt, daß die Wunschvorstellungen der Verstorbenen im Jenseits durchaus für wichtig genug gehalten wurden, um sie in Hieroglyphen festzuhalten. Weil die großen Pyramiden von Giseh weder von Cheops, Chephren oder Mykerinos, noch von anderen Königen der vierten Dynastie erbaut wurden, finden sich innerhalb dieser Bauwerke keinerlei Aufzeichnungen über sie.

5. Dynastie, um 2348–2205 v. Chr.

Der Ägyptologe Ludwig Borchardt grub im Auftrag der Deutschen Orientgesellschaft eine unter dem Namen »Pyramide von Righa« bekannte Erhebung im Jahre 1901 bei Abu Gurâb frei. Er legte unter dieser Erhebung einen großen Sonnentempel frei, den man für die Wiederholung der Bauanlage von Heliopolis hielt. Die Archäologen wußten, daß sechs unter den neun Königen der fünften Dynastie derartige Sonnenheiligtümer errichtet hatten, von denen man bis heute allerdings nur zwei entdecken konnte. Zum ersten Mal kam es vor, daß die Wände der Pyramiden mit Totentexten beschrieben waren, die über den Reiseweg des verstorbenen Königs berichteten.

6. Dynastie, um 2205–2060 v. Chr.

Aus Abbildungen der fünften und sechsten Dynastie geht hervor, daß die alten Ägypter ein fröhliches und lebenslustiges Volk waren, dessen Gedankengut nicht nur auf das Leben nach dem

Tode sowie die Mumifizierung ausgerichtet war. Jeder Ägyptologe weiß, daß es zu keiner Zeit ein anderes Volk gegeben hat, das dem Leben mehr zugetan war als die Ägypter. Deshalb ergibt ein Totenkult mit einem derartigen Enthusiasmus eigentlich gar keinen Sinn. Vielleicht lag der Grund für diesen darin, daß die alten Ägypter ihren Aufenthalt auf der Erde als eine Art Zwischenstation betrachteten, so wie es die Muslime noch heute tun. Das bedeutet, daß sie auf der Erde nur eine vorbestimmte Zeitspanne verbringen mußten, die sie selbstverständlich so angenehm wie möglich gestalten wollten. Doch mit der Zeit wurde die anfängliche Praxis zur unverstandenen Tradition, so wie wir Heutigen oft nicht mehr wissen, was die tiefere Bedeutung von Feiertagen ist.

7. Dynastie, um 2060–2053 v. Chr.

Manetho erwähnt eine siebte Dynastie, in der 70 Könige in 70 Tagen regiert haben sollen. Inwieweit diese Könige tatsächlich existiert haben, läßt sich heute nicht mehr ermitteln. Vermutlich diente diese Geschichte der Darstellung der ungeeinigten Situation während dieser Epoche, in der man sich nicht entscheiden konnte, wer die Macht erhalten sollte. Es läßt sich ein gewisser Wadikare nachweisen, der gegenüber den Asiaten, die in das Land eingedrungen waren, im Namen Ägyptens Verhandlungen führte.

8. Dynastie, um 2053–2041 v. Chr.

Aus spärlichen Unterlagen läßt sich eine Aufzeichnung über diese Epoche Ägyptens entnehmen, in der die 17 Nachkommen von König Pepi Ansprüche auf die Regentschaft des Landes stellten. Sie versuchten ihren Einfluß über Memphis geltend zu machen, doch ein gewisser Qakare Ibi aus Herakleopolis, der ganz offensichtlich ein Hohepriester war, überstimmte die Anspruchsteller und verwaltete danach die Macht.

9. Dynastie, um 2041–2030 v. Chr.

Während dieser Epoche Ägyptens etablierte sich in Herakleopolis ein Herrscherhaus, das drei Könige hervorbrachte und während der Regentschaft auch über das berühmte Theben mitbestimmte. Anhand der Klageschrift eines redegewandten Bauern können wir uns ein gutes Bild davon machen, wo den Leuten während der neunten Dynastie genau »der Schuh drückte«.

10. Dynastie, um 2030–2027 v. Chr.

Ein gewisser König namens Nebkaure Achtoy, der als Autorität in der herakleoplitischen Regierung seinen Einfluß geltend machte, beeinflußte gegen Ende der neunten Dynastie auch Theben für einen Zeitraum von etwa drei Jahren.

11. Dynastie, um 2027–1991 (Mittleres Reich)

Während dieser Epoche regierten die Könige Sehertaui (Antef I.), Wahanch (Antef II.), Nachtnebtepnefer (Antef III.), Nebhetepre (Mentuhotep I.), Sanchkare (Mentuhotep II.) und Nebtauire (Mentuhotep III.) über einen Zeitraum von etwa 140 Jahren in erster Linie von Theben aus, wobei es aber auch Mitregenten in anderen Teilen Ägyptens gab. Tatsächlich gibt Manetho die Dauer der siebten bis elften Dynastie mit 783 Jahren an, für die aber die Ägyptologen keinen Platz in ihren Königslisten finden und diese somit chronologisch immer nur mit Fehlern behaftet verwenden können. Streng genommen müßte die elften Dynastie erst mit dem vierten König beginnen, der nicht nur ein Schwarzafrikaner war, sondern auch derjenige, der die beiden Teile Ägypten erst wieder vereinte. Doch diese Maßnahme war nicht von langer Dauer, sodaß das Reich erneut zerfiel.

12. Dynastie, um 1991–1848 v. Chr.

Zwar beginnen die Ägyptologen das Mittlere Reich bereits mit Beginn der elften Dynastie, in dem sie sich auf den *Turiner Königspapyrus* stützen und vom Gründerkönig Sehetepibre (Amenhemhet I.) einfach 143 Jahre zurückrechnen, doch in Wirklichkeit ist für diese Datierung innerhalb der Geschichte gar kein Platz. Deshalb wäre es nach meinem Dafürhalten richtig, das Mittlere Reich in das Jahre 1991 v. Chr. zu verlegen, was ein belegbares und somit gesichertes Datum wäre.

Diese Epoche Ägyptens kann als die »Renaissance der Pharaonen« bezeichnet werden, in der viele berühmte Bauwerke Ägyptens entstanden. Man baute nicht nur große Pyramiden, gewaltige Obelisken und hervorragende Tempel, sondern pflegte in einer neuen Literatur und Weisheitslehre die ältesten Traditionen.

13. Dynastie, um 1848–1804 v. Chr.

In den Königslisten werden zehn Könige aufgeführt, die angeblich aus der Umgebung des Fajum (»Iji-taui«) für etwa 70 Jahre die Kontrolle über Ober- und Unterägypten behauptet haben sollen. Auch wenn die Ägyptologen die für diese Epoche nachgesagten Unruhen für nicht so gravierend erachten, sollte man die Zeit des Einflusses aus Fajum auf fünf Könige (Chutauire/Ugaf, Sanchibre/Ameniantef, Auibre/Hor, Sechemre Chutaui/Sobekhotep II., Userkare/Chendjer) reduzieren. Aus zeitgenössischen Dokumenten über den Nilpegel geht nämlich hervor, daß einige der Könige auch im Süden Präsenz zeigten, was für eine starke monarchische Autorität im Norden spricht.

14. Dynastie, um 1804–1748 v. Chr.

Während ihrer Dauer von etwa 57 Jahren bestand die 14. Dynastie nachweislich für einige Jahre neben der 13., sodaß auch in diesem Fall von mir eine Reduzierung vorgenommen worden ist, die allerdings kaum ins Gewicht fällt. Die sechs Könige regierten das Land vom östlichen Delta aus, dennoch bleibt vieles während dieser Zeit im Dunkeln. Bei Ausgrabungen hat man lediglich Statuen von zwei Königen gefunden.

15. Dynastie, um 1748–1672 v. Chr.

Die Herrscher dieser Epoche bezeichneten sich selbst als »Hyksos« (»hikau-choswet«), was ungefähr soviel wie »Wüstenprinzen« bedeutet. Man kennt die Hyksos innerhalb der Fachlitereatur auch als »Hartenkönige«. Dabei handelte es sich um Eindringlinge aus der Gegend des Libanon, die etwa 200 Jahre über Ägypten geherrscht haben sollen. Für die 15. Dynastie waren fünf Könige, die etwa 70 Jahre ihren Einfluß ausübten, verzeichnet, was übrigens erneut eine magische Zahlenangabe darstellt.

16. Dynastie, um 1672—1663 v. Chr.

Nach Herrscherstreitigkeiten sowie Mord und Totschlag kamen während dieser Epoche zwei Könige von kurzer Regierungsdauer an die Macht. Definitiv wurde das Bild des Ägyptens dieser Zeit von vielen ephemeren Kleinkönigen beherrscht, die im Schatten der Hyksos-Herrscher mehr schlecht als recht regierten. Die zwei bekannten und nachweisbaren Könige nahmen in der Stadt Avaris Einfluß auf Ägypten. Diese Könige erscheinen allerdings nicht in Kartuschen, sondern konnten auf Skarabäen sowie anderen Inschriften bestätigt werden.

17. Dynastie, um 1663–1555 v. Chr.

Während sich der Einfluß der Eindringlinge aus dem Libanon im Norden des Landes noch vergrößert und verfestigt hatte, trat in Theben ein neues Herrscherhaus in Erscheinung. Die thebanischen Herrscher stellten die Autorität der Hyksos nicht in Frage, dennoch berichtet ein fragmentarischer Papyrus, daß die Waffenruhe zwischen beiden Linien den Hyksos etwas trügerisch vorkam. Trotz der spärlichen Ressourcen gelang es Theben, sich gut zu entwickeln und die altägyptische Kultur zu bewahren. Zu einem unbestimmten Zeitpunkt begann den Hyksosherrscher Seqenenre (Ta'a II.) die Entwicklung in Theben allerdings zu stören, und er verlangte, daß seine Generäle etwas in dieser Angelegenheit unternehmen sollten. Er erklärte, daß das

Gebrülle der Nilpferde in etwa 800 Kilometern Entfernung ihm nachts den Schlaf raube. Die damit verbundenen Entwicklungen leiteten für ihn und seinen Nachfolger gleichzeitig das Ende der Hyksosherschaft ein.

18. Dynastie, 1555–1305 v. Chr. (Neues Reich)

Der Gründerkönig dieser Dynastie hieß Nebpehtire (Ahmose I.), der bei Avaris schließlich die Hyksos vertrieb und das Neue Reich einleitete. Aber erst durch Mencheperre (Thutmosis III.) wird Ägypten wieder über ein halbes Jahrtausend zur Großmacht und verwaltet ein riesiges Territorium. Während dieser Epoche kommt ein Restaurierungsboom für die alten Bauanlagen auf, mit denen sich die Pharaonen näher bei ihren Göttern fühlen. Man erinnert sich an Imhotep, der wieder einen wichtigen Platz einnimmt und viele Anhänger findet. Die Könige während dieser Epoche sind die »Imenhoteps«, die mit Schädeldeformierungen auch optisch den Göttern gleichen wollen. Schließlich übertreibt Echnaton (Imenhotep IV.) mit seinen Reformen, was das geeinigte Reich aus der Bahn wirft, sodaß ein Zerfall droht. Doch mit den Ramessiden beginnt für Ägypten eine neue Phase des Wohlstandes.

19. Dynastie, um 1305–1193 v. Chr.

Obwohl während dieser Epoche nur zwei Könige den Namen Ramses tragen, wird diese Dynastie wegen des berühmten Königs Usimare (Ramses II.) auch »Zeit der Ramessiden« genannt. Ramses II. ist nicht nur wegen seiner erfolgreichen Eroberungszüge gegen die Hethiter berühmt geworden, sondern auch deshalb, weil ihm unzählige Bauwerke zugeordnet werden, die er während seiner langen Herrschaft errichtet haben soll. Dieser Herrscher errichtete jedoch nicht alle Bauwerke wirklich, die seinen Namen tragen, wie es die Inschrift auf der Pyramide des Chephren beweist.

20. Dynastie, um 1193–1092 v. Chr.

Während dieser Epoche wehren die alten Ägypter Angriffe der Libyer erfolgreich ab. Dann folgen noch die sogenannten Seevölker, die ebenfalls Ägypten erobern möchten, doch auch sie werden mit Erfolg zurückgedrängt, worauf eine lange Zeit des Friedens folgt. Neun Könige mit dem Namen Ramses regieren, bis die Priester die Oberhand gewinnen und die Dynastie beenden. Der Anführer des ersten Putschversuchs ist ein gewisser Herihor aus Karnak, der von König Menmare (Ramses XI.) noch erfolgreich abgewehrt werden kann, aber nur acht Jahre später erfolgt dann doch noch der Sturz des Herrschers.

21. Dynastie, um 1090–959 v. Chr. (Spätzeit)

In Oberägypten kommt die Macht in die Hände der Priester des Amun, während die Pharaonen im Delta residieren. Manetho listet sieben Könige mit ihren insgesamt 130 Regierungsjahren auf und berichtet noch über andere Einzelheiten dieser Epoche. Unter anderem wollte man die Stadt Tanis zur Hauptstadt der Obelisken machen und mit aktiven Bauprojekten wieder an das alte Gedankengut der Götterzeit anschließen. Viele Gegebenheiten dieser Zeit finden sich im Alten Testament aufbewahrt wieder.

22. Dynastie, um 959–736 v. Chr.

Durch die Harpson-Stele kann die Reihenfolge der ersten vier Könige der 22. Dynastie als eine gesicherte Aufzeichnung betrachtet werden. Während dieser Epoche tritt der Reichsgott in den Hintergrund, und die Gaugötter gewinnen mehr an Einfluß. Lybische Herrscher vertreiben mit den Bubastiden die Taniten. Der Äthiopierkönig Hejcheperre (Scheschonk I.) begründet mit der Heirat der Tochter des letzten Königs der 22. Dynastie ein neues Herrscherhaus. Er erobert Jerusalem und plündert den »Großen Tempel«.

23. Dynastie, um 736–702 v. Chr.

Als während des achten Regierungsjahrs von König Usimare (Scheschonk III.) ein gewisser Prinz namens Pedibastet die 23. Dynastie ausrief, mußte ihm der Pharao das mittlere Delta überlassen. Obwohl die Mitglieder des tanitischen Königshauses wichtige Ämter bekleideten, wurde der politische Machtwechsel von der Priesterschaft des Amun akzeptiert.

24. Dynastie, um 702–698 v. Chr.

Der nubische Einfluß war zwischenzeitlich gewachsen, und Kriege gestalteten somit das Leben der während dieser Zeit regierenden Kleinkönige. Nach und nach gaben alle Bündnispartner auf, sodaß nach den Kriegen das Land wieder zur Ruhe kam und für kurze Zeit regiert werden konnte. Lediglich zwei Königen wird diese Epoche machtpolitisch zugeschrieben.

25. Dynastie, um 698–664 v. Chr.

Nubier und Kuschiten regierten während dieser Epoche noch immer über das Land. Einen interessanten Bericht über diese Zeitphase enthält eine Rosengranitstele, die 1862 im Tempel von Gebel Barkal gefunden wurde und heute im Kairoer Museum ausgestellt wird. Über Feld- und Siegeszüge der Äthiopier und ihre Einflüsse sowie den Einfall der Assyrer existieren detaillierte Aufzeichnungen, die uns ein genaues Bild von den Ereignissen geben.

26. Dynastie, um 664–525 v. Chr.

Mit der 26. Dynastie beginnt die Saïtenzeit, in der auch viele Griechen in das Land der Pharaonen kommen. König Wahibre (Psammetichos I.) vertreibt die Assyrer und wird der Stadtfürst von Sais, von wo aus er das geeinigte Ägypten regiert. Es bricht eine Zeit neuen Wohlstandes an: Da griechische Söldner und Kaufleute enge Beziehungen zu den Ägyptern unterhalten, entsteht eine Dolmetscherschule, um die Barrieren zwischen Völkern auszuräumen. Der griechische Gelehrte Solon besucht Ägypten und bringt die Geschichte vom versunkenen Kontinent Atlantis zu den Hellenen, die danach von Platon niedergeschrieben wird.

27. Dynastie, um 525–404 v. Chr.

Diese Dynastie beendet erneut die Macht der Ägypter und geht als die Perserzeit in die Geschichte ein. Der persische König Kambyses erobert Ägypten. Obwohl persische Könige, wie beispielsweise Artaxerxes I., Ägypten nie betreten haben, tauchen sie namentlich in den Königslisten auf.

28. Dynastie, um 404–399 v. Chr.

Als der König der Perser Dareios II. verstorben ist, erklärt sich sein Sohn Amyrtaios, der mit einer Ägypterin gezeugt wurde, zum standesgemäßen Herrscher über das Land am Nil. Ansonsten ist dieser König relativ unbekannt geblieben und hat nichts Nennenswertes hinterlassen. Auf ihn folgte schließlich das Herrscherhaus des Nefaarud I. (Nepherites I.).

29. Dynastie, um 399–380 v. Chr.

Aus dieser Epoche blieben viele Inschriften erhalten. Nepherites I. hielt nicht nur am heiligen Kult des Apis-Stieres in Memphis fest, sondern beauftragte die Priesterschaft, Zeugnisse für die weit zurückliegende Herkunft seines Geschlechts in der Vergangenheit Ägyptens, die bis zu den Göttern reichen sollte, herbeizuschaffen. Von diesem König wurde bis heute lediglich der Torso einer glasierten und ihm gewidmeten Uschebti-Figur gefunden.

30. Dynastie, um 380–343 v. Chr.

Während dieser Zeit ist Ägypten zwar noch immer von fremdländischen Eroberern besetzt, dennoch gelingt es den Ägyptern, sich, wenn auch nur kurz, Unabhängigkeit zu verschaffen und einige Könige für die Regierungsgeschäfte zu stellen. Trotz der kurzen Amtsherrschaft ägyptischer Könige entstehen in Dendera, auf Philae und Medinet Habu erneut Bauwerke.

31. Dynastie, um 343–332 v. Chr.

Erneut fallen die Perser über die Ägypter her. Nachdem Artaxerxes II. 358 v. Chr. einen Eroberungsfeldzug gegen die Ägypter startete, folgt ihm auch sein Sohn Artaxerxes III. (Ochos) mit entsprechender Verstärkung nach und eroberte 343 v. Chr. das Land am Nil. Nur fünf Jahre später wird er ermordet, woraufhin sein Sohn Arses die Macht übernimmt. Doch auch er wird bereits zwei Jahre nach seinem Amtsantritt umgebracht. Der letzte König der Perser ist schließlich Dareios III., der 332 v. Chr. nach einem Eroberungsfeldzugs des makedonischen Herrschers Alexander des Großen überwältigt wird und das Feld räumen muß.

Danksagung

Ich möchte folgenden Personen, die zu diesem Buch Anregungen, Informationen oder Bildmaterial beigesteuert haben, meinen herzlichen Dank aussprechen:

- meinem Photographen Jon Bodsworth für seine hervorragende Sicht in Motivfragen und die brillante Qualität der Bilder;
- Rudolf Gantenbrink, der noch immer am rätselhaften Ägypten Interesse hat;
- Erik Hornung, der trotz Pensionierung nach wie vor Zurückhaltung übt;
- Zahi Hawass, ohne den es in der Ägyptologie weniger schillernd zugehen würde;
- Herbert Gross und seiner Bereitschaft, viele Strapazen auf sich zu nehmen, um endlich zu wissen, was hinter dem »Spuk der verborgenen Kammern« steckt;
- meinem Freund Thomas Fuss, ohne dessen Unterstützung vieles nicht so rasch recherchiert worden wäre;
- Hans Bonnet für sein Standardwerk zur Ägyptologie, das von vielen Ägyptologen viel zu selten verwendet wird,

sowie allen anderen Personen und Institutionen, die zu diesem Buch in irgendeiner Art und Weise unterstützend beigetragen haben und hier aus Platzgründen leider nicht genannt werden können.

Die Erwähnung der namentlich genannten Personen besagt nicht, daß sie von den in diesem Buch aufgestellten Theorien wissen oder sie akzeptieren, es sei denn, es wird ausdrücklich darauf hingewiesen.

Einen ganz besonderen Dank möchte ich an dieser Stelle meiner Frau Heike ausdrücken für ihre Geduld und ihr Verständnis bei diesem Buchprojekt.

Vielen Dank auch an Sie, liebe Leserin und lieber Leser, daß Sie sich für dieses Buch entschieden haben. Sollte es Ihnen gefallen haben, erzählen Sie es weiter – wenn nicht, behalten Sie es bitte für sich.

Herzlichst Ihr

Erdogan Ercivan
Berlin, im Mai 2007

P. S.: Post an den Autor bitte an die Verlagsadresse senden (siehe Impressum auf Seite 2).

Bildnachweis

Im Text

Anonym: Abb. 148, 151, 158

Jon Bodsworth: Abb. 1, 2, 5, 7–10, 21–23, 26, 28, 30, 40, 41, 45–52, 54–56, 66, 67, 69–77, 79–84, 86, 87, 91–93, 98–101, 103–111, 113–118, 120, 121, 124, 125, 159, 176, 178–181, 183

Thomas Fuss: Abb. 31

Rudolf Gantenbrink: Abb. 126, 136

National Geographic Society: Abb. 127, 139–140, 144

Khalil Messiha: Abb. 129

Andreas von Rétyi und Manuel Strapatin: Abb. 184, 185

Heike Riechert: Abb. 65, 78

Gilles Dormion und Jean-Yves Verdhurt: Abb. 146

Alle anderen Bilder entstammen dem Archiv des Autors.

Farbtafeln

Anonym: Abb. F2-2, F3-2

Jon Bodsworth: Abb. F1-1, F1-2, F1-3, F2-2, F3-2, F1-3, F4-1, F4-2, F4-3, F7-1, F7-3, F8-1, F8-2, F9-1, F9-2, F10-1, F10-2, F11-1, F11-2, F11-3, F12-1, F12-2, F12-3, F13-1, F13-2, F14-1, F14-2, F14-3, F15-1, F15-2, F15-3, F16-1, F16-2, F16-3

Rudolf Gantenbrink: Abb. F2-1

NASA: Abb. F6-2

National Geographic Society: F3-1

Heike Riechert: Abb. F5-1, F5-2, F5-3, F5-4

Alle anderen Bilder entstammen dem Archiv des Autors.

Literaturverzeichnis

Allen, Richard: *Star Names, Their Lore and Meaning*, New York 1963

Arnold, Dieter: *Die Tempel Ägyptens*, Zürich 1992

Ders.: *Lexikon der ägyptischen Baukunst*, Zürich 1994

Assmann, Jan: *Tod und Jenseits im alten Ägypten*, München 2001

Barguet, Paul: *Revue d'Egyptology*, Paris 1970

Barker, Trevor A.: *The Mahatma Letters to A. P.*, London 1926

Baumann, Hans: *Die Welt der Pharaonen*, Gütersloh 1959

Bauval, Robert und Hancock, Graham: *Der Schlüssel zur Sphinx*, München 1996

Betró, Maria Carmela: *Heilige Zeichen*, Bergisch-Gladbach 1996

Bonnet, Hans: *Reallexikon der ägyptischen Religionsgeschichte*, Berlin 2000

Brunner-Traut, Emma: *Altägyptische Märchen*, München 1989

Brandenburg, Dietrich: *Medizinisches bei Herodot*, Berlin 1976

Clark, Robert Thomas Rundle: *The Legend of Phönix* (Part II), Historical Journal 2, Brimingham 1949/1950

Ders.: *Myth and Symbol in Ancient Egypt*, London 1959

Cotsworth, Moses B.: *The Rational Almanac*, York 1905

Dayton, John: *Metals, Minerals, Glazing and Man*, London 1978

Deines, Hildegard von: *Übersetzungen der medizinischen Texte*, Berlin 1958

Diepgen, Paul: *Geschichte der Medizin*, Berlin 1949

Ebers, Georg: *Papyrus Ebers*, Band I und II, Leipzig 1879

Edwards, I. E. S.: *Die ägyptischen Pyramiden*, Wiesbaden 1967

Ehlebracht, Peter: *Haltet die Pyramiden fest!*, Düsseldorf 1980

Ercivan, Erdogan: *Das Sternentor der Pyramiden*, München 1997

Ders.: *Verbotene Ägyptologie*, Rottenburg 2001

Ders.: *Fälscher und Gelehrte*, Rottenburg 2002

Ders.: *Patente der Pharaonen*, München 2006

Erman, Adolf: *Ägyptische Religion*, Berlin 1911
Faulkner, Raymond Oliver: *Ancient Egyptian Pyramid Texts*, London 1960
Ders.: *Egyptian Book of the Dead*, San Francisco 1994
Fuss, Thomas Heinz: *Spezies Adam*, Marktoberdorf 1999
Germer, Renate: *Mumien*, Zürich 2005
Gilbert, Adrian und Bauval, Robert: *Das Geheimnis des Orion*, München 1994
Grapow, Hermann: *Grundriß der Medizin der alten Ägypter*, Berlin 1954
Hannig, Rainer: *Großes Handwörterbuch – Ägyptisch-Deutsch*, Mainz am Rhein 2001
Heidel, Alexander: *The Babylonian Genesis*, Chicago 1942 (Reprint 1993)
Heinsohn, Gunnar und Illig, Heribert: *Wann lebten die Pharaonen?*, Gräfelfing 1997
Gundel, Wilhelm: *Dekane und Dekansternbilder*, Glückstadt 1936
Hermann, Dieter B.: *Rätsel um Sirius*, Berlin 1988
Hornung, Erik: *Die Unterweltsbücher der Ägypter*, München 1992
Ders.: *Das Totenbuch der Ägypter*, Düsseldorf 1997
Irmscher, Johannes: *Lexikon der Antike*, München 1987
Jacq, Christian: *Das verborgene Wissen der Magier*, München 1999
Krauss, Rolf: *Das Moses Rätsel*, Berlin 2001
Lanzone, Ridolfo Vittorio: *Dizionario di Mitologia Egizia*, Vol. 1, (Turin 1881–1884), Amsterdam 1974
Lauer, Jean-Philippe: *Die Königsgräber von Memphis*, Bergisch-Gladbach 1988
Lefebvre, Gustav: *Essai sur Médicine Egyptienne*, Presses Universitares de France 1956
Leitz, Christian: *Studien zur ägyptischen Astronomie*, Wiesbaden 1991
Martin, Geoffrey Thorndike: *The Sacred Animal Necropolis at North Saqqara*, London 1981
Montet, Pierre: *So lebten die Ägypter vor 3000 Jahren*, Stuttgart 1960
Muck, Otto Heinrich: *Cheops und die große Pyramide*, Olten 1958

Newberry, Percy Edward: *Feld für anthropologische Forschung*, Leipzig 1927
Petrie, Flinders: *The Pyramids and Tempels of Gizeh*, London 1883
Proctor, Richard A.: *The Great Pyramid – Observatory, Tomb and Temple*, London 1883
Tompkins, Peter: *Cheops – Die Geheimnisse der Großen Pyramide*, München 1973
Ranke, Hermann: *Medizin und Chirurgie im alten Ägypten*, Heidelberger Vorträge 1948
Ray, John D.: *The Archiv of Hor*, London 1976
Rétyi, Andreas von und Strapatin, Manuel: *Geheimakte Gizeh-Plateau*, Rottenburg 2005
Sethe, Kurt: *Übersetzung und Kommentar zu den altägyptischen Pyramidentexten*, Band II, Hamburg 1962
Schüssler, Karl-Heinz: *Märchen und Erzählungen der alten Ägypter*, Bergisch-Gladbach 1980
Ders.: *Die ägyptischen Pyramiden*, Köln 1982
Schwaller de Lubicz, René Aor: *Le Roi de Théocratie Pharanique*, Paris 1961
Sigerist, Henry E.: *Anfänge der Medizin*, Zürich 1963
Sinnett, Alfred Percy: *The Occult World*, London 1881
Speleers, Louis: *Texts des Pyramides*, Brüssel 1935
Spiegel, Joachim: *Das Werden der altägyptischen Hochkultur*, Heidelberg 1953
Stadelmann, Rainer: *Die ägyptischen Pyramiden*, Darmstadt 1997
Taylor, John: *The Great Pyramid – Why was it built and who built it?*, London 1864
Tempel, Robert K. G.: *Das Sirius Rätsel*, Frankfurt am Main 1977
Thorwald, Jürgen: *Macht und Geheimnis der frühen Ärzte*, München 1962
van der Waerden, Bartel Leendert: *Die Anfänge der Astronomie*, Groningen 1966
Waltari, Mika: *Sinuhe der Ägypter*, Bern 1948

Wildung, Dietrich: *Imhotep und Amenhotep – Gottwerdung im Alten Ägypten*, Berlin 1977

Zauzich, Karl-Theodor: *Hieroglyphen ohne Geheimnis*, Mainz am Rhein 1980

Zeidler, Jürgen: *Die Länge der Unterwelt nach ägyptischen Vorstellungen*, Göttinger Miszellen 1997 (156)

Register

A
Abaton 115
Abdallah Al-Mamun 181, 182
Aberglaube 88
Abydos
64, 67, 68, 114, 252, 253, 255, 256, 272
Adams, Walter Sidney 235
Adjip 71
Agatharchides von Knidos 25
Agence France Presse (AFP) 202
Aha 71
Akation 95
Alexandria
106, 107, 114, 263
Alexandrinischer Kalender
106, 107
Ali el Khouti 173
Allen, Richard 105
Alraune 129
Amduat
38, 226, 227, 229–231, 233–235, 237–240, 242, 247–250, 259, 267
Amun Masesa 259
Antef 116, 280
Antoniadi, Michael Eugene 24
Anubis
45, 46, 75, 91–93, 152, 246
Apophis 36, 38, 39, 248
Äquator 25
Äquinoktien
19, 26, 101, 102, 273
Araber
91, 181, 182, 195, 200
Aratos von Soloi 89
Aristoteles 121, 125
Armenien 36
Arnold, Dieter 100, 207
Artemis 95
Asklepios 28, 139, 143
Asteroiden 35, 39
Asteroidengürtel 36, 38
Astronomie
18, 29, 84, 89, 98, 104, 236, 292, 293
Atomreaktor 39
Attischer Kalender 120
Atum 45, 50, 60, 61
Aya 60

B
Babylon 25
Babylonier 94, 96
Baron, Jean-Pierre
211, 212, 220
Basiskantenlänge 15
Baugeschichte 73
Bauval, Robert 28, 190, 264

Beckerath, Jürgen von 69
Bellatrix 29
Benben
45, 48, 52, 53, 61, 62
Bergbau 47
Beschneidung 248
Bessel, Friedrich-Wilhelm 234
Betró, Maria Carmela
85, 86, 291
Biot, Jean Baptiste 18, 100
Bleilot 90
Bode, Johann Elert 37
Bogenminute 25
Bonnet, Hans
50, 53, 70, 76, 92, 136, 137, 139, 226, 232, 233, 288
Breitengrad
15, 25, 88, 114, 231
Brugsch, Heinrich 76
Budge, Ernest Alfred Wallis
48, 85, 238

C

Caesar, Julius 94
Callou, Cécile 162
Carter, Howard 164
Caviglia, Giovanni Battista 198
Champollion, Jean-Françoise
18, 237
Chasechemui 72, 137, 169
Cheops
10–12, 15, 29, 50, 51, 142, 195, 202, 206, 209–214, 216, 267, 278, 292, 293
Chephren
19, 29, 31, 197, 215, 216, 218–223, 254, 262, 265, 278, 283
Chephren-Pyramide 216, 218
Chereduanch 9
Chnum
118, 119, 147, 241, 248
Clark, Robert Thomas Rundle
49, 52, 53, 234, 291
Cleave, Mary 39
Corteggiani, Jean-Pierre
211, 212
Cotsworth, Moses B. 19, 291
Cottie, Arthur Burland 45

D

Dahschur
24, 26, 29, 74, 179
Dämonen 53, 225
Dämonenapfel 129
Dareios I. 139
Davison, Nathaniel 198
Dayton, John 78
DC-X 55, 56
Dechend, Hertha von 91
Deichsel 190, 191
Dekanlehre 46
Delphi 43
Delta-Orion 29
Demeter
120, 123, 124, 126, 127
Demokrit 143
Dendera
25, 90, 96, 100, 104, 105, 132, 287

Depression 116
Diabetes 144
Dionysos 124, 127
Divi Filius Augustus 106
Dixon, Waynman 187
Djedpfeiler 54, 55
Djoser
7, 8, 11, 28, 71, 73, 78, 79, 118, 119, 137, 138, 147, 150, 158, 161–163, 174–176, 277
DNS (Desoxyribonukleinsäure) 144
Dodson, Aidon 208
Dogon
58, 60, 61, 76, 77, 240
Dormion, Patrice-Jean 194
Dreißigjahrfest 76
Dreyer, Günter 64, 190
Duat
32, 93, 227, 232, 236, 237, 240, 252
Dümichen, Johannes 23, 90

E

Edfu
38, 49, 60, 110, 117, 136
Edgar, John 188
Edwards, Jorwet E. S. 206, 291
Einstein, Albert 245
Eisenmeteoriten 44
Eklipsen 41
Elephantine
114, 118, 129, 137
Eleusinische Mysterien 121
Emery, Walter Brain
64, 163–166, 170–173
Epsilon-Orionis 29, 31
Epsilon-Tauri 29
Eratosthenes 114, 231
Erdachse 97, 101–103, 114
Erdatmosphäre 44
Erdmeridian 23
Erdumfang 17, 231

F

Fairall, Anthony 31
Fakhry, Ahmed 179
Fata Morgana 97
Faulkner, Raymond Oliver 136, 292
Firth, Cecil Mallaby 7, 8, 165
Frankfort, Henry 258
Freimaurertradition 14, 63

G

Gantenbrink, Rudolf
188, 190, 203, 206, 288, 290
Gedankenexperiment 13
Geeinigte
108, 109, 111, 113, 123
Geflügelte Schlange 45
Geodäsie 15
Geographie 15
Geometrie 15, 99, 164
Germer, Renate
142, 145, 146
Gilbert, Adrian 190
Giseh
13–15, 19, 20, 26, 29–31,

41, 42, 74, 88, 92, 102, 111, 112, 140, 142, 157, 164, 179, 180, 193, 202, 205, 215, 261–263, 265, 267–269, 277, 278
Goidin, Gilles 194
Gold 47, 146, 169
Goldener Schnitt 26
Goldrausch 47
Goyon, Georges 183, 187
Grabräuber
7, 153, 154, 156, 157, 162, 173, 211
Grabräuberaktivitäten 7
Graefe, Erhart 11–13
Granger, Tourtechot 257
Grant, Bill 187
Graves, Robert 95
Grimal, Nicolas 212
Große Galerie
22, 23, 184, 190, 204
Große Pyramide
14, 18, 20, 22, 24–26, 29, 31, 179, 181, 183, 185, 193, 195, 199, 200, 210, 213, 215, 268
Großloge von London 21
Guman, István 60
Gundel, Wilhelm 91

H

Hades 121, 124
Hämorrhoiden 112
Hathor
90, 100, 104, 105, 132, 152, 274
Hawass, Zahi
9, 160, 190, 202, 203, 211, 215, 268, 270, 288
Hebräer 96, 129, 248
Heidel, Alexander 46
Heinsohn, Gunnar 79
Helffrich, Johann 263, 265
Heliopolis
7, 8, 29, 36, 37, 44, 49, 50, 52–54, 60, 101, 102, 104, 114, 133, 278
Hemisphäre
16, 25, 26, 28, 205, 246, 249
Hermann, Dieter B.
89, 90, 292
Hermes Trismegistos (Thoth)
28, 143, 263, 276
Hermetica 28
Hermopolis 118
Herodot
44, 108, 152, 216, 267, 268, 273, 291
Herschel, John 23
Hethiter 79, 141, 283
Hieroglypheninschrift 7
Himmel
23, 28, 34, 38, 43, 46–48, 56–58, 60–62, 67, 67, 72, 76, 89, 93, 96, 97, 114, 117, 207, 232, 241, 273, 274
Himmelskarten 39, 216
Himmelsnordpol 23
Himmelstopographie 227
Hippokrates von Kos 139

Hodges, Peter 12
Hoffmann, Albert 122
Hohepriester
7, 8, 36, 164, 279
Hornung, Erik
233, 236–238, 242, 243, 247, 288
Hundehieroglyphe 45
Hundsstern
45, 46, 59, 91, 97, 136, 247
Hundstage 96, 97
Hunter, Larry 198, 199
Hyaden 29

I
Illig, Heribert 79
Imenhotep VI. 88
Imhotep
7–10, 16, 28, 33, 36, 38, 49, 73, 74, 79, 81, 91, 96, 108, 109, 115, 122–125, 136–139, 141, 143–147, 152, 155–159, 161, 165–172, 175–186, 198, 271, 284, 294
Imhotep-Museum 9
Imhoteps Grab
8–10, 33, 139, 158, 161–165, 170–173, 177
Ipuwer 53
Isched-Baum 49, 50

J
Jacobson, Thorkild Hvitved 46
Jakobspilger 94
Jakobsweg 94
Jenseits
28, 93, 161, 228, 278, 291
Jomard, Françoise Edmé
14–17, 20, 22, 24
Julianischer Kalender 94
Junker, Hermann 112

K
Kaaba 48
Kadry, Ahmed 194
Kanapos 106
Kappa-Orionis 29
Karnak
99, 104, 105, 107, 272, 284
Khanofer 9
Kolonnade 73–75, 78, 81
Kometen 41–43
Konstantin der Große 98
Kopernikus, Nikolaus 89
Koptologie 11
Korrelationen 15
Korridore
15, 17, 20, 29, 30, 184
Kosmos
26, 36, 86, 146, 217, 223
Krakau 41, 42
Krauss, Rolf 259
Kuculcán 45
Kultobjekte 110

L
Lanzone, Ridolfo Vittorio
238, 292
Lauer, Jean Philippe
13, 14, 48, 177, 292

Lehner, Mark 206, 269, 270
Leitz, Christian 231
Leningrad 36
Lepsius, Richard Carl 10, 151
Lewin, Louis 127
Lockyer, Joesph Norman 98–105, 185
LSD 122, 123, 128
Lubicz, René Aor de Schwaller 51, 105, 273, 293
Luxor 164

M

MacNaughton, Duncan 17
Makrokosmos 37, 143
Manetho von Sebennytos 66, 130
Marcus Augustus Aurelius 121
Marcus Tullius Cicero 121
Martin, Geoffrey 173
Maspéro, Gaston Camille 238
Mehit 112
Mekka 48
Memphis 60, 61, 66, 68, 69, 71, 72, 117–119, 128, 130, 133, 161, 177, 279, 286, 292
Menelaos 105
Menes 66–69, 85, 128, 272, 277
Menzies 20
Meref Neb-ef 177
Merenptah 259
Mesoamerika 45, 92
Mesopotamien 46
Meßdaten 15, 222
Messiha, Khalil 191, 192, 211, 290
Meteoriten 41–44, 48, 53
Meteoritenkulte 43
Meyer, Eduard 66, 68, 85
Mikrokosmos 37, 143
Moses 19, 169, 259, 291, 292
Muck, Otto Heinrich 50, 51, 292
Mundöffnungsritual 190
Murray, Margaret Alice 257
Mykerinos 20, 29, 31, 265, 278
Mysterium 39, 120, 124, 128
Mythologie 33, 44, 58, 122, 250, 251, 274, 275

N

Nachuyu 28
Napoleon Bonaparte 14
Napta Playa 82, 83, 84
Narmer-Stele 60
NASA 35, 39, 41, 290
National Geographic Society 189, 209, 290
Naturwissenschaft 88
Nazca (Peru) 43
Nebetka 71
Nefertari 152
Nerlich, Andreas 144
Newberry, Percy Edward 129, 293
Nietzsche, Friedrich 127

Nil
32, 47, 63, 118, 119, 129, 144, 146, 150, 253, 261, 268, 286, 287
Nommo 58, 59, 60
Nordschacht
188–190, 204, 206

O

Obelisk
45, 49, 54–59, 262, 281, 284
Oberägypten
8, 112, 240, 284
Ocklitz, Andreas 191
Olympische Spiele 95
Omphalos-Stein 43
Opium 125
Orion
29, 30, 31, 37, 40, 47, 68, 91, 93, 94, 152, 215, 232, 233, 237, 247, 248, 268, 292
Oriongürtel 29, 31, 102, 191
Osiris
37, 39, 50, 57, 60, 67, 68, 75, 78, 85, 86, 114, 115, 152, 225, 226, 232, 233, 236, 237, 241, 247, 248, 252–256, 259, 260, 265, 268–271, 274, 275

P

Papyrus Abusir 110
Papyrus British Museum 10052 155
Papyrus Ebers 142
Papyrus Edwin Smith 131
Papyrus Leopold Amherst 155
Papyrus Westcar 3033 166
Pausanias 43
Pawlikowski, Maciej 41, 42
Persephone 124, 126
Peterskirche 98
Petrie, Matthew Flinders
21, 151, 257, 269, 272, 293
Petrosjan, Jurij 36
Pflasterweg 19
Pharaonen
10, 35, 41, 57, 70, 73, 79, 88, 100, 116, 131, 141, 142, 146, 154, 161, 166, 252, 272, 281, 283–285, 291, 292
Phönix 44, 45, 49, 51, 291
Photosphäre 87
Piankoff, Alexandre 228, 238
Pindaros von Theben 91
Platon 121
Plotin 109
Po tolo 58
Präzessionszyklus 30, 52, 97
Priesteramt 108
Priestertum 108
Proctor, Richard A.
22–24, 185, 293
Proklos 22
Propheten 111, 113
Ptah
9, 61, 71, 78, 116, 172, 274, 275
Ptahmose 61

Ptolemaios I. Soter 106
Publius Aelius Hadrianus 121
Pyramid Rover 189
Pyramidenbezirk 11
Pyramidenerbauer 17
Pyramidengeheimnis 13
Pyramidenkern 11
Pyramidenkomplex 73
Pyramidenmaße 20
Pyramidenstandort 15
Pyramidentexte
48, 55, 56, 67, 70, 93, 94, 226, 243, 244, 275, 293
Pyramidenumfeld 14, 199
Pyramidiologenstreit 21
Pyramidiologie 20, 180
Pyramidioten 20
Pythagoras 181, 197

Q

Quadrat 198
Quartanfieber 117
Quetzalcôatl 45

R

Rampe 11–13, 252
Rampentheorie 11
Ramses II.
141, 145, 152, 153, 170, 216, 252–255, 283
Ramses III. 42, 114
Ramses IX. 154
Religion
29, 35, 70, 83, 96, 127, 147, 159, 248, 292
Rétyi, Andreas von
263, 290, 293
Rizinus 146
Rosen, Nathan 245
Roulin, Gilles 238
Ruck, Carl 122

S

Sakkara
9, 13, 26, 28, 71–83, 102, 116, 119, 145, 146, 150, 151, 158, 160, 163–166, 171, 173, 177, 252, 272
Santillana, Giorgo de 91
Schakal 46, 86, 91, 92
Schamanen 125
Schemsu Hor 67, 68, 86
Schiaparelli, Ernesto 152
Schiffsbau 88
Schlaganfall 117
Schlangensymbol 185
Schlitten 11, 13
Schnurspannen 90
Schüssler, Karl-Heinz 72
Schwarzes Loch
242, 245, 249, 250
Schweinfurth, Georg 146
Schwerelosigkeit 244
Sechem 36, 37, 41
Selim Hassan 269
Seschemnefer 142
Seth
23, 46, 231, 248, 252, 275, 276
Sigui-Fest 58
Singularität 245, 247, 250

Sinnett, Alfred Percy 109, 293
Sirigi 58, 59
Sirius
8, 9, 17, 28, 31, 32, 40, 45–47, 49–51, 57, 58, 60, 62, 68, 75, 78, 84, 86, 91, 93–98, 102–102, 104, 105, 107, 136, 137, 152, 191, 205, 223–225, 234–236, 240, 246–252, 258, 264, 271, 292, 293
Sirius-Strategie
9, 32, 45, 62, 68, 75, 84, 93, 95, 96, 152, 191, 205, 223, 246, 251, 258, 271
Skarabäus
42, 43, 78, 229, 230
Smyth, Charles Piazzi
17, 18, 20, 23, 30, 31, 185
Snofru 81, 167, 168, 211
Sobekemsafs II. 154
Sokrates 121
Solstitien 19
Sommersternbilder 97
Sonnenflecken 87, 88
Sonnenoberfläche 87
Sonnenuhr 18, 90
Sophokles 121
Sopted
48, 49, 52, 100, 136, 137
Sothis 48, 51, 100, 107, 137
Spence, Kate 208
Sphinx
71, 92, 179, 199, 261–266, 269–271, 276, 291
Spiegelberg, Wilhelm 56
Stadelmann, Rainer
72, 73, 196, 203, 206, 270
Stecchini, Livio Catullo
24–26
Stein von Palermo 69
Sternenkonstellation 28
Strabon 151, 181, 256, 257
Strapatin, Manuel 263, 290
Stufenpyramide
71–74, 80, 81, 117, 158, 160–162, 164, 165, 174, 175, 277
Südamerika 131
Sudan 165
Südschacht
188, 189, 191, 202, 209
Sumerer 46, 85, 95, 96, 250

T

Taylor, John 16, 208
Tazu 58, 59, 61, 62
Telesterion 120, 124
Tempel 58
Tempelanlage
40, 98, 99, 101, 103, 104, 253, 255, 260
Temple, Robert Kyle Grenville
75, 92, 95, 240, 246, 293
Theben
47, 91, 164, 280, 282
Theodosius den Großen 120
Theon von Alexandria 107
Thot (Hermes Trismegistos)
28, 50, 75, 107, 110, 111, 118, 143, 172, 263, 274, 276

Thutmosis III.
53, 226, 238, 283
Tiradritti, Francesco 159
Titius, Johann Daniel 37
Tompkins, Peter 15, 217
Totenkomplex 7
Totenkult 226, 227, 246, 279
Totenpriester 7
Tuberkulose 144, 145
Tulli, Alberto 53
Turiner Königspapyrus
65, 66, 68, 110, 272, 280
Turm von Babel 25

U
Umfassungsmauer 73, 74
Unas 178, 226
Unterägypten
8, 161, 240, 281
Unterwelt
47, 59, 96, 226, 227, 236, 237, 241–243, 246, 248, 252, 294
Upuaut 93, 189, 236

V
Verborgene Kammern
179, 210, 211, 215, 216
Verner, Miroslav 206
Verzehrverbot 248

W
Waerden, Bartel Leendert van der 17, 106, 293
Wainwright, Gerald Avery 47
Wasser
11, 47, 81–83, 110, 116, 118, 132, 143, 168–170, 192, 258, 260, 262, 263, 267, 268, 270
Wasson, Robert Gordon
122–125, 127, 128
Weihwasser 110
Weltenbaum 45, 247
Weltraummission 39
Weltzentrum 89
West, John Anthony 81, 82
Wiedemann, Alfred 238
Wildung, Dietrich 162, 170
Wilkenson, Christopher 156
Wilkinson, Toby 84
Wintersternbilder 97

Y
Yorkshire 19

Z
Zeidler, Jürgen 231
Zikkurat 25
Zirkumpolarsterne
40, 93, 227
Zita-Orionis 29, 31
Zivilisation
15, 20, 33, 35, 38, 61, 81, 82, 161, 273
Zosimus von Panopolis 117
Zweiwegebuch 227
Zwitterumschreibung 32